铁路工程项目管理与信息化建设应用

薛卫星　崔　强　于　波　主编

中国石化出版社

图书在版编目(CIP)数据

铁路工程项目管理与信息化建设应用 / 薛卫星，崔强，于波主编 . —北京：中国石化出版社，2022. 12
ISBN 978-7-5114-6758-4

Ⅰ. ①铁… Ⅱ. ①薛… ②崔… ③于… Ⅲ. ①铁路工程-基本建设项目-项目管理 Ⅳ. ①F530. 31

中国版本图书馆 CIP 数据核字(2022)第 246454 号

中国石化出版社出版发行

地址:北京市东城区安定门外大街 58 号
邮编:100011　电话:(010)57512500
发行部电话:(010)57512575
http://www. sinopec-press. com
E-mail:press@ sinopec. com
北京柏力行彩印有限公司印刷
全国各地新华书店经销
*
787×1092 毫米 16 开本 13. 75 印张 348 千字
2022 年 12 月第 1 版　2022 年 12 月第 1 次印刷
定价:128. 00 元

《铁路工程项目管理与信息化建设应用》编委会

前言

PREFACE

新中国成立以来，在党的坚强领导下，一代又一代交通人砥砺奋进、探索前行，走出了一条具有中国特色的交通运输发展道路，交通运输领域发生了历史性变化，建成了名副其实的交通大国。党的十九大开启了建设交通强国的新征程，习近平总书记发出加快建设交通强国的动员令。我们要不忘初心、牢记使命，以习近平新时代中国特色社会主义思想为指导，加快建设人民满意、保障有力、世界前列的交通强国，为全面建设社会主义现代化国家当好先行。

百年来的接续奋斗，我国交通运输事业取得了举世瞩目的辉煌成就，各种运输方式从各自发展逐步转向互联互通、融合发展，综合立体交通网络初步形成，实现了经济社会发展从“瓶颈制约”到“总体缓解”再到“基本适应”的转变。中国路、中国桥、中国港、中国高铁等成为靓丽的中国名片。

截至2020年底，我国铁路里程达到了14.6万公里，是新中国成立初期的7倍；其中高速铁路达到3.8万公里，创造了从无到有、再到里程世界第一的壮举。

迄今为止，铁路项目施工管理过程中往往存在管理强度大、差错率高等问题。除此之外，还存在着信息的统计以及整理比较复杂，实际操作和运用比较困难等问题。传统施工管理手段已经不能够充分适应当前铁路施工安全管理的基本需求。因此，利用先进信息化手段，创设完整的铁路施工精细化管理系统，增强铁路施工的管理水平，逐渐成为了铁路建设过程当中的重中之重。

当前，我国铁路建设工程正在逐渐加深项目管理，加强体制改革力度处于关键时刻。尤其是经济全球化的持续加深，中国经济实力持续提升和铁路发展国家化的需求，给我国铁路建设工程带来了更多的挑战和机遇。

同时，由于互联网信息技术的广泛应用，信息化在铁路工程建设中也发挥着越来越重要的作用，并具备了长期发展的潜力。可以预见，在未来较长的一个发展周期内，铁路工程建设信息化都将是实现铁路工程建设的必经之路。铁路工程的建设实施阶段是铁路运行全周期的一个过渡阶段，是建成铁路信息化管理的源头，但在工程建设阶段目前采用的是分段零散式建设模式，这样也会导致铁路工程建设数据的碎片化，信息资源又难以整合共享，短暂的建设周期难以满足未来多样化的铁路工程信息化应用需求。

当前，建立基于BIM技术的铁路工程建设全周期管理的理论体系和开发集成化的铁路工程管理平台，已成为提高铁路建设管理信息化水平的重要研究课题和发展方向。

基于此，本书就铁路工程信息化建设中的问题进行了全面研究。全书整体可概括为铁路工程建设管理概述、铁路工程建设信息化管理认知、铁路工程信息化建设多维分析、铁路工程信息化建设实施、BIM技术在铁路工程中的应用五部分。

本书在编写过程中引用了许多专家、学者在科研、实践中的经验资料，在此一并表示感谢。

限于作者水平有限，书中难免存在不足，恳请读者批评指正。

目录

CONTENTS

第一章　铁路工程建设管理概述

第一节　铁路工程建设管理概念与内容

一、铁路工程建设管理的概念

法国著名管理学家“管理过程之父”亨利·法约尔(Henri Fayol)提出，管理就是计划、组织、指挥、协调和控制。

美国管理学家哈罗德·孔茨(Harold Koontz)认为，管理是引导人力和物质资源进入动态的组织，以达到组织的目标。亦即使服务对象获得满意，并且使服务的提供者获得一种高度的荣誉感和成就感。

美国管理学家里奇·格里芬(Ricky Griffin)提出，管理是根据组织资源(人力、财务、物质和信息)所进行的一系列活动(包括规划、决策、组织、领导和控制)，其目的是以有效率的和有交流的方式实现组织的目标。

正如科学的本质特征是探索与发现，技术的本质特征是发明和创造，管理的本质特征是构造和集成。之所以一提到管理，人们往往想到领导、决策、指挥等特征，是由于管理本身涵盖的内容十分丰富，因而在不同的环境、背景下强调的内容、体现的特征并不相同。就工程项目管理而言，管理是一个由多个环节构成的循环过程。具体如图 1-1 所示。

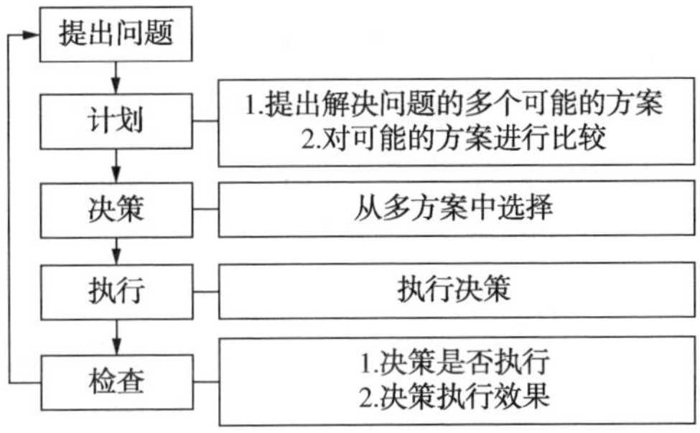

图 1-1　管理的有限循环过程

管理包括以下 5 个步骤：

① 提出问题。管理工作与科学研究的区别之一在于，科学研究首先是假设问题，然后再通过实验验证假设成立与否；而管理工作首先是发现或者预见实践中存在的问题，其问题是生活、工作实践中的客观存在。

② 计划。根据提出的问题，设计不同的备选解决方案，方案内容包括计划达到的目标、实现目标的措施和行动计划等，以便于项目决策者选择，管理计划也可成为管理规划和管理策划。

③ 决策。从多个方案中选择最合适的计划作为最终方案，影响选择的因素包括目标的满意程度、计划的可行性、实施成本以及风险因素等。

④ 执行。按计划规定的方法及要求执行决策。

⑤ 检查。在执行过程中，动态跟踪执行的情况和效果，及时总结或发现计划执行过程中的经验和缺陷。检查内容包括两个方面：决策是否严密、真实地执行以及决策执行效果是否符合计划的要求。检查中若发现新的问题，又可以对新的问题进行计划、决策、执行

和检查。因此，管理是一个由有限环节组成的循环过程。

二、铁路工程建设管理的内容

铁路工程项目施工管理的目标是通过项目管理工作实现的。为了实现项目目标(如工期、成本和质量等)必须对项目进行全过程的多方面的管理，其主要内容包含以下方面。

① 建立项目管理组织，包括项目组织机构设置、人员组成、各方面工作与职责的划分、项目业务工作条例的制定。

② 工程项目的计划管理，包括项目的实施方案及总体计划、工期计划、成本计划、质量计划、资源计划以及它们的优化。

③ 工程项目管理的目标控制，包括进度控制、成本控制、质量控制、风险控制。

④ 合同管理，包括投标的前期工作、合同分析、合同实施控制、变更管理、索赔管理。

⑤ 对生产要素进行优化配置和动态管理，这些生产要素包括人员(含管理人员、技术人员、劳务人员)、设备材料、施工机械机具、资金、技术、信息等。

⑥ 项目后管理，包括项目验收、移交、运行准备工作；项目后评估，即对项目进行总结，研究目标实施的程度和存在的问题。

第二节　铁路工程建设管理现状与发展

一、铁路工程建设管理现状

当前，合资铁路由中国铁路总公司委托铁路建设开发公司(或地方铁路局)和地方组建项目法人实施建设项目管理；委托地方铁路局的工程建设管理部门行使建设管理职能，通过招投标选择施工单位、监理单位，按照传统设计-招标-建造模式进行铁路建设项目管理，如图 1-2 所示。

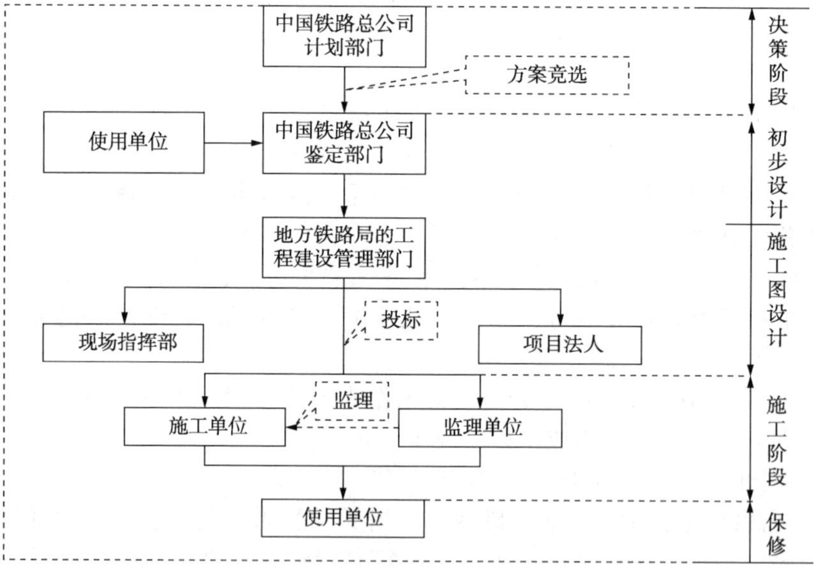

图 1-2　中国铁路现行建设管理体制

国际上，标准的建设项目实施流程比较简单，主要体现为业主、承包商、咨询机构之间的关系。其主要特征为大咨询、小业主，即业主作为非专业人士和机构，绝大部分建设管理工作交由项目管理（Project Management，PM）机构或项目管理承包（Project Management Contract，PMC）机构等咨询机构或工程公司承担，其简要流程如图1-3所示。对比国际通行的建设项目管理流程，可以看出我国铁路建设项目管理流程较为烦琐。主要存在以下问题：

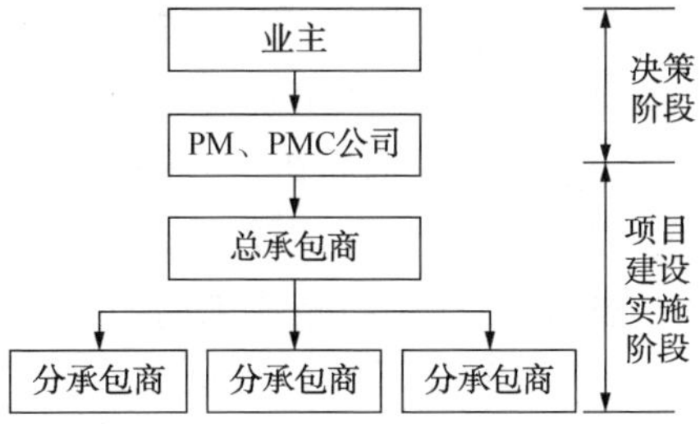

图1-3 国际通行建设管理程序

① 业主或业主代表身份不明确、不统一，关系混乱。主要表现在项目建设的不同阶段，业主代表身份不明确，如决策阶段由中国铁路总公司计划部门负责，实施阶段的设计工作由中国铁路总公司鉴定部门负责，施工和监理招标由地方铁路局的工程建设管理部门负责，谁是业主或业主代表搞不清楚，责权利关系混乱。

② 建设过程割裂，缺乏统一的总体建设单位。通常比较完整的项目建设过程应该按照决策阶段、实施阶段、运营阶段进行，建设管理职能主要集中体现在实施阶段，应该由一个单位全面负责。铁路工程项目的实际建设过程中设计和施工被割裂，地方铁路局的工程建设管理部门作为建设单位却没有设计工作的管理权力。

③ 建设管理工作前松后紧。铁路建设项目管理重视后期施工管理，却往往忽视了前期的设计管理，前松后紧的管理现状制约了铁路建设水平的进一步提高。

④ 建设管理专业化、科学化程度不足。地方铁路局的工程建设管理部门作为专业化的建设管理机构，明显存在建设管理力量薄弱，编制的构成结构失衡，现场指挥部的临时性质和人员构成的不确定性等方面不足。

⑤ 工程承发包模式单一。铁路建设项目几乎全部是按照设计-招标-建造的传统模式进行发包，施工变更量和索赔工程款额巨大，对其他新型建设管理模式较少尝试，发包模式单一。

⑥ 咨询力量薄弱，承包商综合管理能力不强。铁路建设监理目前仍然集中在施工监理范畴，咨询力量相对施工力量薄弱，与国际上“大咨询”的态势相差甚远，而且承包商主要擅长施工管理，综合管理能力不强，不适应工程总承包等先进模式的推行。

二、铁路工程建设管理的发展

目前，国内学者认为今后对铁路建设管理的研究主要应侧重以下几方面：

① 铁路建设工程的投资控制。铁路投融资体制改革，按照完善社会主义市场经济体制和促进全面、协调、可持续发展的要求，坚持政企分开、政资分开、转变政府经济管理职能，依照“谁投资、谁决策、谁收益、谁承担风险”的原则，充分发挥市场配置资源的基础性作用。

② 中国铁路近期的建设与发展。大量数据表明，我国铁路建设取得了巨大成绩，但是仍存在与国民经济的发展不相适应的问题。如再不加快发展，将无法满足经济快速发展的需要。加快铁路建设已成当务之急。摆在人们面前的一大课题，就是如何提高铁路建设的管理水平。

③ 强力推行铁路建设工程设计招标，继续深化监理制度。铁路建设工程设计招标还只处于一个起步阶段，相应规范措施有待进一步补充完善，必须强化竞争机制，促使设计质

量不断提高。此外，推行工程监理制度主要局限在施工阶段，监理工作的责权利还存在一些不协调，监理队伍素质与规范管理还有较大差距。

④ 抓好技术创新，为铁路发展注入崭新活力。技术创新 4 个重点领域和十大创新标志性工程，如信息化建设、提速技术、安全保障、建设技术等，是铁路改革发展对技术创新的迫切需求，是科技成果商品化、产业化的重要载体。

⑤ 铁路工程建设信息化管理。铁路建设工程管理具有高度复杂性，具体表现在控制点多，波及面广，需要处理和协调项目安全、质量、进度、成本等多方面的关系，而传统的工程建设项目管理手段已无法胜任如此高度复杂的任务，面对这些新时期提出的新要求和新挑战，铁路工程建设管理必须采用当今成熟的科学成果——信息化集成技术，为项目决策提供科学依据和智力支持，为实现铁路建设建设项目的动态管理和及时监控提供平台。

第三节　铁路工程建设管理过程与特点

一、铁路工程建设管理的过程

根据项目管理知识体系，铁路工程建设管理可以分为 5 个过程组。

① 启动过程组。明确并核准工程项目或工程项目阶段。

② 规划过程组。确定和细化目标，并为实现工程项目目标和完成项目要解决的问题范围而规划必要的行动路线。

③ 执行过程组。协调人与其他资源以实现工程项目管理计划。

④ 监控过程组。定期测量并监控绩效情况，发现偏离工程项目管理计划之处，采取纠正措施来实现项目的目标。

⑤ 收尾过程组。上级铁路部门正式验收工程。

铁路工程建设管理的过程组包括以各自的依据和成果相互联系的工程项目管理子过程，也就是说，一个过程的成果变成了另一个过程的依据。铁路工程建设项目的生命周期通常划分成 3 个阶段，即项目前期决策阶段、实施阶段和运营阶段，如图 1–4 所示。

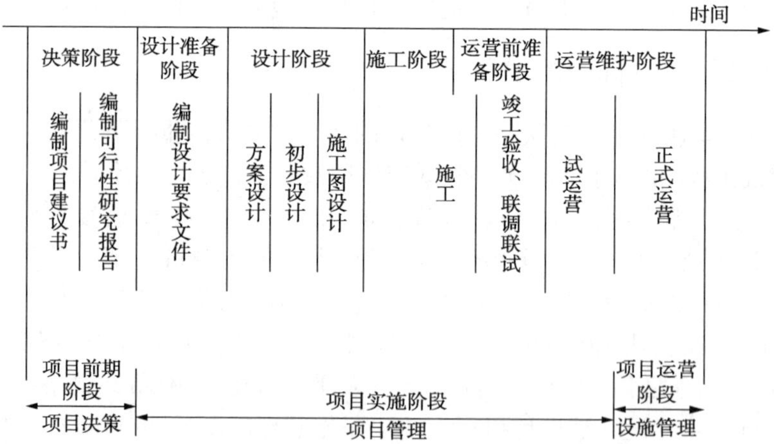

图 1–4　铁路工程建设管理的生命周期及对应管理

二、铁路工程建设管理的特点

铁路工程建设是最为常见也是最典型的基础设施建设项目之一，其特点是：

① 铁路工程建设项目属于线性工程，一条线路少则几千米，多则数十、数百千米。线路跨越山川、河谷，所经路段难以完全避免不良地质地段，如滑坡、软基、冻土、高填、深挖等地段；难以避免地形复杂地段，如特大桥、大桥、长大隧道、高大挡墙等结构物。这就使得铁路工程建设项目看似简单，实际却比一般土木工程项目复杂得多。

由于铁路线路所经地段地质特征的多变性，使得铁路路基施工复杂；结构物施工也因地质条件的不确定导致经常出现设计变更、工期延长现象。铁路工程建设进度控制、质量控制、投资控制难度较大。

② 项目构成复杂。铁路工程建设项目的单位工程包括路基工程、桥涵工程、隧道工程、轨道工程、通信及信息工程、信号工程、防灾安全监控工程、电力工程、电牵工程、房建工程、给排水工程、暖通工程等。各单位工程的工程内容差异很大，这决定了铁路工程建设项目管理的技术复杂性以及管理的综合性。

③ 铁路工程建设项目形体庞大、施工过程多、工作面有限，决定了其工期较长。铁路工程建设项目的施工工期通常在2~5年。工期长意味着在工程建设中建设各方面临着更多的不确定性，要承担更大的风险。

④ 铁路工程建设项目建设投资大。铁路每千米造价一般从数百万到数千万元甚至更高。工程建设资金及时到位是保障工程按期完成的前提。

鉴于铁路工程建设项目以上特点，要高效率、高质量、低成本、短周期地完成铁路建设项目，这对铁路工程建设管理提出了更高的要求，当今铁路工程建设管理在国际上普遍存在以下几个特点。

① 国际化趋势越来越明显。近年来，大型工程项目建设逐渐涌现出国际化的趋势，如鸟巢、世博园等。铁路工程建设同样逐渐面向国际，尤其是城市地铁、城际高铁等高难度建设项目的设计、施工、管理等，都不难发现国际化的印迹。因此，各国专家都在探讨项目管理的国际通用体系，形成了一套较为完整的国际法规、标准和惯例，制定了严格的管理制度。

② 铁路工程建设管理离不开网络化和信息化。随着计算机技术、信息技术和网络技术的不断发展，西方发达国家的项目管理公司已经运用项目管理软件对铁路工程建设进行管理，既提高了管理的效率，又降低了管理的成本，并且加快了项目进度，实现了铁路工程建设管理的自动化和网络化，这是未来铁路工程建设管理发展的一种必然趋势。

③ 铁路工程建设管理必须注重“以人为本”，做到人与环境的相互协调。“坚持可持续发展”“以人为本”是中国新时期各项工作的原则。铁路工程建设对沿线的生态环境影响非常大，铁路工程建设对周边环境以及人文景观的影响越来越受到当地政府的重视，如果不能妥善处理，将势必影响铁路工程建设的进度、质量和成本。

④ 铁路工程建设管理新方法应用普及化。随着项目管理知识体系中管理范围、质量管理、风险管理和沟通管理等知识内容的增加，铁路工程建设管理应不断实践和应用新的项目管理方法，不能墨守成规，积极探索新时期、新形势下的中国铁路工程建设管理理论。

第二章　铁路工程项目管理

项目管理的核心任务是项目的目标控制，在整个项目的管理中，由哪个组织或部门定义项目的目标、怎样确定项目目标控制的任务分工、依据怎样的管理工作流程进行项目目标的动态控制等等，这些都涉及项目的组织问题，项目组织管理是项目管理的首要职能，其他各项管理职能都要依托组织机构去执行，所以说，项目组织是实现有效的项目管理的前提和保障。

项目在运行过程中会涉及很多方面的关系，为了处理好这些关系，保证实现项目的目标，就需要协调。所谓协调，就是以一定的组织形式、手段和方法，正确处理组织内外各种关系，对项目中产生的关系进行疏通，对产生的干扰和障碍予以排除，为组织正常运转创造良好条件和环境的活动。它的目的是力求得到各方面协助，促使各方协同一致，齐心协力，以实现预定目标。沟通是项目协调的实践基础，它使人与人之间的思想和信息得以交流，沟通顺利将加速预定目标实现，沟通不畅将直接影响目标实现的进度甚至导致目标的失败，因此沟通协调在工程项目管理中起着非常重要的作用。本章主要介绍工程项目的组织和沟通协调两个问题。

第一节　工程项目组织概述

一、组织的含义

“组织”一词可以作为名词来理解，也可以作为动词来理解。作为名词理解时是指组织机构，是指按照一定的宗旨和系统建立起来的集体，它们是构成整个社会政治或经济系统的基本单位；作为动词来解释时，是指一种活动的过程，即安排分散的人或事物使之具有一定的系统性或整体性。管理学中的组织职能，是上述两种含义的有机结合而产生和起作用的。

首先，作为一种机构形式，组织是为了使系统达到它的特定目标，使全体参加者经分工与协作以及设置不同层次的权力和责任制度而构成的一种人的组合。它可以理解为：(1)它是人们具有共同目标的集合体。(2)它是人们相互影响的社会心理系统。(3)它是人们运用知识和技术的技术系统。(4)它是人们通过某种形式的结构关系而共同工作的集合体。

其次，作为一种活动过程，它是指为达到某一目标而协调人群活动的一切工作。作为一种活动的过程，组织的对象是组织内各种可调控的资源。组织活动就是为了实现组织的整体目标而有效地配置各种资源的过程。

在此概念的基础上组织理论的研究出现了两个相互联系的研究方向。一是组织结构研究方向，侧重于组织的静态研究，以建立精干、合理、高效的组织结构为目的；二是组织行为研究方向，侧重于组织的动态研究，以建立良好的人际关系，保证组织的高效运行为目的。

二、组织论和组织工具

组织论是一门非常重要的基础理论学科，是项目管理的母学科，它主要研究系统的组织结构模式、组织分工以及工作流程组织，组织论的基本内容如图 2-1 所示。组织结构模式反映了一个组织系统中各子系统之间或各元素(各工作部门或各管理人员)之间的指令关系。组织分工反映了一个组织系统中各子系统或各元素的工作任务分工和管理职能分工。组织结构模式和组织分工都是一种相对静态的组织关系。工作流程组织则反映了一个组织系统中各项工作之间的逻辑关系，是一种动态关系。就图 2-1 中的物质流程组织对于工程项目而言，是指工程项目实施的工作流程组织，如设计的工作流程组织可以是方案设计、初步设计、技术设计、施工图设计，也可以是方案设计、扩初设计、施工图设计。

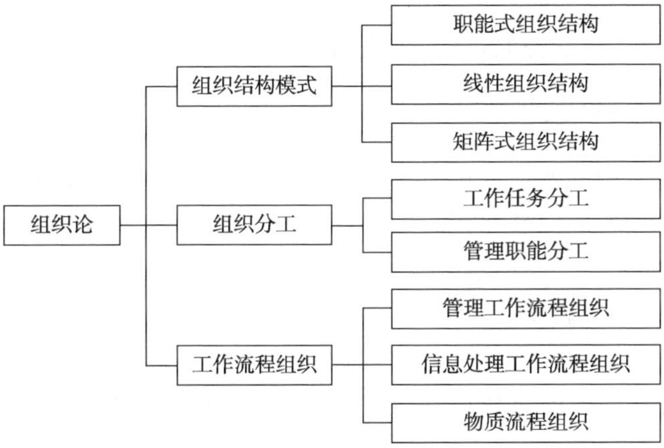

图 2-1　组织论的基本内容示意图

组织工具是组织论的应用手段，用图或表等形式表示各种组织关系，包括：组织结构图(管理组织结构图)、工作任务分工表、管理职能分工表和工作流程图等。

三、项目组织的特点

由于项目的特点决定了项目组织和其他组织相比具有许多不同的特点，这些特点对项目的组织设计和运行有很大的影响。

(1) 项目组织的一次性

工程项目是一次性任务，为了完成项目目标而建立起来的项目组织也具有一次性。项目结束或相应项目任务完成后，项目组织就解散或重新组成其他项目组织。

(2) 项目组织的类型多、结构复杂

由于项目的参与者比较多，他们在项目中的地位和作用不同，而且有着各自不同的经营目标，这些单位对项目进行管理，形成了不同类型的项目管理。不同类型的项目管理，由于组织目标不同，它们的组织形式也不同，但是为了完成项目的共同目标，这些组织形式应该相互适应。

为了有效地实施项目系统，项目的组织系统应该和项目系统相一致，由于项目系统比较复杂，导致项目组织结构的复杂性。在同一项目管理中可能用不同的组织结构形式组成一个复杂的组织结构体系，例如某个项目的监理组织，总体上采用直线制组织形式，而在部分子项目中采用职能制组织形式。项目组织还要和项目参与者的单位组织形式相互适应，这也会增加项目组织的复杂性。

(3) 项目组织的变化较大

项目在不同的实施阶段，其工作内容不一样，项目的参与者也不一样，同一参与者，在项目的不同阶段的任务也不一样。因此，项目的组织随着项目的不同实施阶段而变化。

(4) 项目组织与企业组织之间关系复杂

在很多的情况下，项目组织是企业组建的，它是企业组织的组成部分。企业组织对项目组织影响很大，从企业的经营目标、企业的文化到企业资源、利益的分配都影响到项目组织效率。从管理方面看企业是项目组织的外部环境，项目管理人员来自企业，项目组织解体后，其人员返回企业。对于多企业合作进行的项目，虽然项目组织不是一个企业组建，但是它依附于各相关企业，受到各相关企业的影响。

四、项目组织结构设计

组织结构是指组织内部各构成部分和各部分间所确立的较为稳定的相互关系和联系方式。项目管理的组织结构的设计是项目管理的重要内容，项目管理的组织结构是项目管理取得成效的前提和保障。

(一) 组织结构的构成因素

组织结构由管理层次、管理跨度、管理部门、管理职责四个因素组成。这些因素相互联系、相互制约。在进行组织结构设计时，应考虑这些因素之间的平衡与衔接。

1. 管理层次

管理层次是指从最高管理者到最低层操作者的等级层次的数量。合理的层次结构是形成合理的权力结构的基础，也是合理分工的重要方面。管理层次多，信息传递就慢，而且会失真。层次越多，所需要的人员和设备就越多，协调的难度也就越大。

2. 管理跨度

管理跨度也称管理幅度，是指一个上级管理者能够直接管理的下属的人数。跨度加大，管理的人员的接触关系增多，处理人与人之间关系的数量随之增加，他所承担的工作量也随之增加。

管理跨度与管理层次相互联系，相互制约，二者成反比例关系，即管理跨度越大，则管理层次越少；反之，管理跨度越小，则管理层次越多。合理地确定管理跨度，对正确设置组织等级层次结构具有重要的意义。确定管理跨度的最基本原则是最终使管理人员能有效地领导、协调其下属的活动。确定管理跨度应考虑以下几个影响因素：

(1) 管理者所处的层次。一般处于较高管理层次的管理者，应有较小的管理跨度，而处于较低管理层次的管理者可以有较大管理跨度。

(2) 被管理者的素质。下属的素质越高，处理上下级关系所需的时间和次数就越少。具有高度责任感、受训良好的下属不但能少占用上级管理者的时间，而且接触的次数也少，可以设置较宽的管理跨度。

(3) 工作性质。工作性质复杂就应设置较窄的管理跨度。相反，完成简单的工作，则可以设置较宽的管理跨度。因为面对复杂的工作，管理者需要与其下属之间保持经常的接触和联系，一起探讨完成工作的方法和措施，所以只能够设置较窄的管理跨度。

(4) 管理者的意识。对授权意识较强的管理者，可以设置较宽的管理跨度，这样可以充分发挥下属的积极性，使他们能从工作中得到满足。

(5) 组织群体的凝聚力。对具有较强的群体凝聚力的组织，即使设置较宽的管理跨度，也可以满足管理和协调的需要，而群体凝聚力较弱的组织则应设置较窄的管理跨度。

此外，确定管理跨度还应考虑空间因素、组织环境、管理现代化程度以及组织信息传递方式等因素的影响。

3. 部门的划分

部门的划分是将完成组织目标的总任务划分为许多具体的任务，然后把性质相似或具有密切关系的具体工作合并归类，并建立负责各类工作的相应管理部门，并将一定的职责和权限赋予相应的单位或部门。部门的划分应满足专业分工与协作的要求。组织部门划分有多种方法，如按职能划分、按产品划分、按地区划分、按顾客划分、按市场渠道划分等。项目管理组织常用的是按职能划分和按产品划分两种。

(1) 按职能划分。按职能划分就是按照为实现组织目标所需做的各项工作的性质和作用，把性质相同的或相似的具体工作归并为一个专门的单位负责。如建立计划、财务、技术、劳务、机械设备、材料、合同等部门。按职能划分是一种合乎逻辑并经过时间考验的方法，最能体现专业化分工的原则，因而有利于提高人力的利用效率。但是，按这种方法划分的部门，由于具有相对独立性，容易造成各部门之间的不协调，各部门往往只强调本部门的目标的重要性而忽视组织的整体目标，而且由于协调功能较差，当组织环境变化时，应变能力较差。

(2) 按产品划分。按产品划分就是以某种产品为中心，将为实现管理目标所需做的一切工作，按是否与该产品有关而进行分类，与同一产品或服务有关的工作都归为一个部门。在这些产品部门下还可以按职能进一步划分职能部门。这种划分方法的优点是：有利于使用专用设备，部门内部的协调也比较容易，管理绩效的评价比较容易，有助于激发各个部门的主动性和创造性。其缺点是：由于机构的重叠造成管理资源的浪费；由于部门独立性较强难以做到统一指挥。

4. 管理职责

职责是责、权、利系统的核心。职责的确定应目标明确，有利于提高效率，而且应便于考核。为了达到这个目标，在明确职责时应坚持专业化的原则，这样有利于提高管理的效率和质量。同时应授予与职责相应的权力和利益，以保证和激励部门完成其职责。

(二) 项目组织结构设计的原则

项目的组织结构设计，关系到项目管理的成败，所以项目组织结构的设计应遵循下列七项原则：

(1) 目的性原则

从“一切为了确保项目目标实现”这一根本目标出发，因目标而设事，因事而设岗、设机构、分层次，同时定人定责，因责而授权。这是组织结构设计应遵循的客观规律，颠倒这种规律或离开项目目标，就会导致组织的低效或失败。

（2）集权与分权统一的原则

集权是指把权力集中在上级领导的手中，而分权是指经过领导的授权，将部分权力分派给下级。在一个健全的组织中不存在绝对的集权，绝对的集权意味着没有下属主管，也不存在绝对的分权，绝对的分权意味着上级领导职位的消失，也就不存在组织了。合理的分权既可以保证指挥的统一，又可以保证下级有相应的权力来完成自己的职责，能发挥下级的主动性和创造性。为了保证项目组织的集权与分权的统一，授权过程应包括确定预期的成果、委派任务、授予实现这些任务所需的职权，以及行使职责使下属实现这些任务。

（3）专业分工与协作统一的原则

分工就是为了提高项目管理的工作效率，把为实现项目目标所必须做的工作，按照专业化的要求分派给各个部门以及部门中的每个人，明确他们的目标、任务、该干什么和怎样干。分工要严密，每项工作都要有人负责，每个人负责他所熟悉的工作，这样才能提高效率。

分工要求协作，组织中只有分工没有协作，组织就不能有效运行。为了实现分工协作的统一，组织中应明确部门和部门内部的协作关系与配合方法，各种关系的协调应尽量规范化、程序化。

（4）管理跨度与层次划分适当的原则

适当的管理跨度加上适当的层次划分和适当的授权，是建立高效率组织的基本条件。在建立项目组织时，每一级领导都要保持适当的管理跨度，以便集中精力在职责的范围内实施有效的领导。

（5）系统化管理的原则

这是由项目的系统性所决定的。项目是一个开放的系统，是由众多的子系统组成的有机整体。这就要求项目组织也必须是一个完整的组织结构系统，否则就会出现组织和项目系统之间的不匹配、不协调。

（6）弹性结构原则

现代组织理论特别强调组织结构应具有弹性，以适应环境的变化。所谓弹性结构，是指一个组织的部门结构、人员职责和工作职位都是可以变动的，保证组织结构能进行动态的调整，以适应组织内外部环境的变化。工程项目是一个开放的复杂系统，项目以及它所处的环境的变化往往较大，所以弹性结构原则在项目组织结构设计中的意义很大，项目组织结构应能满足由于项目以及项目环境的变化而进行动态调整的要求。

（7）精简高效原则

项目组织结构设计应该把精简高效的原则放在重要的位置。组织结构中的每个部门、每个人和其他的组织要素为了一个统一的目标，组合成最适宜的结构形式，实行最有效的内部协调，使决策和执行简捷而正确，减少重复和扯皮，以提高组织效率。在保证必要职能履行的前提下，尽量简化机构，这也是提高效率的要求。

（三）项目组织结构设计的程序

在设计组织结构时，可按图 2-2 所示的程序进行。

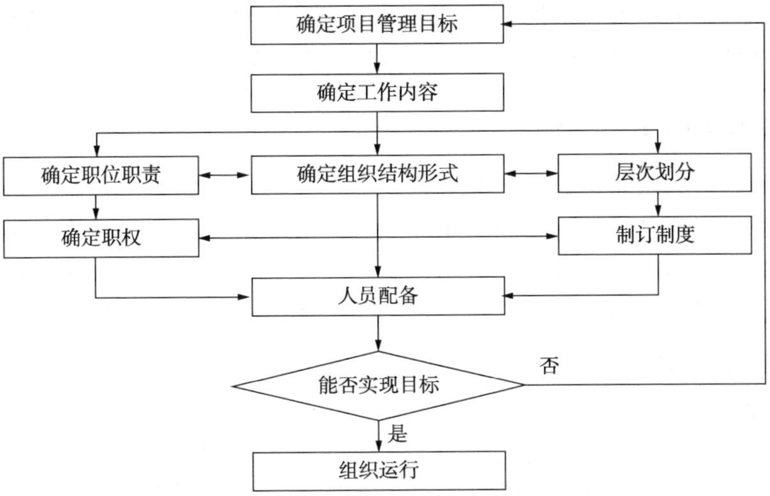

图 2-2　组织结构设置程序图

（1）确定项目管理目标

项目管理目标是项目组织设立的前提，明确组织目标是组织设计和组织运行的重要环节之一。项目管理目标取决于项目目标，主要是在工期、质量、成本三大目标上。这些目标应分阶段根据项目特点进行划分和分解。

（2）确定工作内容

根据管理目标确定为实现目标所必须完成的工作，并对这些工作进行分类和组合，在进行分类和组合时，应以便于目标实现为目的，考虑项目的规模、性质、复杂程度以及组织人员的技术业务水平、组织管理水平等因素。

（3）选择组织结构形式、确定岗位职责、职权

根据项目的性质、规模、建设阶段的不同，可以选择不同的组织结构形式以适应项目管理的需要。组织结构形式的选择应考虑有利于项目目标的实现，有利于决策和执行，有利于信息的沟通。根据组织结构形式和例行性工作确定部门和岗位以及它们的职责，并根据责、权、利一致的原则确定他们的职权。

（4）设计组织运行的工作程序和信息沟通的方式

以规范化、程序化的要求确定各部门的工作程序，规定它们之间的协作关系和信息沟通方式，即制订一系列管理制度。

（5）人员的配备

按岗位职务的要求和组织原则，选配合适的管理人员，关键是各级部门的主管人员。人员配备是否合理直接关系到组织能否有效运行、组织目标能否实现。根据授权原理将职权授予相应的人员。

第二节　工程项目管理组织机构

不论是业主的项目管理、设计单位的项目管理、监理单位的项目管理，还是承包商的项目管理，均需建立一个科学的管理组织机构，这是实施项目管理的基础。项目组织规划

设计的目的是在一定的要求和条件下，制定出一个能实现项目目标的理想的管理组织机构，并根据项目管理的要求，确定各部门职责及各职位间的关系。

一、工程项目的组织结构

组织结构形式是组织的模式，是组织各要素相互联结的框架形式。项目组织结构可按组织的结构分类或按项目组织与企业组织联系方式分类。按组织的结构分类，项目组织结构常见的有直线制、职能制、直线职能制、矩阵制、事业部制等。按项目组织与企业组织联系方式分类，项目组织结构常见的有职能式(部门控制式)、项目式、矩阵式等。

(一) 按组织的结构分类

1. 直线型组织结构

直线型组织结构是一种线性组织结构，它的本质就是使命令线性化，即每一个工作部门，每一个工作人员都只有一个上级，如图 2-3 所示。直线型组织结构具有结构简单、职责分明、指挥灵活等优点。缺点是项目负责人的责任重大，往往要求他是全能式的人物。图 2-3 中 A 为最高领导层，B 为第一级工作部门，C 为第二级工作部门。为了加快命令传递的过程，直线制组织系统就要求组织结构的层次不要过多。否则会妨碍信息的有效沟通。因此，合理地减少层次是直线制组织系统的一个前提。同时，在直线制组织系统中，根据理论和实践，一般不宜设副职，或少设副职，这有利于线性系统有效地运行。承包商现场的直线型项目组织结构图如图 2-4 所示。

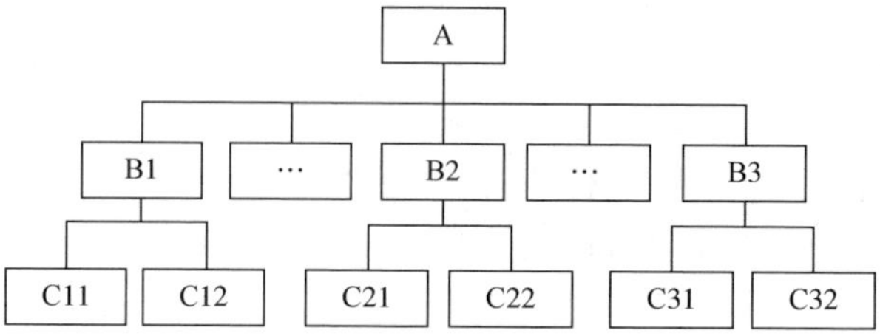

图 2-3　直线型组织结构示意图

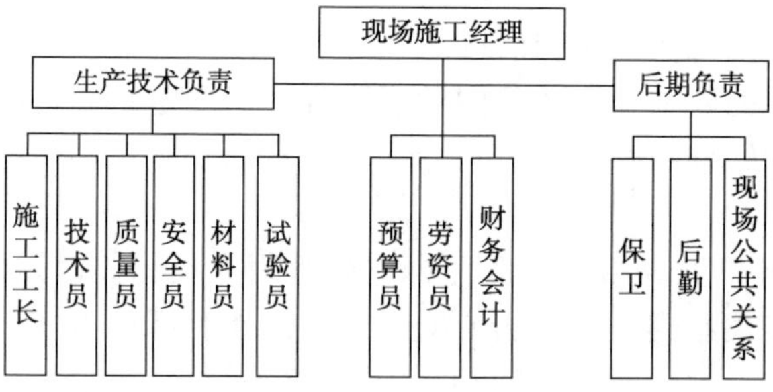

图 2-4　承包商现场的直线型项目组织结构图

2. 职能型组织结构

职能型组织结构的特点是强调管理职能的专业化，即将管理职能授权给不同的专门部门，这有利于发挥专业人才的作用，有利于专业人才的培养和技术水平的提高，这也是管理专业化分工的结果。然而，职能型组织系统存在着命令系统多元化，各个工作部门界限也不易分清，发生矛盾时，协调工作量较大等弱点。图 2-5 是职能型组织结构示意图。其中 A、B、C 为不同管理层。

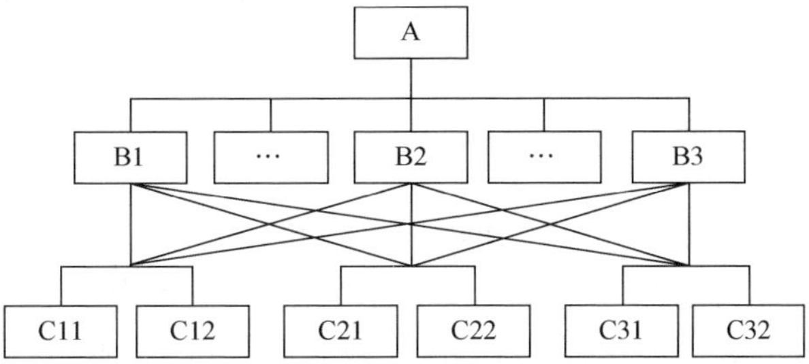

图 2-5　职能型组织结构示意图

3. 直线—职能型组织结构

直线—职能型组织结构吸收了直线制和职能制的优点，并形成了它自身具有的优点。它把管理机构和管理人员分为两类：一类是直线主管，即直线制的指挥结构和主管人员，他们只接受一个上级主管的命令和指挥，并对下级组织发布命令和进行指挥，而且对该单位的工作全面负责；另一类是职能参谋，即职能制的职能结构和参谋人员。他们只能给同级主管充当参谋、助手，提出建议或提供咨询。这种结构的优点是：既能保持指挥统一，命令一致，又能发挥专业人员的作用；管理组织系统比较完整，隶属关系分明；重大方案的设计等有专人负责；能在一定程度上发挥专长，提高管理效率。其缺点是管理人员多，管理费用大。图 2-6 是直线—职能型组织结构示意图，A、B、C 为不同层次的领导机构；B 是同层的参谋机构。

4. 矩阵制

矩阵制组织结构如图 2-7 所示。其中 A 是最高管理人，B 是按职能划分的部门，C 是按子项工程(分类项目或任务)划分的管理部门或工作小组。

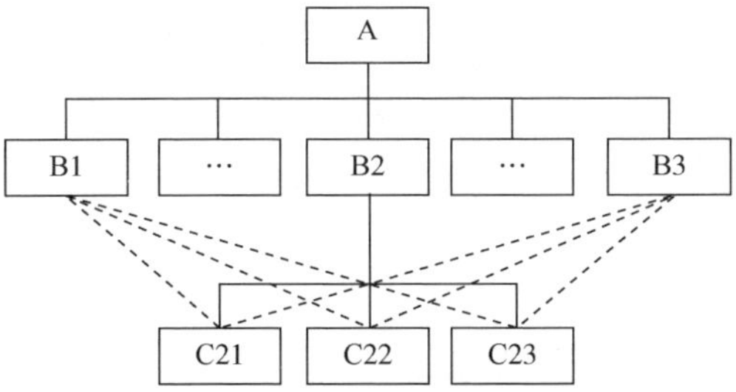

图 2-6　直线—职能型组织结构示意图

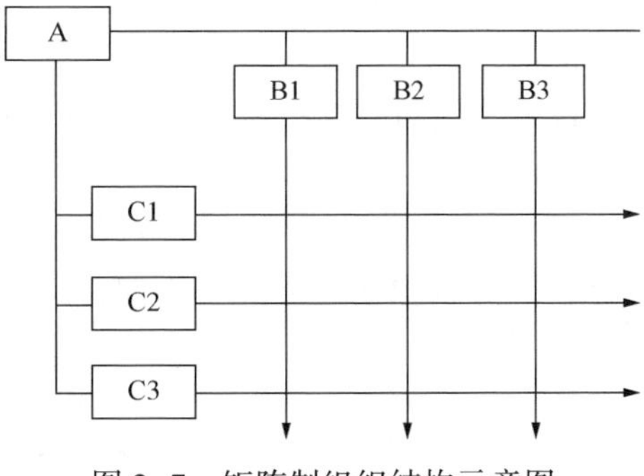

图 2-7　矩阵制组织结构示意图

矩阵制组织方式是第二次世界大战后首先在美国出现的，它是为适应在一个组织内同时有几个项目需要完成，而每个项目又需要有不同专长的人在一起工作才能完成这一特殊的要求而产生的。它的适用场合：

(1) 用于需要同时管理多个项目的企业。在这种情况下，各项目对专业技术人才和管理人员都有需求，加在一起数量较大。采用矩阵制组织方式可以充分利用有限的人才对多个项目进行管理，特别有利于发挥稀有人才的作用。

（2）适用于大型、复杂的建设项目。因大型复杂的建设项目要求多部门、多技术、多专业配合实施，在不同阶段，对不同人员有不同数量和不同搭配的要求。显然，此时直线制和职能制就难以满足这种要求。此时可将项目分解成若干相互独立、互不依赖的子项目，则相当于进行多个平行项目的管理或建造。

矩阵制的优点表现在：

（1）它解决了传统模式中企业组织和项目组织相互矛盾的状况，把职能原则与对象原则融为一体，求得了企业长期例行性管理和项目一次性管理的统一。

（2）能以尽可能少的人力，实现多个项目（或多项任务）的高效管理。因为通过职能部门的协调，可根据项目的需求配置人才，防止人才短缺或无所事事，项目组织因此就有较好的弹性和应变能力。

（3）有利于人才的全面培养。不同知识背景的人员在一个项目上合作，可以使他们在知识结构上取长补短，拓宽知识面，提高解决问题的能力。

矩阵制的缺点表现在：

（1）由于人员来自职能部门，且仍受职能部门控制，这样就影响了他们在项目上积极性的发挥，项目的组织作用大为削弱。

（2）项目上的工作人员既要接受项目上的指挥，又要受到原职能部门的领导，当项目和职能部门发生矛盾时，当事人就难以适从。要防止这一问题的产生，必须加强项目和职能部门的沟通，还要有严格的规章制度和详细的计划，使工作人员尽可能明确干什么和如何干。

（3）管理人员若管理多个项目，往往难以确定管理项目的先后顺序，有时难免会顾此失彼。

5. 事业部式

（1）特点

图 2-8 是事业部式项目组织结构示意图。其特征是企业成立事业部，事业部对企业来说是职能部门，对企业外来说享有相对独立的经营权，可以是一个独立单位，事业部可以按地区设置，也可以按工程类型或经营内容设置。图 3-8 中工程部下的工程处，也可以按事业部对待。事业部能较迅速适应环境变化，提高企业的应变能力，调动部门积极性。当企业向大型化、智能化发展并实行作业层和经营管理层分离时，事业部式是一种很受欢迎的选择，既可以加强经营战略管理，又可以加强项目管理。

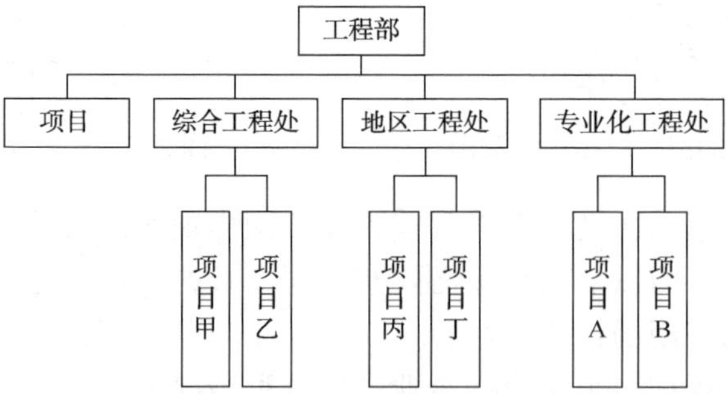

图 2-8　事业部式组织结构

在事业部(一般为其中的工程部或开发部，对外工程公司是海外部)下设置项目经理部。项目经理由事业部选派，一般对事业部负责，有的可以直接对业主负责，是根据其授权程度决定的。

(2) 使用范围

事业部式项目组织适用于大型经济性企业的工程承包，特别是适用于远离公司本部的工程承包。需要注意的是，一个地区只有一个项目而没有后续工程时，不宜设立地区事业部，也即它适用于在一个地区内有长期市场或一个企业有多重专业化施工力量时采用。在此情况下，事业部与地区市场同寿命。地区没有项目时，该事业部应予撤销。

(3) 优点

事业部式组织有利于延伸企业的经营职能，扩大企业的经营业务，便于开拓企业的业务领域。还有利于迅速适应环境变化以加强项目管理。

(4) 缺点

事业部式项目组织的缺点是企业对项目经理部的约束力减弱，协调指导的机会减少，故有时会造成企业结构松散，必须加强制度约束，加大企业的综合协调能力。

(二) 按项目组织与企业组织联系方式分类

1. 职能式组织结构

职能式组织结构也称部门控制式组织结构，是指按职能原则建立的项目组织，通常指项目任务以企业中现有的职能部门作为承担任务的主体组织完成项目。一个项目可能是由某一个职能部门负责完成，也可能是由多个职能部门共同完成。各职能部门与项目相关的协调工作需在职能部门主管这一层次上进行。职能式组织结构的示意图如图 2-9 所示。

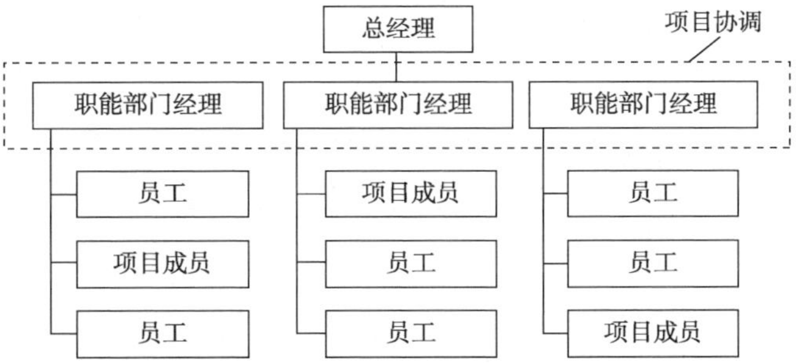

图 2-9　职能式组织结构示意图

职能式组织结构的优点：

(1) 在人员的使用上具有较大的灵活性。不同专业技术人员可以被临时调配使用，工作完成后又可以返回他们原有的工作岗位。

(2) 有利于同一部门的专业人员一起交流知识和经验，可使项目获得部门内所有的知识和技术支持，对创造性地解决项目技术问题很有帮助。

(3) 具有较广专业基础的技术人员可同时参加不同的项目。

(4) 当有人员离开项目组甚至离开公司时，职能部门可作为保持项目技术持续性的基础，人员风险较小。

(5) 将项目委托给企业某一职能部门组织，不需要设立专门的组织机构，所以项目的运转启动时间短。

职能式组织结构的缺点：

(1) 职能部门有其日常工作，项目及客户的利益往往得不到优先考虑。

(2) 调配给项目的人员往往把项目看作是他们额外的工作甚至负担，其工作积极性不是很高。

(3) 经常会出现没有一个人承担项目全部责任的现象。

(4) 项目常常得不到很好的支持，与职能部门利益直接有关的问题得到很好的处理，而那些超出其利益范围的问题则容易被忽视。

(5) 技术复杂的项目通常需要多个职能部门的共同合作，但跨部门之间的交流沟通较困难。

职能式组织结构一般适用于小型或单一的、专业性较强、不需要涉及许多部门的项目。

2. 项目式组织结构

项目式组织结构也称工作队式组织结构，是指公司首先任命项目经理，由项目经理负责从企业内部招聘或抽调人员组成项目的组织。所有项目组织成员在项目建设期间，中断与原部门组织的领导和被领导关系，原单位负责人只负责业务指导及考察，不得随意干预其工作或调回人员。项目结束后项目组织撤销，所有人员仍回原部门和岗位。项目式组织结构如图 2-10 所示。

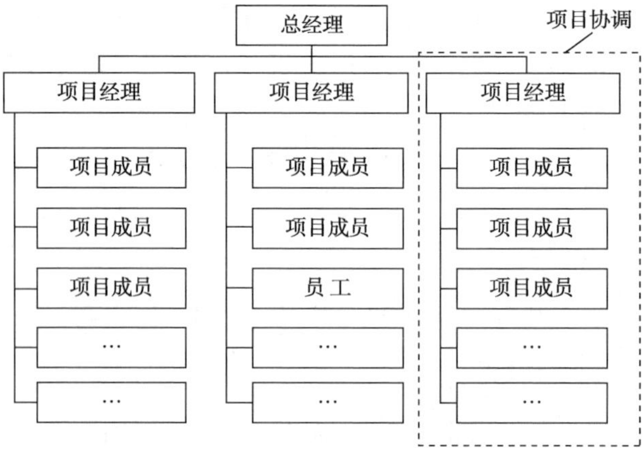

图 2-10　项目式组织结构示意图

项目式组织结构的主要优点有：

(1) 项目经理权力集中，可以及时决策，指挥方便，有利于提高工作效率。

(2) 项目经理从各个部门抽调或招聘的是项目所需要的各类专家，他们在项目管理中可以相互配合、相互学习、取长补短，有利于培养一专多能的人才并充分发挥其作用。

(3) 各种专业人才集中在一起，减少了等待或扯皮的时间，解决问题快，办事效率高。

(4) 由于减少了项目组织与企业职能部门的结合部分，使协调关系减少，同时弱化了项目组织与企业组织部门的关系，减少或避免了本位主义和行政干预，有利于项目经理顺利地开展工作。

项目式组织结构的主要缺点是：

（1）各类人员来自不同的部门，具有不同的专业背景，缺乏合作经验，难免配合不当。

（2）各类人员集聚在一起，但在同一时期内他们的工作量可能有很大的差别，因此很容易造成忙闲不均，从而导致人才的浪费。对专业人才，企业难以在企业内进行调剂，往往导致企业的整体工作效率降低。

（3）项目管理人员长期离开原单位，离开他们所熟悉的工作环境，容易产生临时观念和不满情绪，影响积极性的发挥。

（4）专业职能部门的优势无法发挥，由于同一专业人员分散在不同的项目上，相互交流困难，职能部门无法对他们进行有效的培训和指导，影响各部门的数据、经验和技术积累，难于形成专业优势。

项目组织结构适用于大型项目、工期要求紧迫的项目、要求多工种多部门密切配合的项目。

3. 矩阵式组织结构

矩阵式组织结构是现代大型工程项目广泛应用的一种新型组织形式。它把职能原则和对象原则结合起来，既发挥了职能部门的纵向优势，又发挥了项目组织的横向优势，形成了独特的组织形式。从组织职能上看，以实施企业目标为宗旨的企业组织要求专业化分工并且长期稳定，而一次性项目组织则具有较强的综合性和临时性。矩阵式组织形式能将企业组织职能与项目组织职能进行有机结合，形成一种纵向职能机构和横向项目机构相互交叉的“矩阵”形式。矩阵式组织结构又有弱矩阵、平衡矩阵和强矩阵之分。

（1）弱矩阵式组织结构。其示意图如图 2-11 所示。

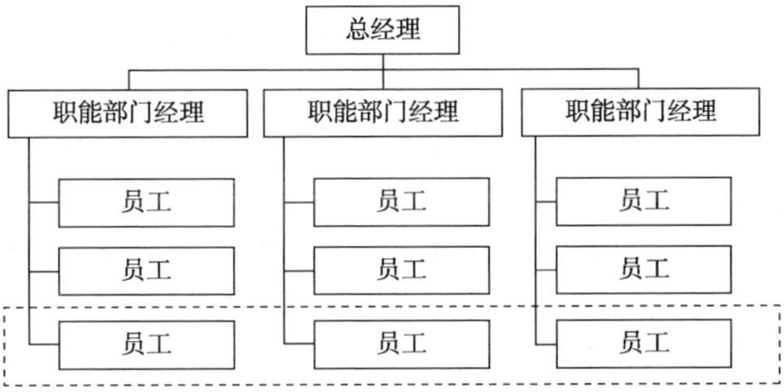

图 2-11　弱矩阵式组织结构示意图

弱矩阵式组织结构的特点：从企业相关职能部门安排专门人员组成项目团队，但无专职的项目经理。该组织形式偏向于职能式组织结构，所以其优缺点和适用条件与职能式组织结构相似。

（2）平衡矩阵式组织结构。其示意图如图 2-12 所示。

平衡矩阵式组织结构特点：从企业相关职能部门安排专门人员组成项目团队，有专职的项目经理，且项目经理一般从企业某职能部门选聘。

（3）强矩阵式组织结构。其示意图如图 2-13 所示。

强矩阵式组织结构特点：项目经理独立于企业职能部门之外，项目团队成员来源于相关职能部门，项目完成后再回到原职能部门。

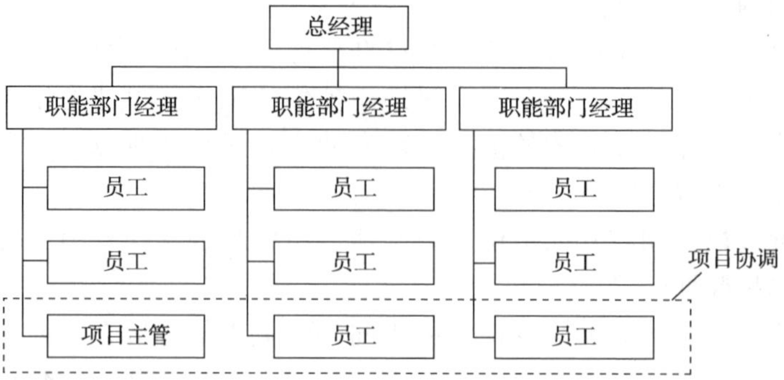

图 2-12　平衡矩阵式组织结构示意图

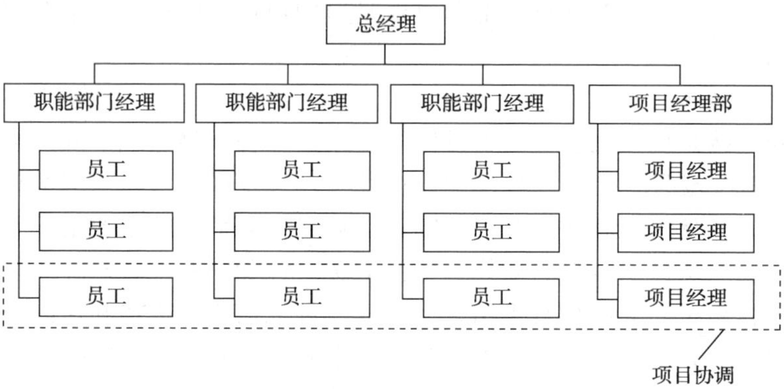

图 2-13　强矩阵式组织结构示意图

在矩阵式组织形式中，永久性专业职能部门和临时性项目组织同时交互起作用。纵向表示不同的职能部门是永久性的，横向表示不同的项目是临时的。职能部门的负责人对本部门参与项目组织的人员有组织调配、业务指导和管理考核的责任。项目经理将参加本项目的各种专业人员按项目实施的要求有效地组织协调在一起，为实现项目目标共同配合工作，并对他们负有领导责任。矩阵式组织中的每个成员，都应接受原职能部门负责人和项目经理的双重领导，他们参加项目从某种意义上说只是“借”到项目上，既接受项目经理的领导又接受原职能部门负责人的领导。在一般情况下，部门负责人的控制力大于项目经理的控制力。部门负责人有权根据不同项目的需要和工作强度，将本部门专业人员在项目之间进行适当调配，使专业人员可以同时为几个项目服务，避免出现某种专业人才在一个项目上闲置而在另一个项目上又奇缺的现象，大大提高人才的利用率。项目经理对参加本项目的专业人员有控制和使用的权力，当感到人力不足或某些成员不得力时，他可以向职能部门请求支持或要求调换，没有人员包袱。在这种体制下，项目经理可以得到多个职能部门的支持，但为了实现这些合作和支持，要求在纵向和横向有良好的沟通与协调配合，从而对整个企业组织和项目组织的管理水平和工作效率提出更高的要求。

一个大型建设工程项目如采用矩阵式组织结构，则纵向工作部门可以是投资控制、进度控制、质量控制、合同管理、人事管理、财务管理、物资管理、信息管理等职能部门，而横向工作部门可以是各子项目的项目管理部，如图 2-14 所示。

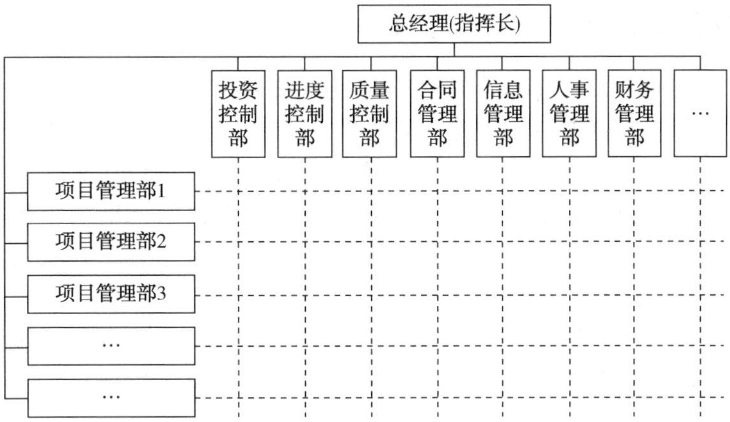

图 2-14　大型建设工程项目采用矩阵式组织结构示意图

矩阵式组织结构的主要优点是：

（1）兼有职能式和项目式两种组织结构的优点。它把职能原则和对象原则有机地结合起来，既发挥了纵向职能部门的优势，又发挥了横向项目组织的优势，解决了传统组织模式中企业组织和项目组织相互矛盾的难题，增强企业长期例行性管理和项目一次性管理的统一性。

（2）能有效地利用人力资源。它可以通过职能部门的协调，将一些项目上闲置的人才及时转到急需的项目上去，实现以尽可能少的人力实施多个项目管理的高效率，使有限的人力资源得到最佳的利用。

（3）有利于人才的全面培养。它既可以使不同知识背景的人在项目组织的合作中相互取长补短，在实践中拓宽知识面，有利于培养人才的一专多能，又可以充分发挥纵向专业职能集中的优势，使人才的成长有深厚的专业训练基础。

矩阵式组织结构的主要缺点是：

（1）双重领导。矩阵式组织中的成员要接受来自横向、纵向领导的双重指令。当双方目标不一致或有矛盾时，会使当事人无所适从。当出现问题时，往往会出现相互推诿，无人负责的现象。

（2）管理要求高，协调较困难。矩阵式组织结构对企业管理和项目管理的水平、领导者的素质、组织机构的办事效率、信息沟通渠道的畅通均有较高的要求。由于矩阵式组织的复杂性和项目结合部的增加，往往导致信息沟通量的膨胀和沟通渠道的复杂化，致使信息梗阻和信息失真增加，这就使组织关系的协调更加困难。

（3）经常出现项目经理的责任与权力不统一的现象。在一般情况下，职能部门对项目组织成员的控制力大于项目经理的控制力，导致项目经理的责任大于权力，工作难以开展。项目组织成员受到职能部门的控制，所以凝聚在项目上的力量减弱，使项目组织的作用发挥受到影响。同时，管理人员同时身兼多职地管理多个项目，难以确定管理项目的前后顺序，有时会顾此失彼。

矩阵式组织结构主要适用于大型复杂项目、对人工利用率要求高的项目，或公司同时承担多个项目。

二、工程项目组织结构形式的选择

工程项目组织结构形式的选择就是要决定项目实施与公司日常业务的关系问题，即使是对一个有经验的专业人士来说，也是一件非常困难的事情。前面介绍了几种可供选择的工程项目组织结构形式，究竟哪一种形式最好？或者说对某一项目来说，有没有唯一的最优选择？要回答这个问题是非常困难的，一方面是衡量选择的标准难以确定。项目成功的影响因素很多，即使采用同一组织也可能有截然不同的结果。另一方面正如人们常说的管理是科学也是艺术，而艺术性正体现在权变性地将管理理论应用于实践中去。项目的内外环境的复杂性及如上所述每种组织形式的各种优劣，使得几乎没有普遍接受、步骤明确的方法来告诉人们怎样决定需要什么类型的组织结构，可以说这是项目管理者知识、经验及直觉等的综合结果。

这里介绍一下职能式、项目式和矩阵式的选择。他们各有优缺点，主要的优缺点见下表 2-1。

表 2-1　三种组织结构形式的比较

组织结构	优　　点	缺　　点
职能式	没有重复活动；职能优异	狭隘、不全面；反应缓慢；不注重客户
项目式	能控制资源；向客户负责	成本较高，项目间缺乏知识信息交流
矩阵式	有效利用资源；职能所有专业知识可供所有项目使用	双层汇报关系
	促进学习、交流知识；沟通良好；注重客户	需要平衡权力

他们也有着内在的联系，可以表示为一个变化的系列，职能式组织结构在一端，项目式在另一端，而矩阵结构是介于职能式和项目式之间的一种结构形式。如下图 2-15 所示。

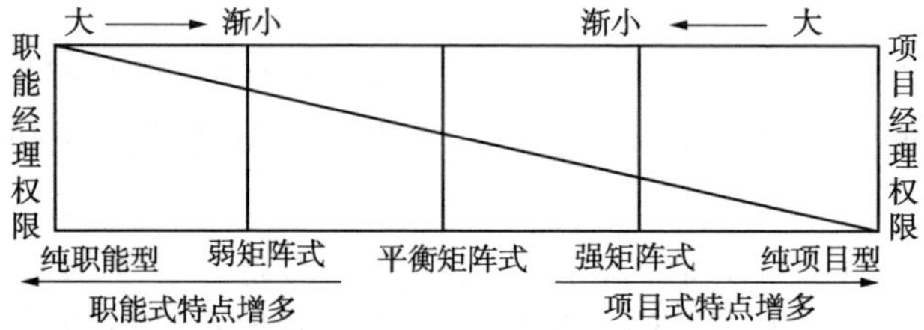

图 2-15　三种形式内在联系

随着某种组织结构的工作人员人数在项目团队中所占比重的增加，该种组织结构的特点也渐趋明显；反之，则相反。

不同的项目组织形式对项目实施的影响不相同；在具体的项目实践中，究竟选择何种项目组织结构没有一个可循的公式，一般在充分考虑各种组织结构的特点、企业特点、项目的特点和项目所处的环境等因素的条件下，才能做出较为适当的选择。因此，在选择项目组织的形式时，一般来说，职能式组织结构比较适用于规模较小，偏重于技术的项目，而不适用于环境变化较大的项目。因为，环境的变化需要各职能部门间的紧密合作，而职能部门本身的存在以及权责的界定成为部门间密切配合不可逾越的障碍。当一个公司中包括许多项目或项目的规模较大、技术复杂时，则应选择项目式的组织结构。同职能式组织相比，在对付不稳定的环境时，项目式组织实现了自己潜在的长处，这来自项目团队的整体性和各类人才的紧密合作。同前两种组织结构相比，矩阵式组织形式无疑在充分利用企业资源上显示出了巨大的优越性，由于其融合了两种结构的优点，这种组织形式在进行技术复杂、规模较大的项目管理时呈现出了明显的优势。

第三节　工程项目结构分解

工程项目结构分解是项目管理的基础工作，结构分解文件是项目管理的中心文件，是对项目进行设计、计划、目标和责任分解、成本核算、质量控制、信息管理、组织管理的对象。在国外，工程项目结构分解被称为“工程项目管理最得力的、有用的工具和方法”。因此掌握工程项目结构分解就显得必不可少，本节主要介绍工程项目结构分解的概念、方法、原则、作用等。

一、工程项目结构分解的概念

工程项目是由许多互相联系、互相影响、互相依赖的活动组成的行为系统，它具有系统性、集合性、相关性、整体性特点。将一个完整的工程项目分解成若干工作单元是工程项目管理最基本也是最重要的工作。工程项目结构分解的目的是明确一个工程项目所包含的各项工作，也就是将复杂的工程项目逐步分解成一层一层的要素(工作)，直到具体明确为止。即通过定义这些要素(工作)的费用、进度和质量，以及它们之间的内在联系，并将完成这些工作的责任赋予相应的部门和人员，建立明确的责任体系，达到控制整个项目的目的。

工程项目分解的工具是工作结构分解原理。工作结构分解，即 WBS(Work Breakdown Structure)方法，是一种在项目全范围内分解和定义各层次工作的方法。它将项目按照其内在结构或是实施过程的顺序进行逐层分解，将项目分解到相对独立的、内容单一的、易于成本核算与检查的工作单元，并将各工作单元在项目中的地位与构成直观地表示出来。

例如图 2-16 是某软件园项目结构图的一个示例，它是一个群体项目，它可按照功能区进行第一层次的分解，即：软件研发、生产功能；硬件研发、生产功能；公共服务功能区；园区管理功能区；生活功能区。如对其进行第二层次的分解，其中软件研发、生产功能区包括：软件研发生产大楼和独立式软件研发生产基地。其他功能区也可再分。某些第二层次的项目组成部分(如独立式软件研发生产基地)还可再分解。

二、工程项目系统分解的方法和过程

(一) 项目中常用系统分解方法

系统分解是将复杂的管理对象进行分解，以观察内部结构和联系，它是项目管理最基本的方法之一。在项目管理中常用的系统分解方法有以下两种：

1. 结构化分解方法

任何项目系统都有它的结构，都可以进行结构分解。例如：工程技术系统可以按照一

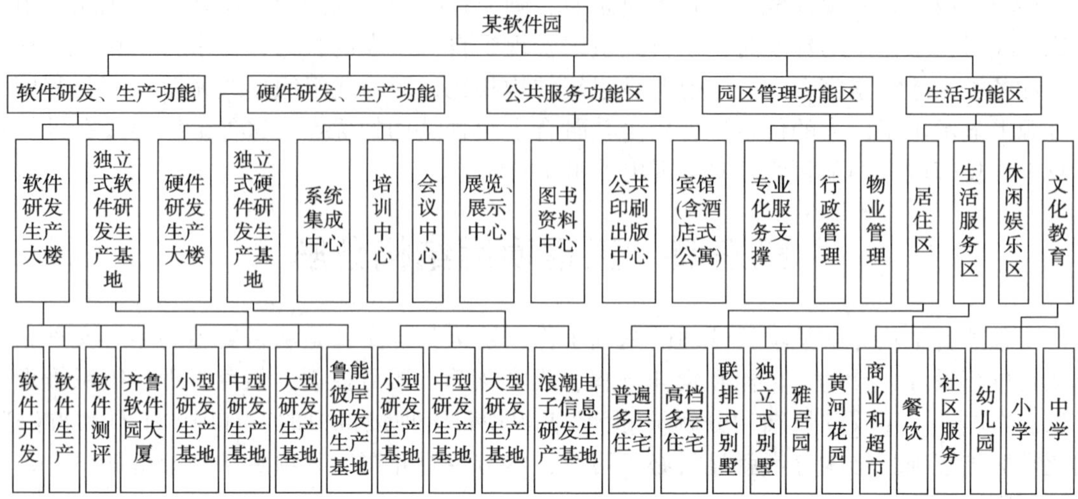

图 2-16　项目结构图

定的规则分解成子系统、功能区和专业要素；项目的目标系统可以分解成系统目标、子目标、可执行目标；项目的总成本可以按照一定的规则分解为成本要素。此外，组织系统、管理信息系统也都可以进行结构分解。分解的结果通常为树型结构图。

2. 过程化方法

项目由许多活动组成，活动的有机组合形成过程。该过程可以分为许多互相依赖的子过程或阶段。在项目管理中，可以从如下几个角度进行过程分解：

(1) 项目实施过程。根据系统生命期原理，把工程项目科学地分为若干发展阶段，如前期策划、设计和计划、实施、运行等，每一个阶段还可以进一步分解成工作过程。

不同的项目的实施过程会有些差别，例如美国海军部将武器研制项目分为七大阶段：任务需求评估、初步可行性研究、可行性研究、项目决策、计划与研制、生产以及使用等阶段。相邻两个阶段之间有一个决策点和正式评审程序。同样，每个阶段又可分解为许多工作过程。

(2) 管理工作过程。例如，整个项目管理过程，或某一种职能管理(如成本管理、合同管理、质量管理等)过程都可以分解成许多管理活动，如预测、决策、计划、实施控制、反馈等。它们形成一个工作过程。

(3) 行政工作过程。例如，在项目实施过程中有各种申报和批准的过程、招标投标过程等。

(4) 专业工作的实施过程。这种分解对工作包内工序(或更细的工程活动)的安排和构造工作包的子网络是十分重要的。

在这些过程中，项目实施过程和项目管理过程是对项目管理者最重要的过程。他必须十分熟悉这些过程。项目管理实质上就是对这些过程的管理。

(二) 工程项目结构分解过程

对于不同种类、性质、规模的项目，从不同的角度，其结构分解方法和思路有很大的差别，但分解过程却很相近。基本思路是：以项目目标体系为主导，以工程技术系统范围和项目的实施过程为依据，按照一定的规则由上而下，由粗到细地进行。一般经过如下几个步骤：

(1) 分析工程的主要组成部分，将项目分解成单个定义且任务范围明确的子部分(子项目)。这些子项目的总和构成整个工程项目。

(2) 研究并确定每个子部分的特点和结构规则，它的实施结果以及完成它所需的活动，以做进一步分解。

(3) 确定该级别的每一单元是否分解得足够详细，以便可以方便地估算费用和工期。

(4) 将各层次项目单元(直到最低层的工作包)收集于检查表上，用系统规则将项目单元分组，构成项目的工作分解结构图(包括子结构图)。工作包说明表用来描述和定义该工作包的各项目标和计划内容。工作包说明表的内容包括任务范围、前导活动、工作包所包含的工序及子网络、责任人、所需资源量、工期计划、费用计划、实际工期和费用对比等。下面以施工项目为例，对这些要素一一说明。

① 工程量。通过预算定额，根据本工作包的工作范围，从图纸中计算得到。因为企业投标报价需计算工程量，现在有些招标文件中就附有工程量清单，所以工作包中的工作量也可从总的工程量表中直接分解得到。

② 质量。按照合同的质量等级，根据国家制定的规范及质量验收评定标准，结合企业ISO-9000质量管理体系，落实各工作包的质量要求。应提出保证质量的措施。

③ 工序及子网络。根据施工方案、施工方法、施工习惯等来确定工作包所含的工序及子网络。

④ 前导活动。根据施工部署和施工方案，判断出每一工作包的前导活动。前导活动与工期目标也有联系。它确定了工程活动之间的逻辑关系，是构成网络的基础。

⑤ 所需资源量。对工作包中的工程量，通过工料分析，计算出所需各种资源的数量。为使资源优化配置，应定义资源的优先级。

⑥ 持续时间。根据工程量的大小，视合同工期的要求，请有经验的工程技术人员估计，或通过工程量、劳动效率和投入人数等关系分析得到。与持续时间相适应的是完成该工作包所需的工人人数，这两个要素应相互调整，以满足工期要求。

⑦ 成本。可根据中标价或企业下达给项目部的成本目标分解落实到工作包中。可通过工程量比例分摊，或通过定额进行计算。

实际上，工作包说明表形成了某一项目或某一部分工作任务的综合计划内容。工作包说明表在作结构分解时，是用来帮助对结构分解的描述，并使总目标得以分解落实。工作包说明表还有其他用途，如：项目实施后，每一份说明表即是一份工作任务单，下达给实施责任人；责任人任务完成后，可作为对责任人的考核标准；所有的任务完成后，即可作为已完工程输入计算机，并与计划进行对比，以实现计划的动态管理。

(5) 分析评价各层次的分解结果的正确性、完整性，是否符合项目结构分解的原则。

(6) 由决策者决定结构图，并作相应的说明文件。

(7) 建立项目的编码规则，对分解结果进行编码。

编码是工程项目结构分解的一项主要工作，是WBS的组成部分。通过编码表示并区别每一个目标单元，使人们以及计算机可以方便“读出”某一个项目单元的信息。这样在工程项目的信息管理中，就能方便实现工作包以及其有关资料信息的存档、查询与汇总。由于项目结构分解是项目计划编制、责任分配和信息传输(报告系统)的基础性工作，所以在同一项目中，WBS 编码的统一、规范和使用方法明确，是项目管理规范化的要求，也是项目管理系统集成的前提条件。

项目的编码设计直接与 WBS 结构有关，并采用“父码+子码”的方法编制。项目结构分解中第一级表示某一项目，为了表示项目的特征以及与其他项目的区别，可用 1~2 位数字或字母来表示，或英文缩写，或汉语拼音缩写，方便识别。第二级或代表实施过程的主要工作，或代表关键的单项工程或各个承建合同，同样可采用 1~2 位的数字或英文缩写，汉语拼音缩写等表示，以此类推，一般编到工作包级为止。每一级前面的编码决定了该级编码的含义。编码中应注意：某一级项目单元(一般是下面几级)具有同样的性质(如实施工作、分区、功能和要素等)，而他们的上一级单元彼此不相同时，最后采用同一意义的代码，这有利于项目管理与计划工作的细化。根据项目结构分解从高层向低层对每项工作进行编码，要求每项工作有唯一的编码。编码的方法有两种。

方法 1：多位编码方法，如图 2-17 所示。

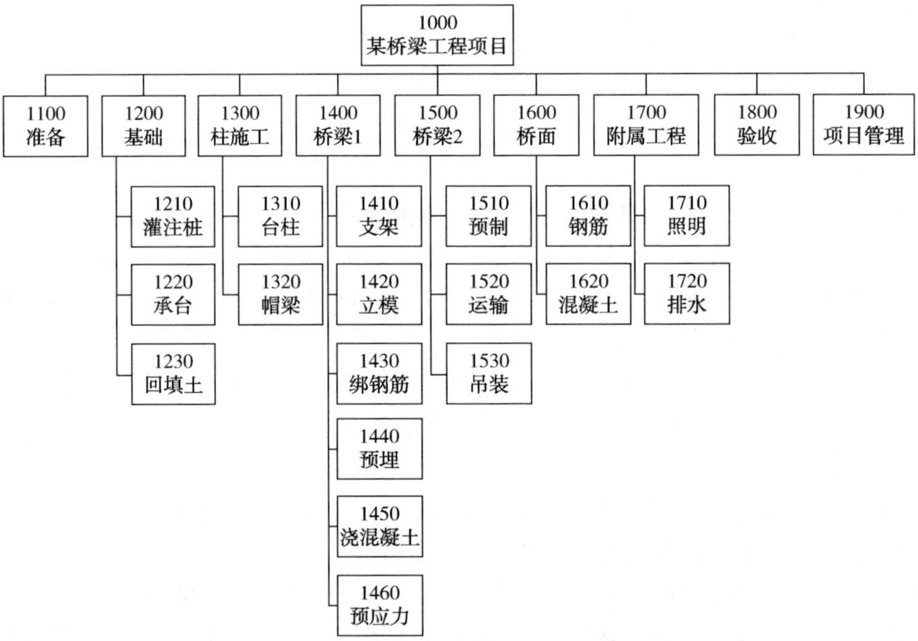

图 2-17　WBS 多位编码方法示例图

方法 2：少位编码方法，如图 2-18 所示。

目前项目结构分解工作主要由管理人员承担，常常被作为一项办公室的工作。但是，任何项目单元都是由实施者完成的，所以在结构分解过程中，甚至在整个项目的系统分解过程中，应尽可能让相关部门的专家、将来项目相关任务的承担者参加，并听取他们的意见，这样才能保证分解的科学性和实用性，同时才能保证整个计划的科学性。项目结构分解是一个渐进的过程，它随着项目目标设计、规划、详细设计和计划工作的进展而逐渐细化。

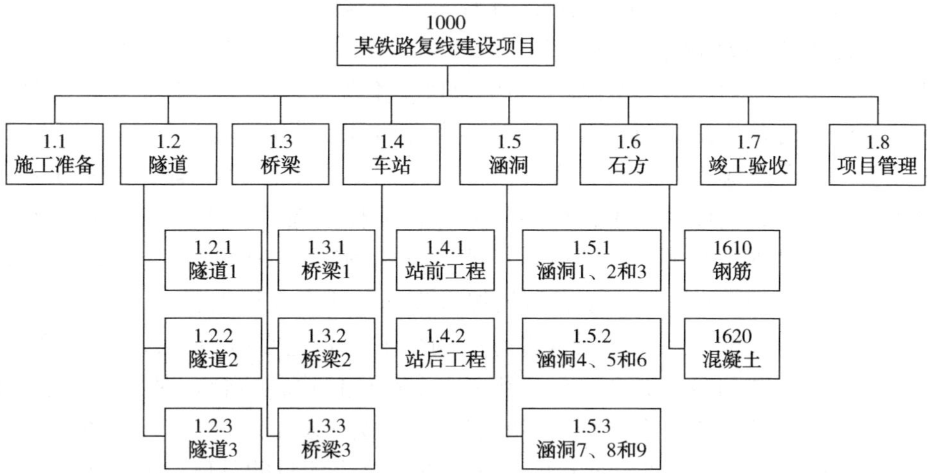

图 2-18 WBS 少位编码方法示例图

三、项目结构分解的注意要点

(一) 基本原则

项目结构分解工作非常重要，但人们常常由于缺少经验和科学方法，不重视这项工作，不系统地做这项工作，或不充分地利用项目结构分解的结果。这常常是项目计划失误、实施失控的重要原因之一。

从总体上说，应通过项目结构分解，将一个工程项目分解为可管理的、可定量核查的、可分配任务的活动。但目前对一些工程项目尚没有统一的普遍适用的分解方法和规则。按照实际工作经验和系统工作方法，它应符合工程的特点、项目自身的规律性，符合项目实施者的要求和后继管理工作的需要。分解过程应注意如下基本原则。

(1) 应在各层次上保持项目内容上的完整性，不能遗漏任何必要的组成部分。要不断地检查项目结构分解所得到的活动的完整性。

(2) 项目单元应能区分不同的责任者和不同的工作内容，应有较高的整体性和独立性，单元之间的工作责任界面应尽可能小而明确，这样才能明确地划分各单元和各项目参加者之间的界限，方便项目目标和责任的分解和落实以及进行成果评价和责任分析。

项目结构分解应适应组织管理的需要，保证可以方便地进行采购发包和签订合同。如果无法划定责任者，如必须由两个人(或部门)共同负责，则必须清楚地说明双方的责任界限。由于项目的任务经常是通过合同委托的，而一个合同范围又是独立的，所以项目分解结构应适应项目的承包方式和合同结构。

(3) 由于项目结构分解是为项目的计划和实施控制服务的，是计划和控制的主要对象，所以系统分解的合理性还应体现在：

① 分解后的任务应该有可管理、可度量的和界面清楚的、相对独立的可交付成果。能方便地应用工期、质量、成本、合同、信息等管理方法和手段，符合计划和项目目标控制的要求。

② 应注意物流、工作流、资金流、信息流的效率和质量。

③ 注意功能之间的有机组合和实施工作任务的合理归属。

④ 考虑工程的功能或技术的特殊性。

⑤ 最低层次的项目单元(工作包)上的单位成本不要太大，工期不要太长。如果最低层次单元的持续时间跨几个控制期(或结算期)，则它的可控性就很差。

(4) 项目结构分解应有一定的弹性，应能方便地扩展项目的范围、变更项目的内容和结构。在项目实施中，设计的变更，计划的修改，工程范围的扩大和缩小是难免的。如果分解结构没有弹性，则一个微小的变更就可能对结构图有大的影响，甚至导致一个新的分解版本或一套新的计划。在这里，项目编码体系设计的科学性很重要。

(5) 适当的详细程度。对一个项目进行结构分解，究竟要达到什么样的详细程度才比较适合？例如，应分解到多少层次，分解到多少个工作包比较适合？对此很难定量地规定。总体方针是，在一个结构图内不要建太多的层次。层次太多不能进行有效的管理。通常4~6层为宜，即使对大项目也不要超过6层，这通常与这个项目的具体情况相关。

(二) 防止分解得过少或过细

在进行项目结构分解时，要防止以下两种倾向

(1) 通常项目分解层次和单元过少，则项目单元上的任务和信息容量太大，难以具体、精细地设计、计划和控制，则失去分解的作用。如工作包上的成本(价格)太大、工期太长，则很难进行有效、精确的控制。

(2) 如果分解得过细，层次与单元太多，结构图和结构表都极为复杂，则会造成如下问题：

① 项目结构失去弹性，机动灵活性较小，项目调整的余地较小，或变更的影响面太大。

② 给计划工作带来困难，计划费用增加。例如，网络的节点、工作包说明表大量增加，则计划必须十分细致，这使计划的可行性很差。将基层的执行者(工作包责任人)的工作细节都做了详细的规定，这会使他受到束缚，他的自由度很小，无法发挥灵活性和创造力。

③ 工程过程中的信息处理量会成倍增加。每一个项目单元都是信息的对象，项目结构中每增加一个单元，工程中要增加许多相关的图表文件和管理工作量，则相应的管理费用增加。

④ 有的项目管理者主观地想分解很细，但实际上却做不到。通常相应的成本责任和成本核算要能落实到最低层次单元，否则该层次的分解价值就不大。

⑤ 会造成项目组织跨度太大和(或)组织层次太多。

(三) 考虑因素

确定结构分解的详细程度要综合考虑如下几方面因素：

(1) 项目承担者的角色。项目结构分解与项目管理者所处的层次、所负责的工作范围有关。

不同的项目参加者对结构分解有不同的要求。例如，业主要求按项目任务书进行总体的全面的分解，即以整个项目为对象，将项目的全过程、全部空间、所有专业纳入分解范围，但常常比较粗略，一般只抓住上面几层。在业主的项目总结构分解中，一个承包商所

完成的项目任务(合同)仅作为一个子项或一个任务。承包商项目的任务是完成合同所规定的工作(工程)，要具体组织施工，他必须对合同所规定的承包范围进行分解，而且分解得较细。

对工作包的继续分解通常由工程小组或分包商完成。

(2) 工程的规模和复杂程度。大的、复杂的项目分解层次和单元自然较多；反之，小的简单的项目较少。

(3) 风险程度。对风险程度较大的项目或项目单元(如子项目、任务等)，如使用新技术、新工艺，在特殊环境内实施等，则分解得较细。这样就能详细周密地计划，可以透彻地分析风险。而对于风险较小的、常规性的、技术上已经成熟的项目可以分解得较粗。

(4) 承(分)包商或工程小组的数量。项目单元要区分不同的实施者，特别是在最低层次的工作包上。如果专业化分工较细，承(分)包商数量较多，则项目单元也应分得较细。所以，承包方式对项目结构有很大的影响。

(5) 项目实施的不同阶段。一般在可行性研究时就已开始项目结构分解，随着项目的进程逐渐由粗到细，由上到下，不断细化，有不同的版本。但它们应前后连贯，保持稳定性。

(6) 各层次管理者(特别是上层管理者)对项目计划和实施状况报告的结构、详细程度和深度要求。如果项目成本、工期、质量报告要求详细则应分解较细。

工作包是项目结构分解的最小单位，也是项目成本核算和控制的最小单位。各种目标的分解、信息、核算、组织责任要能落实到工作包。否则，这一层次的分解就没有意义。

项目结构分解没有定型的模式，它常常受到管理者工作经验和管理水平的影响和制约。高层管理者切莫在计划初期就试图将项目分解得很细，或自己主观地进行分解，应吸收任务承担者、实际操作人或下层机构的人员参与结构分解，利用他们的经验并使他们能够理解和接受分解结果。

四、工程项目结构分解的作用

工程项目结构分解的基本作用有：

(1) 保证项目结构的系统性和完整性。分解结果代表被管理的项目范围和组成部分，它包括项目应包含的所有工作，不能有遗漏。这样才可能保证项目的设计、计划、控制的完整性。这是项目结构分解最基本的要求。

(2) 通过结构分解，使项目的形象透明，使人们对项目一目了然，使项目的概况和组成明确、清晰。这使项目管理者，甚至不懂项目管理的业主、投资者也能对整个项目方便地观察、了解和控制整个项目过程，同时可以分析可能存在的项目目标的不明确性。

(3) 对项目的工期计划、成本和费用进行估计，以及确定资源分配的对象。

(4) 用于建立项目目标保证体系。工作结构分解能将项目实施过程、项目成果和项目组织有机地结合在一起，是进行项目任务承发包、建立项目组织、落实组织责任的依据。所以项目结构分解图对项目组织形式有规定性。

工作分解结构可以满足各层次项目参与者的需要。工作分解结构可与项目组织结构有机地结合在一起，有助于项目经理根据各个项目单元的要求，赋予项目各部门和各职员相应的职责。

(5) 将项目质量、工期、成本(投资)目标分解到各项目单元，这样可以对项目单元进行详细的设计，确定实施方案，做各种计划和风险分析，进行实施控制，对完成状况进行评价。

项目结构分解是编制项目进度计划的主要依据，在编制进度计划时，根据各活动间的逻辑关系，构成网络，再确定完成工作所需的持续时间、项目的开工日期，就可以确定整个项目的进度计划。

(6) 作为项目报告系统的对象，是进行各部门、各专业协调的手段。项目分解结构和编码在项目中充当一个共同的信息交换语言。项目中的大量信息，如资源使用、进度报告、成本开支账单、质量报告、变更、会谈纪要，都以项目单元为对象收集、分类和沟通。

第四节　工程项目的工作流程组织

工程项目的工作流程组织主要包括：管理工作流程组织(如投资控制、进度控制、合同管理、付款和设计变更等流程)、信息处理工作流程组织(如与生成月度进度报告有关的数据处理流程)、物质流程组织(如钢结构深化设计工作流程，弱电工程物资采购工作流程，外立面施工工作流程)等。

一、工作流程组织的任务

每一个建设项目应根据其特点，从多个可能的工作流程方案中确定以下几个主要的工作流程组织：设计准备工作的流程；设计工作的流程；施工招标工作的流程；物资采购工作的流程；施工作业的流程；各项管理工作(投资控制、进度控制、质量控制、合同管理和信息管理等)的流程；与工程管理有关的信息处理的流程。

这也就是工作流程组织的任务，即定义工作的流程。

工作流程图应视需要逐层细化，如投资控制工作流程可细化为初步设计阶段投资控制工作流程图、施工图阶段投资控制工作流程图和施工阶段投资控制工作流程图等。

业主方和项目各参与方，如工程管理咨询单位、设计单位、施工单位和供货单位等都有各自的工作流程组织的任务。

二、工作流程图

工作流程图用图的形式反映一个组织系统中各项工作之间的逻辑关系，它可用以描述工作流程组织。工作流程图是一个重要的组织工具，如图 2-19 所示。工作流程图用矩形框表示工作，见图 2-19(a)，箭线表示工作之间的逻辑关系，菱形框表示判别条件。也可用图 2-19(b)的方式表示工作和工作的执行者。

以下以几个工作流程图的示例进一步解释工作流程图的含义和图的表达方式。

设计变更在工程实施过程中时有发生，设计变更可能由业主方提出，也可能由施工方或设计方提出，一般设计变更的处理涉及监理工程师、总监理工程师、设计单位、施工单位和业主方。图 2-20 是某工程设计变更的工作流程图，反映了上述的工作顺序关系。

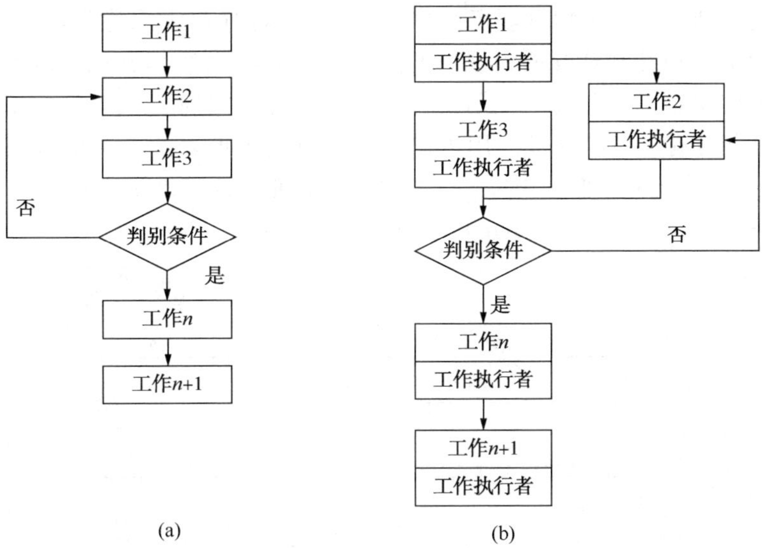

图 2-19 工作流程图示例

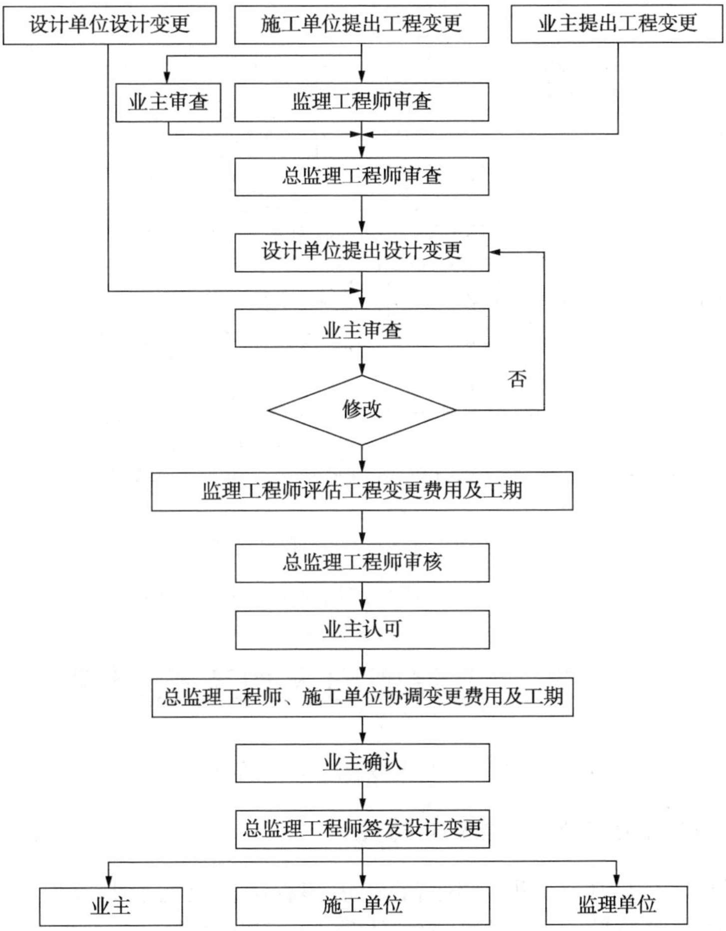

图 2-20 设计变更工作流程图示例

某软件园的策划工作由工程管理咨询(顾问)公司承担(以下简称为策划方)，规划工作由规划设计方承担，开发方对策划和规划的阶段性成果将表达其意见，政府对规划的阶段性成果要履行审批职能。策划方、规划设计方、开发方和政府有关部门的工作按一定的顺序进行，相互之间也有一定的交叉。用工作流程图可清晰地表达有关的逻辑关系(图 2-21 所示)。图 2-21 将图面纵向地划分为 4 个条块，可以非常清楚地识别哪些工作由哪方承担。

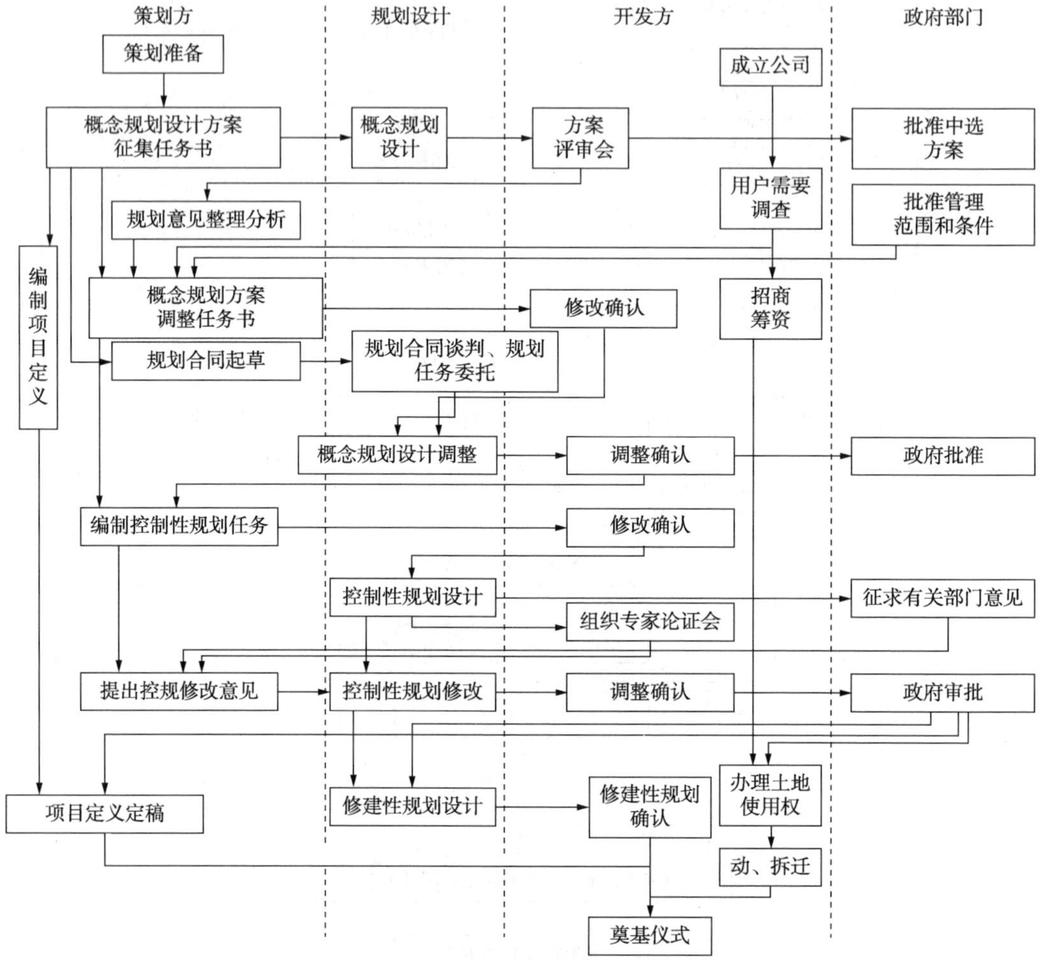

图 2-21　某软件园策划工作的流程图示例

第五节　工程项目人力资源管理

人力资源管理是工程项目管理中一种重要的、不可忽视的管理职能。

一、工程项目人力资源管理及其特点

目前，学术界对于人力资源虽有不同的认识和看法，但均强调人力资源创造财富这一特征。与其他资源不同的是，人力资源的载体是人的身体和劳动，其具有能动性、再生性、社会性和智能性等特点。

工程项目人力资源管理就是对工程项目开发建设过程中所需的人力资源进行规划、选聘和合理配置，并定期对他们的工作业绩进行评价和激励，以提高他们对工程项目开发建设的敬业精神、积极性和创造性，最终保证工程项目目标的实现。

工程项目人力资源管理的对象包括项目团队的所有成员和项目团队本身，由于工程项目的一次性或临时性及系统性特征，工程项目人力资源管理在遵循企业组织人力资源管理原理的同时，还有下列特点：

（1）工程项目人力资源管理强调高效快捷。高效快捷主要体现在项目团队成员的选拔和培训上，项目团队成员的选拔和培训通常是针对完成项目任务所需的知识和技能进行的，也就是说，选拔项目团队成员尤其是骨干成员时主要是看其是否已具有相关知识和技能以及是否有一定的实践经验，而且项目团队成员也要具有挑战精神，敢于承担责任。对于项目团队成员的激励也要强调高效性和及时性，因此工程项目人力资源管理中所使用的激励手段一般是以短期激励效果为主，如物质激励。

（2）工程项目人力资源管理强调团队建设。工程项目目标的实现需要一个跨职能团队的共同努力才能完成，因此项目团队的建设意义尤为重大。它是工程项目人力资源管理的中心任务。这不但要求工程项目人力资源管理中的项目团队成员尤其是项目经理的挑选和确定要考虑项目团队建设的需要，即项目团队成员要具有合作精神，项目经理要具有较强的个人影响力和组织管理能力，而且要求在工作业绩的评价、员工激励和项目问题或冲突解决方式方法等方面也要考虑项目团队建设的需要。

二、工程项目人力资源管理的主要内容

工程项目人力资源管理主要包括如下内容。

（1）工程项目组织的工作分析。工程项目组织的工作分析就是对达到工程项目目标所需进行的各项任务和活动进行分析研究，以确定工程项目管理与实施需要安排哪些具体的职务和岗位，以及这些岗位和职务的任职条件和知识、技能与专业要求。显然，工作分析的成果主要是工作说明书和工作规范。工作说明书详细描述了某职务或岗位的工作内容、环境及工作条件，而工作规范则详细说明了从事该项工作的人员所需具备的最低资格。

（2）工程项目人员的获得与配备。工程项目组织根据前述工作分析结果，采用招聘等方式从一定的渠道获得合适的人员，并根据工程项目工作的特点和人员的知识、技能进行安排和配备。

（3）工程项目人员的培训。工程项目人员的培训是为了使员工获得或改善与工作有关的知识、技能和动机、态度，以利于提高员工的绩效和工程项目目标的贡献。

（4）绩效评估与激励。绩效评估是通过对项目团队成员工作绩效的评价，反映员工的实际工作能力和对某种工作职位的适应程度。激励则是通过满足员工的某种需要，以激发员工充分发挥其潜能，为实现工程项目目标服务。

三、工程项目人员的获得与配备

（一）工程项目人员的获得

工程项目人员主要是通过外部招聘和内部选拔两种方式获得。相比较而言，内部选拔

有以下优点：(1)内部候选人更熟悉企业组织的政策环境，因此能够迅速开展工作。(2)企业组织熟悉内部候选人的工作表现和相关能力，内部选拔费用较少，同时，还可省去一些不必要的培训。

但是内部选拔也可能存在一些弊端。特别是当有多个内部候选人竞聘时，若选拔工作稍有不当，都可能引起落选同事的不满，从而影响被选拔者开展工作。

企业组织在下列情形下也可能考虑采用外部招聘的方式选择项目组成员：(1)需要外来“空降人员”新的管理理念、经验和新技术。(2)没有合格的内部候选人申请或内部竞聘过于激烈，有可能造成同事间的紧张关系时。(3)项目小组中的某些临时工作人员如有些特殊技术顾问的选用。

(二) 工程项目人员的配备

“骏马能历险，力田不如牛。坚车能载重，渡河不如舟。”从这两句诗中，可体会到项目人员的合理配置对于项目目标的实现是非常重要的。在工程项目中配备人员一般遵循以下原则：

(1) 因事择人和因材器使的原则。不同的工程项目任务需要不同的人去进行，而不同的人也具有不同的能力和素质，能够从事不同的工作。因此，只有将职务要求与项目人员的兴趣、爱好和能力紧密结合起来，进行充分考虑、统筹安排，才能“事得其人，人爱其岗”。

(2) 精简、高效、节约原则。工程项目组织作为一个临时组织，绝不能够作为一种福利性组织，为了多养人而降低劳动定额或定员标准，而应强调项目组织的精简、高效、节约。也就是说，要提倡兼职或“一人多能”，兼任多项职务或岗位，这是因为工程项目团队中的职能工作种类可能很多，但是每项职能工作的工作量可能很小。另外，兼职也可减少项目组织中信息沟通渠道的长度，增加信息传递的速度，从而使各种职能业务工作处理速度更快。

(3) 人事动态平衡原则。人事动态平衡主要体现在两个方面：一是随着工程项目任务的不断完成和重新开始，其所需要的项目人员的知识和技能可能有所不同，因此要根据项目的任务不同来调整项目人员的配备；二是随着工作的进行，项目人员的能力发展也呈现出不平衡的局面，此时，应该根据项目人员的工作表现，让能力得到发展和证实的人去从事更重要的工作任务，让能力平平、不符合职务要求的人有机会进行其力所能及的活动，以使每一个人都能得到最合理的使用，实现人与工作的动态平衡。

四、绩效评估与激励

绩效评估或工作业绩评价作为工程项目人员工作的贡献大小和能力的一种反馈机制，是与报酬机制、激励机制一起发挥作用的。恰如其分地评价项目人员的工作业绩、实际能力和工作态度，能够有效地采取相应的激励和惩罚措施，调动项目人员的积极性和增强项目团队的凝聚力；能够帮助项目人力资源管理者重新进行人力资源规划和针对不足之处，加强培训和制度管理。

(一) 绩效评估指标与评价方法

在绩效评估中，应遵循公开、公正、多层次、全方位的原则，建立合理的绩效评估指标体系，采用适当的绩效评估方法。

1. 绩效评估指标体系

绩效评估指标体系是在工作分析的基础上建立的，也就是说，必须明确某一职务或岗位的工作职责和工作要求，才能建立客观、公正和全面的绩效评估指标体系。下面以项目经理为例，说明绩效评估指标体系的建立过程。

由于项目经理在项目团队中的地位和作用，项目经理的绩效评估指标不仅要考虑其工作成就，还要考虑其工作过程中的表现，可从以下 4 个方面建立相应的绩效评估指标体系。

(1) 工程项目总体成效。主要指工程项目总体完成情况，可从 4 个方面衡量：时间(是否按期完工)、质量(是否达到合同标准)、费用或成本(是否在预先制定的预算范围内)、功能(是否满足了用户的预期功能要求)。

(2) 资源管理成效。主要指在工程项目实施的过程中，投入的主要物化资源和时间的利用程度，可从两个方面衡量：资源管理的规范化和资源利用效率。

(3) 团队管理成效。主要指项目经理在建设项目团队方面的成效，可从 4 个方面衡量：角色的到位(项目小组成员明确自身角色的职责和目标，并执行该角色的程度)、群体凝聚力、团队工作意愿(项目小组成员的协作意愿和留职意愿)、激励强度(项目经理能否有效利用激励手段、个人专长权或影响权等充分调动项目小组成员的积极性)。

(4) 工作关系处理成效。主要指项目经理在处理各种人际关系及其冲突方面所表现出来的成效，可从两个方面衡量：与外部主要协作单位的协调、与上下级的协调。

通常在上述绩效评价指标体系中并不是每一个指标都具有同等的重要程度，因此在实际应用中，一般首先要采用专家评议法、层次分析法等方法确定各个层次上指标的权重，然后才能进行综合评价，综合评价方法有加权平均法、模糊评价法等。

2. 绩效评估方法

项目组织绩效评估的方法有很多，不同方法有不同的侧重点，所以在开展绩效评估时，要根据具体情况，综合使用各种绩效评估方法。下面介绍 4 种常用的方法。

(1) 评分表法。使用该种方法的关键是建立一系列的绩效评价指标和评价等级，在绩效评估时，要根据每一个项目小组成员的实际情况，对每一项评估指标进行打分，然后应用数学方法对所有分数进行处理，最终得到该员工的评估结果。

(2) 排序法。这是一种把一定范围内的同类员工，按照一定的标准进行评价，然后将评价结果采用由低到高或由高到低的方法进行排序的绩效评价方法。

(3) 工作标准法。这是一种把项目员工的工作与项目组织制定的工作标准相对照，从而评价并确定出项目小组成员工作绩效的方法。

(4) 描述法。描述法又可分为鉴定法和关键事件法两类。鉴定法是指绩效评估者以叙述性的文字描述被评估者的能力、态度、优缺点和发展潜力等，由此得到对被评估者的综合评价。而关键事件法是指绩效评估者关注的是被评估者在完成项目任务时所表现出来的特别有效的行为和特别无效的行为，从而据此评价被评估者的工作绩效。

(二) 工程项目人员的激励

激励简单地说就是激发人的积极性、主动性和创造性。心理学理论认为个体会将外部刺激或自身生理需要转化为内部心理动力，使其动机系统激活，从而产生强大的拉力，为实现目标而行动，这就是激励的基本过程。只有在绩效评估的基础上，将有效激励与制度管理结合起来，才能高效地实现项目组织的目标。

1. 工程项目人员激励的原则

工程项目人员激励的主要原则有：

（1）目标原则。个体行动是目标导向的，对项目团队成员的激励必须与项目的目标紧密结合起来，鼓励他们为实现项目的目标而努力工作。按照斯金纳的强化理论，只有将项目总目标不断细分为稍经努力就可实现的小目标时，激励才有效。

（2）客观、公正原则。准确、客观、公正地评价每个项目小组成员的努力程度和给项目小组成员提供强激励是互补行为，必须协同进行，否则会适得其反，使项目小组成员产生不公平感，降低其努力水平。

（3）按需激励原则。激励的关键在于满足项目小组成员的需要，但是小组成员的需要存在个体差异性和动态性，激励只有因人而异、因时而异，满足每个小组成员的迫切需要，激励强度才最大。因此，项目管理人员要不断了解员工的需求层次和需求变化趋势，有针对性地采取各种激励措施，以达到事半功倍的效果。

（4）及时激励原则。激励的效果与项目管理者承诺给予奖励的数量和兑现奖励的时间存在着正向相关关系。也就是说，项目管理者承诺给予奖励的数量越高，激励效果一般而言越好；项目管理者越能按时兑现奖励，则激励效果也就越好。反过来说，若项目管理者迟延激励的时间越长、次数越多，激励效果就越差，严重者甚至还可能出现适得其反的结果。因此，项目管理者应尽量言出有信，按照承诺及时激励。

（5）团队激励与个人激励有效结合的原则。项目成员是作为一个团队而开展工作的，因此项目目标的实现一般是项目团队共同努力的结果。企业组织在对项目团队激励时，要切忌在团队内部搞平均奖励，否则会出现团队惰化倾向；也要切忌在团队内部搞个人“英雄主义”，否则团队凝聚力会下降。只有将团队激励与个人激励有效结合，不偏不倚，才既能重奖贡献多的团队成员，又能保持甚至提高团队凝聚力。

2. 工程项目人员激励的方法

工程项目人员激励的方法一般有以下几种。

（1）物质激励。物质激励手段包括工资、奖金和福利待遇等，这是工程项目组织中常采用的一种激励方法，其满足了项目小组成员的社会生存需要。

（2）精神激励。精神激励是工程项目组织对个体或群体的高度评价，通过口头表扬、颁发荣誉证书等手段来向他人或社会证实其价值，以满足人们的自尊需要。

（3）榜样激励。榜样激励是通过满足项目小组成员的模仿和学习需要，从而引导其行为达到项目组织目标所期望的方向。

（4）参与激励。参与激励是指充分信任项目小组成员的能力，让他们了解工程项目组织的真实情况，并允许他们在不同层次和深度上畅所欲言，参与决策，从而激发他们的主人翁精神。

（5）晋升激励。对于工程项目管理人员而言，如果能将其在项目组织中的工作表现与在企业组织中的职位晋升机会结合起来，那么这些工程项目管理人员的工作积极性将会更高。

(6) 自我激励。自我激励是指工程项目组织通过团队学习，使每一个项目小组成员改变其心智模式，不断超越自我，树立新的有助于项目成功的人生目标，从而激发员工忘我工作。

五、项目经理

项目经理，即项目之负责人也，他是项目组织机构中的最高管理者或指挥者。

(一) 项目经理的地位和作用

项目经理对相应的项目管理全面负责，是工程项目的管理中心，在整个项目活动中占有举足轻重的地位，具体表现如下：

(1) 项目经理是企业法人代表在项目上的全权委托代理人。从企业内部看，项目经理是项目活动全过程所有工作的总负责人，是项目生产要素投入和优化组合的组织者；从对外方面看，项目经理作为法人代表的全权委托代理人，是履行合同义务、执行合同条款、承担合同责任、处理合同变更、行使合同权力的最高合法当事人。

(2) 项目经理是协调各方面关系，使之相互紧密协作、配合的桥梁和纽带。工程项目管理是一动态管理过程，在实施中，众多的结合部、复杂的人际关系，必然产生各种矛盾、冲突和纠纷，而负责沟通、协商、解决这些矛盾的关键人物就是项目经理。

(3) 项目经理对项目实施进行控制，是各种信息的集散中心。自下、自外而来的信息，通过各种渠道汇集到项目经理手中；项目经理又通过指令、计划和文件等形式，对下、对外发布信息，通过信息的散发达到控制的目的，使项目取得成功。

(4) 项目经理是工程项目责、权、利的主体。项目经理是项目责任的主体，是实现项目目标的最高责任者。项目经理又必须是权力的主体，权力是确保项目经理能够承担起责任的条件和手段，权力的大小，则需视项目经理责任的要求而定。若没有必要的权力，项目经理就无法对工作负责。项目经理还必须是项目利益的主体。利益是项目经理工作的动力，是由于项目经理负有相应的责任而应得到的报酬，利益的多少应视项目经理的责任而定。若没有一定的利益，项目经理就不愿负有相应的责任，也不会认真行使相应的权力。

(二) 项目经理的任务和职责

工程项目的类型和性质不同，其项目经理的具体任务和职责可能不同，但其基本职责应该是相似的。项目经理的任务主要包括两个方面：一方面要保证工程项目按照规定的目标高速、优质、低耗地全面完成；另一方面是保证各生产要素在项目经理职权范围内做到最大限度的优化配置。具体讲主要有以下几项：

(1) 确定项目管理组织机构并配备人员，制定规章制度，明确有关人员的职责，组织项目活动正常运转。

(2) 确定项目管理阶段目标，进行目标分解，制定总体控制计划，确保项目建设成功。

(3) 及时、适当地作出项目管理决策，包括投标报价决策、人事任免决策、重大技术组织措施决策、财务工作决策、资源调配决策、进度计划决策等。

(4) 协调本组织机构与各协作单位之间的协作配合及经济、技术关系，代表企业法人进行有关签证。

(5) 建立完善的内部及对外信息管理系统。

(6) 实施合同，处理好合同变更，搞好有关单位的协作。

项目经理的职责是由其所承担的任务所决定的。一般而言，项目经理应履行以下职责：

(1) 贯彻执行国家和工程所在地政府的有关法律、法规和政策，执行企业的各项管理制度。

(2) 严格财经制度，加强财经管理，正确处理国家、企业与个人的利益关系。

(3) 执行工程项目合同中由项目经理负责履行的各项条款。

(4) 对工程项目活动进行有效控制，执行有关技术规范和标准，积极推广应用新技术。

(三) 项目经理的素质

根据项目经理在工程项目管理中的地位和作用，以及他承担的职责，可以看出，对项目经理的素质有较高的要求。负责一个大中型工程项目的项目经理，都是日理万机，并且面对的大量问题大都是开创性的，或具有挑战性。大量实践表明，项目经理应具有下列基本素质。

(1) 思想政治素质。有从事社会主义建设事业的精神，能坚持社会主义经营方向，有高度的事业心和责任感，对工程项目建设有献身精神；廉洁奉公，联系群众，善于与人共事，团结合作；懂得有关经济政策和法律、法规，并能模范地执行。

(2) 技术业务素质。项目经理应当是个专家，具有大专以上相应学历和文凭，熟悉工程项目建设的客观规律，懂经营管理、合同管理和法律知识，具有较强的决策能力、组织能力、指挥能力和应变能力。

(3) 领导素质。项目经理是一名领导者，应具有较高的组织领导工作能力。具体要求他博学多识，通情达理，即具有现代管理、科学技术、心理学等基础知识，见多识广眼光开阔，通社会主义之人情，达社会主义的事理，能按照社会主义的思想、品质、道德和作风的要求去处理人际关系；多谋善断，灵活机变，即具有独立解决问题和与外界洽谈业务的能力，主意多，办法多，善于选择最佳主意和办法，能当机立断，坚决果断地去实行；知人善任、善与人同，即要知人所长，用其所长，避其所短，尊贤爱才，不任人唯亲，不任人唯资，不任人为顺，不任人唯全，宽容大度，有容人之量，善于与人求同存异，与下属共享荣誉与利益，劳苦在先，享受在后；公道正直，以身作则，即要求下属的，自己先做到。

(4) 实践经验及技能素质。项目经理不仅应懂技术，会管理，既是管理专家又是专业技术上的内行，他更应有丰富的实践阅历和解决实际问题的技能。仅懂管理理论和专业技术知识是当不好项目经理的。管理既是科学，又是艺术，没有丰富的实际锻炼是培养不出合格的项目经理的。一般培养一个项目经理至少需要 10 年以上时间，以使他在实际工作中锻炼成长。

(5) 身体素质。项目经理日理万机，负担沉重，特别是施工项目经理，工作条件和生活条件都因现场性而相当艰苦。因此，必须年富力强，具有健康的身体，以保持充沛的精力和旺盛的意志。否则是无法承担项目经理这一重任的。

美国项目管理专家约翰·宾认为项目经理应具备的素质有 6 条：一是具有本专业知识；二是有工作干劲，主动承担责任；三是有成熟而客观的判断能力，成熟是指有经验，能够看出问题来，客观是指他能看到最终目标，而不是只顾眼前；四是具有管理能力；五是诚实可靠与言行一致，答应的事就一定做到；六是机警、精力充沛、能吃苦耐劳，随时都准备着处理可能发生的事情。

六、工程项目团队建设

工程项目团队是工程项目组织的核心，是项目成功的基本组织保障，但项目团队并不是简单的个体集合，而是具有高度凝聚力和团队精神的群体，并不能自发形成，需要精心组织建设。因此在工程项目动态实施过程中不断建设团队、改善团队、发展团队，是项目管理中的一项十分重要的内容。

组织行为学理论认为，群体成员之间存在互动现象，可能出现两种效应：群体协同效应和群体促进效应。群体协同效应是指两种以上的物质相互作用所产生的效果不同于单一物质作用的总和，即我们常说的“1+1>2”，但协同效应又可分为积极效应和消极效应两种，通常把消极效应称为群体惰化现象。群体促进效应是指个体在他人面前，其绩效水平提高或降低的一种倾向。显然，我们所希望的工程项目团队是一种高效的，具有积极协同效应的群体。因此可把工程项目团队定义为：由一组个体成员为实现一个具体工程项目目标而组建的协同工作队伍。它具有以下特征：

（1）工程项目团队具有强目的性。项目团队是为完成特定项目而设立的专门组织，其使命是实现特定项目的既定目标，绝不应该有与既定项目无关的其他的使命或任务。因此，项目团队具有很强的目的性。

（2）工程项目团队是临时性组织。工程项目是一次性或临时性的事业或任务，而为完成特定工程项目组建的项目团队显然也是一种临时性的组织。当工程项目完成后，项目团队的使命已结束，即可解散。

（3）工程项目团队强调团队精神和团队合作。实践证明，一个项目团队的效率是与它的团队精神紧密相关的。一个具有团队精神的项目团队成员之间是相互平等的，是高度相互信任、相互依赖和互助合作的。工程项目管理任务的多元性决定了项目团队成员专业结构、年龄结构等的差异性，工程项目管理的系统性又决定了项目团队成员之间的合作性，因此，为了高效率地完成项目团队的使命，项目团队必须强调团队精神和团队合作。

（4）工程项目团队是一个具有弹性的专门组织。工程项目团队具有弹性是指项目团队成员的人数和具体人选会随着项目的发展与变化而不断调整变化，一般而言，项目初级阶段项目成员较少，随着项目的进展和任务的展开，项目团队会不断扩大，其组织结构也会作出相应的调整。

（一）工程项目团队建设阶段及相应特征

一个工程项目团队从组建到解散，有着其自身的发展规律。根据组织行为学的团队理论可知，项目团队的发展过程可描述为组建阶段、磨合阶段、规范阶段、辉煌阶段和解散阶段五个阶段。这五个阶段依次展开，形成了一个团队从组建到壮大，并在完成使命后最终解散的过程，工程项目团队在各发展阶段的主要特征描述如下：

（1）组建阶段

在组建阶段，来自企业组织内部的不同部门甚至于企业组织外部的工程项目团队成员刚刚聚集在一起，置身于一种新环境之中，心理处于一种兴奋状态，他们总体上有一种积极向上的愿望，并急于在新的工作舞台上展示自己。但由于项目团队刚刚组建，团队成员对于他们自己的职责及角色和其他团队成员的工作关系不是非常清楚，因此对于工作的开展还处于一种茫然和摸索阶段，对工程项目的目标与自身工作关系还比较模糊。显然项目经理在这一阶段的主要任务就是要为整个项目团队明确方向、目标和任务，及时公布有关工程项目的质量标准、预算及进度计划的要求、标准和限制，为每个项目团队成员确定其职责和角色。只有这样才能完成项目团队的组建工作。

（2）磨合阶段

团队形成之后，团队成员已经对项目的目标逐步了解，并明确了自己的职责与角色，开始按照分工进行初步的合作。但在实际工作中，一些问题逐步暴露出来，如项目团队成员之间的人际关系可能因工作矛盾而不融洽，在项目组织中的工作环境、工作待遇等与自己当初的设想不相一致，项目的任务比预计更为繁重或更为困难等，于是项目团队成员可能会灰心丧气，消极地对待工作，项目团队士气较组建阶段明显下沉。当项目团队中出现这种现象时，就意味着项目团队进入了磨合阶段。

项目团队成员在磨合阶段的最显著特点是冲突和不和谐，在项目团队中弥漫着一种紧张的、不利于工作开展的不良情绪。在这一阶段，项目经理需要应付和解决出现的各种问题和矛盾，需要容忍和耐心，需要创造一些团队聚会的机会来协调项目团队成员之间的人际关系，帮助项目团队成员认清项目利益中与个人利益一致的地方，以便项目团队成员能够相互了解，能够克服狭隘的个人利益观，能够抛开个人恩怨热情地投入到工作中去。

（3）规范阶段

经受了磨合阶段的考验后，项目团队成员之间、团队成员与项目经理之间的关系理顺了，同时项目团队成员的个人情绪也得到较好的调适，并熟悉和接受了现有的工作环境和条件，项目管理的各种规程得以改进和规范化，预示着项目团队进入了正常发展的规范阶段。此时项目经理已经开始逐步向团队成员授权，总体看来在规范阶段，项目团队的矛盾要低于磨合阶段，项目团队凝聚力开始形成，团队内部信息交流量大大增加，合作意识增强，项目团队成员可以自由地、建设性地表达他们的情绪及评论意见。项目经理在这一阶段应该积极听取项目团队成员的各种建议，并鼓励项目团队成员积极参与各种项目管理工作，同时还要进一步规范项目团队的行为，从而使项目团队健康发展。

（4）辉煌阶段

辉煌阶段的来临就标志着项目团队的工作绩效水平更高，团队成员的集体感和荣誉感更强。项目团队已经具有合作互助、开放坦诚的团队精神，项目团队可以根据实际需要，以团队、个人或临时小组的方式开展工作，团队成员不仅在工作中相互帮助，而且在生活中也能相互扶持。团队成员全身心地投入到工作中去，以工作成败和挑战性来衡量自身的存在价值，并希望借此获得职业上的发展。

由于在此阶段，项目团队成员的工作能力得到了长足的锻炼和发展，项目经理可进一步充分授权，充分发挥项目团队成员的创造能力，为实现项目目标而积极努力。

（5）解散阶段

随着工程项目的竣工，项目目标得以实现，该项目团队即可准备解散。此时，项目团队成员开始考虑自己“何去何从”的出路和今后发展问题，项目团队甚至可能出现人心涣散的局面，仿佛又回到了组建阶段。一旦出现这种局面，项目经理必须改变工作方式才能完成最后的各种具体任务，最好能够帮助项目团队成员找到较好的去处，此时项目团队成员的满意度是较高的，并且更加留念团队工作中的工作和私人友谊。

（二）工程项目团队建设的具体工作

高效项目团队的形成并不是朝夕之间的事情，需要进行精心建设。项目团队建设与发展涉及很多方面的工作，如除了任命一个优秀的项目领导，即项目经理外，以下一些基本工作是必需的。

(1) 员工培训

员工培训是指在了解项目团队成员的培训需求后，制定培训计划，通过在岗或脱岗学习考察等方式提高项目团队成员为完成项目任务所必需的管理技能或技术技能，同时通过培训来影响和改变团队成员的心智模式，帮助团队成员实现自我超越，从一个安于现状的人转变为一个具有挑战精神，敢于面对风险和承担责任的人。

(2) 加强宣传，明确项目团队的共同目标

项目经理首先要明确工程项目的总体质量目标、预算目标和进度计划目标，并加强宣传使得总体目标深入人心；然后通过工程项目工作结构的分解和项目组织结构的分解、预算计划的分解和进度计划的细分等明确各个项目团队成员的职责，各司其职，以此从每个环节保证项目目标的实现；最后项目经理还要善于授权，只有善于将权力授予适当的人，才能有效地提高项目团队成员的积极性，否则有责无权，项目团队成员根本无法开展工作，时间一长，项目团队成员势必没有积极性开展工作。

(3) 加强沟通，采取多元化激励方式

加强沟通就是要创造机会让团队成员相互了解，然后在相互了解的基础上项目团队成员自觉地就某些必要的问题或信息进行沟通、处理。显然，良好的沟通是项目团队中进行激励和控制的前提条件。

要建设高效的项目团队，项目经理还要善于应用激励手段调动团队成员的积极性。项目团队成员一般具有一定的创造精神，因此项目经理不能过分倚重于物质激励，而应针对不同成员的不同主导需要，采取多元化的激励手段，例如让某些事业心强的人到一个责任比较重的岗位上去，充分发挥其聪明才智，努力工作才是他们最大的享受；或者企业组织承诺在项目中表现突出者将有可能获得晋升的机会；或者对工作表现突出者给予通报表扬和树立为榜样等。只有这样才能适应当今团队成员的多元化需要，才能从根本上激发团队成员的工作热情。

第六节 工程项目组织协调

项目组织协调是提高项目组织运行效率的重要措施，是项目成功的关键因素之一。从组织系统角度看，项目组织的协调可分为项目组织内部关系协调和项目组织系统外部的协调。项目组织系统外部的协调，根据项目组织与外部联系的程度又可分为近外层协调和远外层协调。近外层协调是指项目直接参与者之间的协调，远外层协调是指项目组织与间接

参与者以及其他相关单位的协调。而协调工作就离不开人与人之间的沟通，如何进行有效的沟通从而达到事半功倍的效果，就显得至关重要，本节内容重点介绍项目沟通和项目组织协调问题。

一、项目沟通的方法与途径

（一）沟通概述

项目沟通贯穿于项目的整个生命周期中，在概念阶段，收集市场信息、识别客户需求、明确项目目标等等，离不开沟通；在计划阶段，开会、讨论、作决策等，离不开沟通；在实施阶段，协调、检查、解决问题、平衡冲突等等，离不开沟通；在收尾阶段，验收、评审、经验分享，教训总结等等，也离不开沟通。沟通发生在项目团队与客户、管理层、职能部门、供应商、分承包商等利益相关者之间以及项目团队内部。当项目发生变更需调整计划时需要沟通，当项目发生冲突和问题需要解决时也需要沟通。可以毫不夸大地说，没有沟通就没有项目的成功。

从沟通的对象上看，项目沟通是以项目经理为中心，纵向对高层管理者、项目发起人、小组成员，横向对职能部门、客户、供应商、社会团体等进行项目信息的交换。

项目经理作为项目信息的官方发言人，应确保沟通信息的准确、及时、有效和权威。为此，必须贯彻以下原则：

（1）准确。在沟通过程中，必须保证所传递的信息有根据、准确无误，语言文字明确、肯定，数据表单真实、充分，避免使用似是而非，模棱两可，容易引起歧义的语言来传递信息，不准确的信息不但毫无价值，而且还有可能引起混乱，导致接收者的误解，使接收者做出错误的判断和行为，给项目带来负面影响。

（2）及时。项目具有时限性，因此，必须保持沟通快速、及时地传递，这样当出现新情况、新问题时，才能保证及时通知给有关各方，使问题得到迅速解决。如果信息滞后，时过境迁，客观条件发生了变化，信息也就失去了传递的价值，即便传递过来，也丝毫没有使用价值。

（3）完整。首先，必须保持沟通信息本身的完整性，不能断章取义，也不能以偏概全，否则，就会误导他人。轻者传递的信息令人难以理解，容易引起接收者的误会；重者由于信息不完全，使人们很容易听信谣言，从而出现混乱、难以控制的局面。其次，必须保持沟通过程的完整性，不能扣押信息，也不能越级沟通，尽量保持信息传递渠道的完整。否则就会涣散人心，瓦解斗志。

（4）有效。信息的发送者必须表达清晰，尽量以通俗易懂的方式进行信息的传递与交流，避免使用生僻的、过于专业的语言和符号，信息的接收者必须积极倾听，正确理解和掌握表达者真正意图，并提供反馈意见。只有这样，才能提高信息沟通的效率，真正实现沟通的目标。

（二）沟通的方式

（1）正式沟通与非正式沟通

正式沟通是通过项目组织明文规定的渠道进行信息传递和交流的方式，如组织规定的汇报制度、例会制度、报告制度及与其他组织的公函来往。它的优点是沟通效果好，有较强的约束力，缺点是沟通速度慢。

非正式沟通是指在正式沟通渠道之外进行的信息传递和交流。如员工之间的私下交流、小道消息等，这种沟通的优点是沟通方便，沟通速度快，且能提供一些正式沟通中难以获得的信息。缺点是容易失真。

(2) 上行、下行和平行沟通

上行沟通是指意见向上级反映，即自下而上的沟通。项目经理应鼓励下级向上级反映情况，只有上行沟通渠道畅通，项目经理才能掌握全面情况，做出符合实际的决策。上行沟通有两种形式，一是层层传递，即依据一定的组织原则和组织程序逐渐向上反映；二是越级反映，它指的是减少中间层次，让项目最高决策者与一般员工直接沟通。

下行沟通是指领导者对员工进行的自上而下的信息沟通。如将项目目标、计划方案等传给基层群众，发布组织新闻消息，对组织面临的一些具体问题提出处理意见等。这种沟通形式是领导者向被领导者发布命令和指示的过程。国外的有关专家认为，这种沟通方式有五个目的：①员工明确组织的目标；②有关工作方面的指示；③提醒对于工作及其任务的关系的了解；④对部属提供关于程序和实务的资料；⑤对部属反馈其本身工作和绩效。

平行沟通是指组织中各平行部门之间的信息交流，是指在组织内各阶层间横向的一种沟通程序。因为是平级关系，所以相互之间威胁性就小，也没有像上下级沟通那样与惩罚发生联系。由于横向沟通大多是发生在工作的求助上，所以相互推诿的情况就特别多，以至沟通困难。在项目实施过程中经常看到各部门之间发生矛盾和冲突，除其他因素外，部门之间的相互不通气是重要原因之一。保证平行部门间沟通渠道畅通，是减少部门之间冲突的一项重要措施。

平行沟通的障碍：本位主义、短视现象、对组织结构认识中存在贵贱或等级偏见、员工性格差异或知识水平差异、对某些政策的认识存在猜忌、恐惧、感到威胁存在。

(3) 单向沟通与双向沟通

单向沟通是指发送者和接收者两者之间的地位不变更(单向传递)，一方只发送信息，另一方只接收信息，双方无论是在情感上还是在语言上都不需要信息反馈。如做报告、发布指令等。这种方式，信息传递速度快，但准确性较差，有时还容易使接收者产生抗拒心理。

双向沟通中，发送者和接收者两者之间的位置不断交换，且发送者是以协商和讨论的姿态面对接收者，信息发出以后还需及时听取反馈意见，必要时双方可进行多次重复商谈，直到双方共同明确和满意为止。如交谈、协商等。优点是沟通信息准确性较高，接收者有反馈意见的机会，产生平等感和参与感，增加自信心和责任心，有助于建立双方的感情。但是，对发送者来说，在沟通时随时会受到接收者的质询、批评和挑剔，因而心理压力较大，同时信息传递速度也较慢。

(4) 书面沟通和口头沟通

书面沟通是指用书面形式所进行的信息传递和交流，如通知、文件、报刊、备忘录等。其优点是可以作为资料长期保存，反复查阅。

口头沟通是指运用口头表达进行信息交流活动，如谈话、游说、演讲等，其优点是比较灵活，速度快，双方可以自由交换意见，且传递消息较为准确。一个人的口头沟通能力好坏，决定了你在工作、社交和个人生活中的品质和效益。口头沟通时需要注意以下三个要素：一是要引起对方的注意和兴趣；二是让对方了解话中的意思；三是使对方边听边接受发讯者的主张，同时，产生行动的意识。除了三要素之外，还要根据当时的气氛，考虑说话的目的、内容，以及话的长短。

（5）言语沟通和体语沟通

言语沟通是利用语言、文字、图画、表格等形式进行的。体语沟通是利用动作、表情姿态等非语言方式(形体)进行的。比如，欢乐时手舞足蹈，悔恨时捶胸顿足，惧怕时手足无措等。一个动作、一个表情、一个姿态都可以向对方传递某种信息；不同形式的简单的"肢体语言"也在一定程度上起着非常重要的沟通作用。

（三）有效沟通的途径

1. 有效沟通的障碍

在任何沟通系统中都存在沟通的障碍。归纳起来，主要有以下几种。

（1）语义上的障碍。由于人与人之间的信息沟通主要是借助于语言进行的，而语言只是交流思想的工具，表达思想的符号系统，而并不是思想本身。这就使沟通容易产生语义上的障碍。如口头语言和书面语言沟通。由于人们的语言修养不同，表达能力存在差别，对同一思想、事物的表达有清楚和模糊之分，有人听后马上理解了，有人听来听去还是不理解；有人听后做这样的解释，有人听后做那样的解释，因而产生语义上的障碍。

（2）知识经验水平的限制。当发送者与接收者在知识水平上相距太大，在发送者看来是很简单的内容，而接收者却由于知识和经验水平太低理解不了，双方没有"共同的经验区"，因而接收者不能正确理解发送者的信息含义。

（3）知觉的选择性。人们在接收或转述一个信息时，符合自己需要的又与自己切身利益有关的内容很容易听进去，而对自己不利可能损害自身利益的内容则不容易听进去。这样就会在有意无意中产生知觉的选择性，造成沟通障碍。

（4）心理因素的影响。在信息沟通中有很多障碍是由心理因素引起的。个人的性格、气质、态度、情绪、兴趣等的差异，都可能引起信息沟通的障碍。

（5）组织结构的影响。合理的组织结构有利于信息沟通，如果组织机构过于庞大，中间层次太多，那么不仅容易使信息失真、遗漏，而且还会浪费时间，影响信息传递的及时性和沟通，最终影响工作的效率。

（6）沟通渠道的选择。信息沟通有多种多样的渠道，各种渠道有各自的优缺点，如果不考虑本组织机构的实际情况和具体要求，随便选择沟通方式和渠道，势必造成信息沟通的障碍。

（7）信息量过大。信息并非越多越好，重要的是要有充分、有用、优质的信息。信息过量反而会成为沟通的障碍因素。

总之，造成项目内部机构、机构之间及人与人之间沟通的障碍因素很多，因此，在项目管理中，应该注意到这些障碍，采取一切可能的方法消除这些障碍，使项目组织机构中上下左右的沟通渠道能够准确、迅速、及时地交流信息。

2. 改善有效沟通的方法及途径

沟通的有效性主要看发送者转交接收者态度的状态及其程度。人际沟通是否成功，取决于领导者(发信者)所要向下级人员提供的信息与下级人员通过理解而获得的意义是否一致。为了增加沟通成功的可能性，必须保证领导者(发信者)提供的信息(下达的指令)与下级人员(接收者)对信息(指令)的理解最大限度吻合。有效沟通的方法及途径有以下内容：

(1) 重视双向沟通。双向沟通伴随反馈过程，使发送者可以及时了解到信息在实际中如何理解，从而得到帮助和解决。

(2) 多种沟通渠道的利用。一个项目组织，往往是综合运用多种方式进行沟通，如在语言沟通时辅之以表情、手势；又如会议结束时有个纪要，与会人员在回去口头传达、汇报时，兼有纪要，就可使会议精神更完整地为会外人员所理解，只有这样，才能提高信息沟通的整体效应。

(3) 正确地运用文字语言。使用对方易懂的语言，意思要明确，条理要清楚，不要模棱两可，语言要精练，针对性要强。

对于有效的沟通途径，有许多国家曾经提出许多不同的准则，其中比较完整的是美国项目管理协会提出的一套建议，其要点如下：

(1) 沟通前先澄清概念。经理人员事先要有系统的思考，分析和明确沟通信息，并将接收者及可能受到该项沟通之影响者予以考虑。

(2) 只沟通必要的信息。现代社会变化迅速，经理人员应从大量信息中进行选择，只把那些与下级人员的工作有密切关系的信息提供给分享者，避免他们信息负担过重。

(3) 明确沟通的目的。经理人员必须弄清楚，此次沟通的真正目的是什么？要下级人员理解什么？确定了沟通的目标，则沟通内容就容易规划了。

(4) 考虑沟通时的一切环境情况。包括沟通的背景、社会环境、人的环境以及过去沟通的情况等，以使沟通的信息得以配合环境情况。

(5) 尽可能取得他人意见。计划沟通内容时应尽可能取得其他人的意见，与他人商议，既可以获得更深入的看法，也易于获得其积极的支持。

(6) 精确表达自己想法。要使用精确的表达，以把经理人员的想法用语言和非语言精确表达出来，而且要使接收者从沟通的语言或非语言中得出所期望的理解。

(7) 要进行信息追踪与反馈。要进行信息的追踪与反馈，信息沟通后必须同时设法取得反馈，以弄清下属是否已了解，是否愿意遵循，是否采取了相应的行动等等。

(8) 要言行一致。经理人员必须以自己的行动支持自己的想法和说法，而且更有效的沟通是“行”重于“言”。

(9) 沟通时要着眼于现在和未来。沟通时不仅要着眼于现在，还应该着眼于未来，大多数的沟通，均要切合当前情况和需要，但是，沟通也不应忽视长远目标的配合。例如，一项有关如何改进绩效与促进士气的沟通。固然是为了处理眼前的问题，但也同时应该是为了长远的组织改革。

(10) 应该成为一个“好听众”。经理人员在听取他人的陈述时，应专心致志，成为一个“好听众”，才能理解对方说些什么。在团队沟通中，言谈是最直接、最重要和最常见的一种途径，有效的言谈沟通很大程度上取决于倾听。作为团队，成员的倾听能力是保持团队有效沟通和旺盛生命力的必要条件；作为个体，要想在团队中获得成功，倾听是基本要求。

二、项目组织内部关系的协调

项目组织内部关系有多种，项目组织内部关系的协调也有多方面的内容，主要包括项目组织内部人际关系的协调、项目组织内部组织关系的协调、项目组织内部需求关系的协调等。

（一）项目组织内部人际关系的协调

人是项目组织中最重要最活跃的要素，组织的运行效率，很大程度上取决于人际关系的协调程度。为了顺利地完成工程项目目标，项目经理应该十分注意项目组织内部人际关系的协调。

项目组织内部人际关系协调的内容多而复杂，因此协调的方法也是多种多样的，为了做好项目组织内部人际关系的协调工作，应该注意以下工作：

（1）正确对待员工，重视人的能力建设

正确对待员工是搞好项目人际关系协调的基础。项目管理者要以新的管理理念来协调项目内部的人际关系，不要把人只看成是项目管理的基本要素之一，这种以“经济人”假设为基础和前提的物本管理，见物不见人，强调的是对人进行经济和物质鼓励，把协调工作简单化。在项目管理实践中，应该既要把人看作“社会人”，以人为本，以行为科学的理论指导协调工作，又要把人看成是“能力人”，以能力为本，大力开发人力资源，营造一个能发挥创造能力的环境，充分调动人的创造能力和智力，为实现项目目标服务。

（2）重视沟通工作

沟通是协调各个个体、各个要素，使项目成为一个整体的凝聚剂。每个工程项目组织都由许多人组成，项目每天的活动也由许许多多的具体工作构成，使得各个个体的目标有可能偏离项目目标，甚至完全背离，这就需要相互交流意见，统一思想认识，自觉地协调各个个体的工作，以保证项目目标的实现。没有沟通就没有协调，也就不可能完成项目目标。

（3）做好激励工作

激励是协调工作的重要内容，在项目中每个员工都有自己的特性，他们的需求、期望、目标等都各不相同。项目管理者应根据激励理论，针对部下的不同特点采用不同的方法进行激励。在项目管理中常用的方法主要有工作激励、成果激励、批评激励和教育培训激励。工作激励是通过分配恰当的工作来激发员工的内在工作热情；成果激励是指通过在正确评估工作成果的基础上给员工以合理的奖惩，以保证员工行为的良性循环；批评激励是指通过批评来激发员工改造错误行为的信心和决心；教育培训激励是指思想教育、建设和能力培训等手段，通过提高员工的素质来激发其工作热情。

（4）及时处理各种冲突

冲突是指由于某种差异而引发的抵触、争执或争斗的对立状态。员工之间由于利益、观点、掌握的信息以及对事物的理解都可能存在差异，有差异就有可能引起冲突。这种冲突中很多情况下有一个过程，项目管理者要及时处理好各种冲突，以减少由于冲突所造成的损失。

（二）项目组织内部组织关系的协调

项目组织是由若干个子系统组成的系统。每个子系统都有自己的目标和任务，并按规定的和自定的方式运行。组织内部关系协调的目的是，使各个子系统都能从项目组织整体目标出发，理解和履行自己的职责，相互协作和支持，使整个组织系统处于协调有序的状态，以保证组织的运行效率。因此，项目经理应当用很大的精力进行组织关系的协调。

组织关系协调的工作很多，但主要是解决项目组织内部的分工与协作问题，可以从以下几个方面入手：

（1）合理地设置组织机构和岗位

根据组织设计原则和组织目标，合理地设置组织机构和岗位，既要避免机构重叠，人浮于事，又要防止机构不全、缺人少物的情况出现。

（2）明确每个机构和岗位的目标职责和合理的授权，建立合理的责权利系统，根据项目组织目标和工作任务来确定机构和岗位的目标职责，并根据职责授权，建立执行、检查、考核和奖惩制度。

（3）建立规章制度，明确各机构在工作中的相互关系

通过制度明确各个机构和人员的工作关系，规范工作程序和考核标准。

（4）建立信息沟通制度

信息沟通是消除不协调，达到相互配合的前提，项目组织应该通过组织关系建立正常的信息沟通制度，使项目的信息沟通得到基本保证。项目组织内部信息沟通的方式灵活多样，项目组织既要注意通过制度明确的正式信息沟通，又要注意各种非正式的信息沟通，倡导相互主动沟通信息。

（5）建立良好的组织文化

组织文化是组织全体成员沟通接受的价值观念、行为准则、团队意识、思维方式、工作作风、心理预期和团队归属感等群体意识。良好的组织文化鼓励创新、鼓励竞争、鼓励开拓，要求企业与企业之间、员工与员工之间，创造一种合作、协调、沟通、互助的氛围，通过团队精神的开发和利用，充分发挥企业人、财、物的资源优势，达到“1+1>2”的目的；良好的组织文化还在企业文化中提倡一种严谨的工作作风。

（6）及时消除工作中的不协调现象

项目系统比较复杂，影响因素多，各种利益关系复杂，在实施过程中不可避免地存在各种不协调现象。这些不协调的现象可能随着项目的进一步展开，诱发各种严重的矛盾或冲突，导致组织的无序。因此，项目经理应该注意及时消除各种不协调现象，防止产生严重的后果。

（三）项目组织内部需求关系的协调

在工程项目实施过程中，组织内部的各个部门为了完成其任务，在不同的阶段，需要各种不同的资源，如对人员的需求、材料的需求、设备的需求、能源动力的需求、配合力量的需求等。工程项目始终是在有限资源的约束条件下实施，因此搞好项目组织内部需求关系，既可以合理使用各种资源，保证工程项目建设的需要，又可以充分地提高组织内部各部门的积极性，保证组织的运行效率。

大型项目的需求关系复杂，协调工作量大，在实际工作需要注意以下重点环节：

（1）计划环节

项目内部需求关系协调的目的是解决各种资源的供求平衡和均衡配置问题，而搞好供求平衡和均衡配置的关键在于计划环节。工程项目的不同实施阶段，组织内部的各个部门对资源的需求不同，为了搞好需求关系的协调，首先应该在项目的总体目标和资源约束条件下，编制各种资源的需求计划，并严格按计划来供应各种资源。各种资源供应计划既是资源的供应依据，也是供求关系是否平衡的评价标准。抓计划环节，要注意计划在期限上的及时性、规格上的明确性、数量上的准确性、质量上的规定性，以充分发挥计划的指导性。

（2）瓶颈环节

工程项目在实施过程中，项目的内部环境和外部环境千变万化，由于这些变化导致某些环节受到人力、材料、设备、技术等资源的限制或人为的影响而成为影响整个项目实施的瓶颈环节。这些环节是主要矛盾，是对项目全局产生较大影响的关键性环节，协调好这些环节可以为整个项目的需求平衡创造条件。因此，在协调中抓瓶颈环节，就是抓重点和关键。

（3）调度环节

工程项目的实施需要土建、机械化施工、机电安装、材料供应等各个专业工种的交替进行或配合进行。为了保证各工种能合理衔接、密切配合，就应该注意做好调度工作。通过调度，使各种配合力量及时到位，保证项目的顺利实施。

三、项目组织系统外部关系的协调

（一）项目组织与近外层关系的协调

不同类型的项目管理，其项目组织与近外层关系协调的工作内容不同，但协调的原理和方法是相似的。下面以承包商的项目组织为例说明项目组织与近外层的关系协调。施工承包商的项目组织的近外层关系的协调的主要工作包括：与本公司关系的协调、与业主关系的协调、与监理单位的协调、与设计单位的协调、与供应单位的协调和与分包单位的协调等。

1. 项目组织与本公司关系的协调

项目组织是项目经理受公司的委派，为了完成项目的目标而建立的工作体系。从管理角度看，项目组织是公司内部的一个管理层次，要接受公司的检查、指导、监督、控制。从合同关系看，项目组织往往和公司签订内部承包合同，是平等的合同关系。项目组织与本公司的关系协调的主要工作如下：

（1）经济核算关系的协调

项目成本核算是项目管理的基本特征之一。项目组织作为公司一个相对独立的核算单位，应根据公司的核算制度、方法、资金有偿使用制度，负责整个工程项目的财务收支和成本核算工作。核算的结果应真实反映项目组织的经营成果。

（2）材料供应关系协调

公司与项目的材料供应关系常见有三种方式。一是统一供应，工程项目所需的建筑材料、钢木门窗及构配件、机电设备，由项目经理部按工程用料计划与公司材料供应部门签订供需合同，材料供应部门根据合同向项目经理部派出管理机构，实行加工、采购、运输、管理一体化服务。二是项目组织单独供应，由项目组织的材料采购部门根据项目材料需用计划、材料采购计划与材料供应商签订供需合同，由材料供应商直接供料。三是混合供应，项目上需要的材料部分由公司供应，部分由项目组织直接向市场采购。

(3) 周转料具供应关系的协调

工程项目所需机械设备及周转性材料，主要由公司供应部门供应，部分机械设备及周转性材料由项目组织向物资租赁市场租赁使用。设备进入项目施工现场后由项目组织统一管理使用。

(4) 预决算关系协调

工程项目的预算和结算是公司与项目组织应该密切配合，认真做好的一件重要工作。项目组织的预算人员要和公司预算管理部门分工合作，及时做好预算和结算。

(5) 技术、质量、安全、测试等工作关系的协调

公司对项目组织的管理方式不同，这些工作的协调关系也不同，一般是由公司通过业务管理系统，对项目实施的全过程进行监控、检查、考核、评比，以实现其严格的管理。

(6) 计划统计关系的协调

项目组织的计划统计工作应该纳入公司的计划统计工作体系，项目组织应该根据公司的规定，向公司报送项目的各种统计报表和计划，并接受公司的计划统计部门的指导、检查。

2. 项目组织与业主关系的协调

项目组织和业主对工程承包负有共同履约的责任。项目组织与业主的关系协调，不仅影响到项目的顺利实施，而且影响到公司与业主的长期合作关系。在项目实施过程中，项目组织和业主之间发生多种业务关系，实施阶段不同，这些业务关系的内容也不同，因此项目组织与业主的协调工作内容也不同。

(1) 施工准备阶段的协调

项目经理作为公司在项目上的代表人，应参与工程承包合同的洽谈和签订，熟悉各种洽谈记录和签订过程。在承包合同中应明确相互的权、责、利，业主要保证落实资金、材料、设计、建设场地和外部水、电、路，而项目组织负责落实施工必需的劳动力、材料、机具、技术及场地准备等。项目组织负责编制施工组织设计，并参加业主的施工组织设计审核会。开工条件落实后应及时提出开工报告。

(2) 施工阶段的协调

施工阶段的主要协调工作有：

① 材料、设备的交验。项目组织负责提出根据合同规定应由业主提供的材料、设备的供应计划，并根据有关规定对业主提供的材料、设备进行交接验收。供应到现场的各类物资必须在项目组织调配下统一设库、统一保管、统一发料、统一加工、按规定结算。

② 进度控制。项目组织和业主都希望工程项目能按计划进度实施。双方应密切合作，创造条件保证项目的顺利进行。项目组织应及时向业主提出施工进度计划表、月份施工作业计划、月份施工统计表等，并接受业主的检查、监督。

③ 质量控制。项目组织在进行质量控制时应注意尊重业主对质量的监督权，对重要的隐蔽工程和关键工序，如地槽及基础的质量检查，应请业主代表参加认证并签字，确认合格后方可进入下道工序。项目组织应及时向业主或业主代表提交材料报验单、进场设备报验单、施工放样报验单、隐蔽工程验收通知、工程质量事故报告等材料，以便业主或业主代表进行分析、监督和控制。

④ 合同关系。承包商和业主是平等的合同关系，双方都应真心实意共同履约。项目经理作为承包商在项目上的代表，应注意协调与业主的合同关系。对合同纠纷，首先应协商解决，协商不成再向合同管理机构申请调解、仲裁或法院审判解决。施工期间，一般合同问题切忌诉讼，遇到非常棘手的合同问题，不妨暂时回避，等待时机，另谋良策。只有当对方严重违约而使自己的利益受到重大损失时才采用诉讼手段。

⑤ 签证问题。在项目的施工过程中，出现工程变更和项目的增减现象往往是不可避免的。对较大的设计变更和材料代用，应经原设计部门签证，合同双方再根据签证文件办理工程增减，调整施工图预算。国家规定的材料、设备价格的调整等，可请业主或业主代表签证，作为工程结算的依据。

⑥ 收付进度款。项目组织应根据已完成工程量及收费标准，计算已完工程价值，编制“工程价款结算单”和“已完工程月报表”等送交业主代表办理签证结算。

（3）交工验收阶段的协调

当全部工程项目或单项工程完成后，双方应按规定及时办理交工验收手续。项目组织应按交工资料清单整理有关交工资料，验收后交业主保管。

3. 项目组织与监理单位关系的协调

监理单位与承包商都属于企业的性质，都是平等的主体。在工程项目建设中，他们之间没有合同关系。监理单位之所以对工程项目建设行为具有监理的身份，一是因为业主的授权，二是因为承包商在承包合同中也事前予以承认。同时，国家建设监理法规也赋予监理单位具有监督建设法规、技术标准实施的职责。监理单位接受业主的委托，对项目组织在施工质量、建设工期和建设资金使用等方面，代表业主实施监督。项目组织必须接受监理单位的监理，并为其开展工作提供方便，按照要求提供完整的原始记录、检测记录、技术及经济资料。

4. 项目组织与设计单位关系的协调

项目组织与设计单位都是具有承包商性质的单位，他们均与业主签订承包合同，但他们之间没有合同关系。虽然他们没有合同关系，但他们是图纸供应关系，设计与施工关系，需要密切配合。为了协调好两者关系，应通过密切接触、相互信任、相互尊重、友好协商的方法，有时也可以利用业主或监理单位的中介作用，做好协调工作。

5. 项目组织与分包商关系的协调

项目组织在处理与分包商的关系时，应注意做好以下几方面工作。第一是选好分包商。为了顺利地实施项目目标，应选择具有相应资质条件的分包商，最好是选择实力较强、信誉好、曾经有过良好合作关系的分包单位。除了总包合同约定的分包外，所选择的分包商，必须经过业主的认可。第二是明确总承包单位与分包单位的责任。总承包单位与分包单位应通过分包合同的形式，明确双方的责任、义务和权利。总包单位按照总承包合同的约定对业主负责，分包单位按照分包合同的约定对总承包单位负责，总承包单位和分包单位就分包工程对业主承担连带责任。第三是处理好总承包单位与分包单位的经济利益。第四是及时解决总分包单位之间的纠纷。对在项目实施过程中所发生的总分包单位之间的纠纷应及时解决，双方应本着相互理解的原则依据合同条款协商解决；协商解决不了时，提请主管部门调解；调解不成，可向合同仲裁机关申请仲裁或提出诉讼。

（二）项目组织与远外层关系的协调

项目组织与远外层关系是指项目组织与项目间接参与者和相关单位的关系，一般是非合同关系。有些处于远外层的单位对项目的实施具有一定的甚至是决定性的控制、监督、支持或帮助作用。项目组织与远外层关系协调的目的是得到批准、许可、支持或帮助。协调的方法主要是请示、报告、汇报、送审、取证、宣传、沟通和说明等。项目组织与远外层关系的协调主要包括与政府部门、金融组织、社会团体、新闻单位、社会服务单位等单位的协调。协调这些关系没有固定的模式，协调的内容也不相同，项目组织应按有关法规、公共关系准则、经济联系规定来处理。

第三章　铁路工程施工项目管理

第一节　铁路建设项目的基本特点

铁路基本建设的主要任务包括：修建新线铁路；既有线复线、多线和电化改造；线路个体工程；车站枢纽等的改扩建工程。具有工程量大、施工战线长，技术门类广、专业种类多，配套工程多，施工条件复杂，建设投资大、建设工期长等特点。

（1）工程量大。以 CK 铁路为例，全长 1100km，主要工程量：土石方 9687.8 万 m^3，平均 8.8 万 m^3/km；挡土墙和路基加固工程 163.4 万 m^3，平均 1485m^3/km，大、中、小桥 991 座，总延长 92.7km，涵管 2263 座；隧道和明洞 427 座，总延长 341km；桥隧总延长 433.7km，占线路总长的 40%，全线有 42 个车站站内有大中桥或隧道。铁路工程量之大可见一斑。

（2）施工战线长。工点极为分散，铁路有多长，线路施工现场就有多长，而且终年不间断地在复杂地质和不同气候条件下野外施工。

（3）技术类型多。结构多样化，铁路工程包括线路、桥梁、隧道等，结构繁多。例如：线路包括路基和轨道；桥梁又分梁部和墩台基础，而仅桥梁基础就有明挖基础、挖井基础、挖孔基础、沉井、钻孔桩、管桩等不同类型；在结构上有石砌、混凝土、片石混凝土和钢筋混凝土等不同形式。

就 CK 铁路而言，仅桥梁就有主跨 192m 的钢桁梁桥、跨度 54m 的石拱桥（均为当时铁路上最大的桥梁）；有 112m 系杆拱栓焊钢梁、大跨度悬臂灌注钢筋混凝土梁和钢筋混凝土柔性桥墩等新结构；有锚杆挡墙、桩基挡墙、托盘式路基挡墙等新型和轻型支挡，以及锚杆喷浆护坡、锚杆钢筋网喷浆护坡、锚固桩等防护工程。

（4）专业多、工种杂。铁路工程是一项专业多、工种杂、配套项目繁的系统工程。它包括拆迁工程、路基土石方工程、桥涵工程、隧道工程、轨道工程以及站后工程中通信、信号、电力、供电、房屋、供水等工程。

（5）施工条件复杂。铁路工程施工条件复杂，互相制约的因素多。一条铁路是由很多工程组成，随着地形、地质、气候、交通、工期等条件不同而构成错综复杂的施工顺序、施工方法、运输方法和施工机具设备。铁路线路往往经过高山深谷、大江大河、盐碱沼泽、戈壁沙漠、永久冻土、原始森林、高原缺氧等特殊地区，工程艰巨、技术复杂、交通困难、生活条件差。

铁路工程在施工过程中还需要处理好征地、拆迁、补偿以及道路、供电、给水等问题。

（6）投资大、工期长。铁路建设每千米的基建投资，由 20 世纪 60 年代的几十万，发展到 JH 高铁的 1.676 亿元；而施工期限短则数月，长达几年。JH 高铁从正式开工到载客运行共 3 年零 2 个月。

第二节 铁路施工项目管理模块

无论信息系统工程项目规模大小，都需要进行统一有效的管理，都需要按照系统工程的方法来进行管理。

项目管理是由一定的主体为了实现其目标，利用各种有效的手段，对项目周期中的各个阶段进行计划、组织、协调、指挥、控制、调度等，以期取得良好经济效益的各项活动的总和。

项目管理就是为了满足人们对项目的需求和期望而将工程的原理、技术和方法应用到项目活动中。为了使项目能够按照预定目标前进，需要对项目中的范围、成本、时间、质量和人员进行管理。项目管理是伴随着项目的进行而进行的，可以说，项目有多复杂，它的管理就有多复杂。所以，项目管理是一项复杂的管理活动，包括：项目范围管理、项目进度管理、项目成本管理、项目质量管理、项目人力资源管理、项目沟通管理、项目风险管理、项目变更管理等多项管理实践，而在一个实际工程的建设开发实施过程中，这些管理实践又是互相融合、互相关联的。

项目管理的每个活动都贯穿着项目活动的始终。项目管理活动类似导弹发射控制过程，需要从一开始就设定好目标，然后在导弹运行过程中一直锁定目标，并不断调整方向，使之不能偏离正常的轨道，保证最终命中目标。

一、进度计划

进度管理是项目管理中最重要的部分之一。进度管理的主要目标是以最短时间、最小成本、最小风险，在给定的条件限制下，完成项目工作。进度管理中的重要工作就是进行进度计划的制订和执行。在进度计划的制订过程中，首先需要根据任务分解的结果再进一步分解出主要的活动，确立活动之间的关联关系，然后估算出每个活动的历时时间，最后确定重要程度及其紧迫程度，得出该项目的进度计划。在整个项目实施的过程中，需要经常对项目计划进行控制和修订。

（一）进度估算

项目进度估算就是估计任务的持续时间，它是项目计划的基础工作，直接关系到整个项目所需的总时间。项目进度估算首先是对项目中的活动进行时间估计。这个估计需要用经验或实际成功的例子来推算或测算出来，估计太长或太短都不利于整个项目的实际活动安排。在做项目进度估算的时候，同时也要考虑到人员的技术情况。另外，制定进度的时候，还要综合考虑到当地的条件、气候、季节等因素，甚至包括春运阶段，也应考虑在内。因为项目进度有时受其他非技术性因素制约的程度还是很严重的，甚至直接导致项目终止。

不考虑非技术性因素，仅从纯技术角度来介绍项目进度估算。

一般来说，项目进度估算中常用的估算方法包含：基于规模的进度估算，如定额估算法和经验导出模型、关键路径法、专家估算法、类推估算法等。

（1）定额估算法

定额估算法是比较基本的估算项目历时时间的方法，采用公式见式(3-1)。

$$T=Q/(R\times S) \tag{3-1}$$

式中：T 为活动的持续时间，可以用小时、日、周等表示；Q 为活动的工作量，可以用人·月、人·天等表示；R 为人力或设备的数量，可以用人或设备数等表示；S 为开发效率，可以用单位时间完成的工作量表示。

此方法适合规模比较小的项目，比如说小于 1 万代码行或者少于六、七个人·月的项目。此方法比较简单，易于计算。

（2）经验导出模型

经验导出模型是根据大量项目数据统计而得出的模型，采用公式见式(3-2)。

$$D=a\times Eb \tag{3-2}$$

式中：D 为月进度；a 为参数，通常取 2~4 之间的数值；E 为人月工作量；b 为参数，通常取 1/3 左右的数值；a 和 b 是依赖于项目自然属性的参数。

经验导出模型有几种具体公式，只是在参数的选取上稍有差别，例如 Walston-Felix 模型或者 COCOMO 模型等，这些模型中的参数值有不同的解释，如 Walston-Felix 模型为 $D=2.4\times E-0.35$。基本 COCOMO 模型为 $D=2.5\times Eb$，其中 b 是 0.32~0.38 之间的参数。

（3）关键路径法

关键路径法 CPM(Critical Path Method)是根据制定的网络图逻辑关系进行的单一的历时时间估算。首先计算每一个活动的单一的、最早和最晚开始和完成日期，然后计算网络中图的最长路径，以便确定项目的完成时间估计。采用此方法可以配合进度计划的编制。借助网络图和各个活动所需时间的估计值，计算每一个活动的最早或最晚开始和结束时间。

CPM 法的关键是计算总时差，这样可以决定哪一活动有最小时间弹性，可以更好地为项目计划的编制提供依据。所以它是在项目进度历时时间的估计和进度编排过程中综合使用的一种方法。

（4）专家估算法

专家估算法是通过专家依靠以往的资料信息进行判断，以估算进度的方法。通常为了避免个别专家的片面性，采取多专家分别估计后取平均值的方法。

专家估算法目前比较流行的是 Wideband Delphi 方法，由各专家匿名提交自己的估计，得到初始估算数据，然后进行评估和讨论，评估结束的时候得出估算数据。常用的方法包括：取平均值、取中值、取乐观值、取悲观值等。

（5）类推估算法

类推估算法是利用一个以前类似的项目的实际执行时间作为本项目的估算时间，在项目规模、项目难度等条件基本类似的情况下，可以采用这种基于经验的方法。

（二）进度管理图示

进度计划制定好之后，需要用图示的方法表示出来。表示项目进度的图有很多，例如甘特图、网络图、里程碑图、资源图等。下面分别介绍这几种图。

（1）甘特图

甘特图是使用较广的一种图。甘特图可以很方便地显示任务的开始时间、时长、结束时间以及资源的信息等，还能够反映出来任务之间的相互依赖关系。甘特图用横轴表示时间，纵轴表示任务。在甘特图中，最常见的就是用棒状来表示任务的起止时间，如图 3-1 所示。

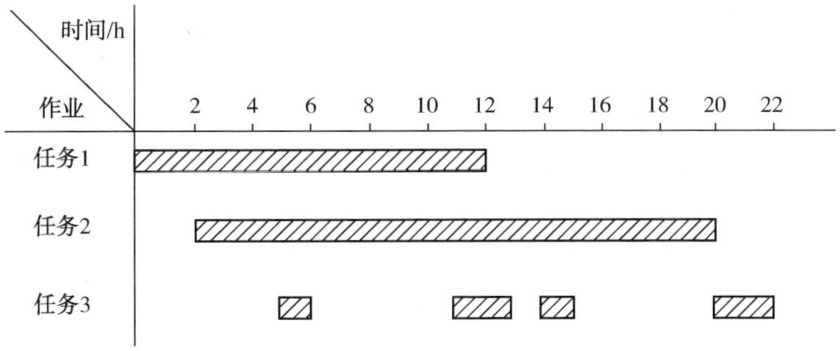

图 3-1 甘特图

甘特图可以很方便地进行项目计划和项目计划控制，由于其简单易用而且直观容易理解，所以被广泛地应用到了项目管理中。Microsoft 为此专门开发了一套工具 Project 支持这些常用的图形工具。上面的例子就是用 Project 来实现的。

（2）网络图

网络图展示的是项目中的各个活动以及活动之间的逻辑关系，表明项目任务以什么顺序进行。网络图是非常有用的进度表达方法，在网络图中可以将项目中的各个活动以及各个活动之间的逻辑关系表示出来，从左到右画出各个任务的时间关系图，网络图开始于一个任务或活动，结束于一个任务或活动。网络图能清晰地表示出前置任务和其后置任务的相互关系，如图 3-2 所示。

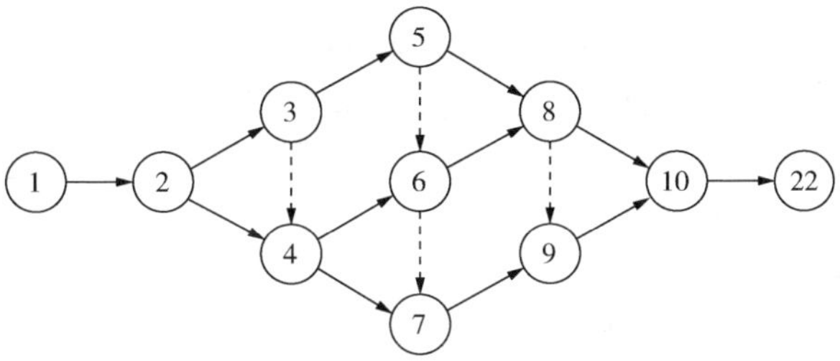

图 3-2 网络图

（3）里程碑图

里程碑图显示项目进展中重大工作的完成，里程碑不同于活动，活动是需要消耗资源的并且需要时间来完成，里程碑仅仅表示事件的标记，不消耗资源和时间。

里程碑的设置必须符合实际情况，必须有清晰明确的内容并且是可到达的，不能轻易改变里程碑的时间。

（4）资源图

资源图是用来显示项目进展过程中资源的分配情况的，这里说的资源，可以包括各种资源，如人力资源、设备资源等。

在使用资源图的时候，要特别注意人力资源的合理性，不能出现有的人工作量超过常规的多，而有的人工作量不足等现象。在实际项目实施过程中就曾出现过这样的情况，对于某个或某些技术能手或者业务专家的依赖程度较高，就会造成对这个人资源的过分使用，其实行起来的效果是可想而知的。在这里，高效和分解均衡的原则是不矛盾的。

（三）进度计划编制

编制进度计划是决定项目活动的开始和结束日期的过程。编制计划的时候，成本估计、时间估计、进度编制等过程常常是交织在一起的，这些过程需要经过若干次的迭代，最后才能确定项目进度计划。进度计划编制采用的基本步骤是：进度编排、资源调整、成本预算、计划优化调整、形成基准计划。

通常情况下，进度计划编制的输入项有项目网络图、活动所需时间的估计、资源需求、日历表、超前和滞后、约束和假设等。进度估算和进度编制常常是结合在一起来进行的，所采用的方法也是大体一致的。一般来说，项目进度编制的方法主要有：关键路径法（CPM）、时间压缩法、资源调整尝试法等。

（1）关键路径法

关键路径法是采用图论中的关键路径理论，利用关键路径无法压缩的结论来安排项目活动。利用关键路径法还有两种思想基本类似的方法：正推法和倒推法（逆推法）。

正推法的执行过程是：首先确定项目的开始时间。①项目的开始时间是网络图中第一个任务的最早开始时间。②从左到右，从上到下进行任务编排。③当某个任务有多个前置任务时，选择其中最大的最早完成日期作为其后置任务的最早开始日期。

倒推法的执行过程与正推法相似，具体如下：①首先确定项目的完成时间。②项目的完成时间是网络图中的最后一个任务的最晚完成时间。③从右到左、从下到上进行任务编排。④当一个前置任务有多个后置任务时，选择其中最小的最晚开始日期作为其前置任务的最晚完成日期。

关键路径法在理论上计算所有活动各自的最早和最晚开始与结束日期，但在计算时并没有考虑资源限制。这样算出的日期并非实际的进度安排，而是表示所需的时间长短。在编排进度时，应该考虑资源限制和其他约束条件，把活动安排在上述时间区间内。因此，还需要考虑时间压缩、资源调整等方法。

（2）时间压缩法

时间压缩法是在不改变项目范围的前提下，寻找缩短项目时间途径的方法。应急法和平行作业法都是时间压缩法的不同形式。应急法是权衡成本和进度间的得失关系，以决定如何用最小增量成本达到最大量的时间压缩。应急方案的制订和使用，常常是铁路部门的一大工作原则。平行作业法是增加人手或调整人员结构，平行地做相应的活动，这些活动通常要按前后顺序进行，所以平行作业的选取要慎重，因为它经常导致返工和增加风险。

（3）资源调整尝试法

进度计划至少包括各项活动计划的起始时间和完成时间，在分配资源之前，进度计划只是初步的，当成功地编制了一个项目进度计划后，项目中的任务必须在一定的条件下人为地去操控完成。要完成这些任务，必须要用到资源，势必要将这些资源与任务联系起来。每项任务需要的资源有人力资源、设备资源、软硬件资源等。

资源调整尝试法可在资源有约束条件下制定一个进度计划。

二、质量控制

（一）工程质量

所谓质量，就是一个实体的性能总和，它可以凭借自己的能力去满足对它的明示或暗示的需求。在项目管理中，质量管理的方向就是通过项目范围界定管理体制，将暗示的需求变为明示的需求。

不言而喻，工程质量在铁路信息系统中的重要性是每个参与工程的人员需要重点关注的。工程的质量如何，不仅关系到计算机的软硬件系统的安全性，也同时关系到行车安全的方方面面。所以在项目实施过程中必须把工程质量提高到很高的地位。

（二）工程质量要素

工程质量包含了很多方面，可以分为设计质量、开发质量、硬件质量、软件质量、施工质量等。设计质量、开发质量和施工质量的监控在本书前面章节已有阐述，本章重点介绍软件方面的质量控制。

软件质量是贯穿于软件生存期的一个非常重要的问题，是软件开发过程中采用的各种开发技术和检验方法的最终体现。软件质量是软件满足软件需求规格中明确说明的以及隐含的需求的程度。其中，明确说明的需求是指在合同环境中用户明确提出的需求，通常是合同、规范、图纸和技术文件中做出的明确规定；隐含的需求则应加以识别和确定，具体来说可以是用户所公认的、不言而喻的、不需要做出的具体需求。

根据软件质量国家标准 GB/T 8566，软件质量评估通常从对软件质量框架的分析开始。如图 3-3 所示，软件质量的框架是一个“质量特征—质量子特征—度量因子”的三层结构模型。

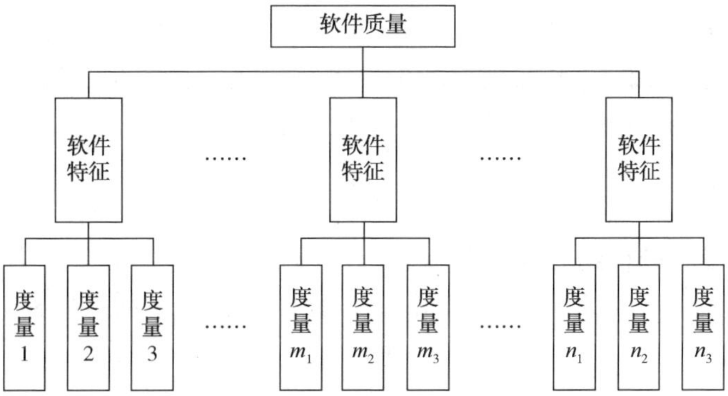

图 3-3 软件质量框架模型

在这个框架模型中，上层是面向管理的质量特征，每一个质量特征是用来描述和评价软件质量的一组属性，代表着软件质量的一个方面。软件质量不仅从该软件外部表现出来的特征来确定，而且必须从其内部所具有的特征来确定。

第二层的质量子特征是上层质量特征的细化，一个特定的质量特征可以对应若干个质量子特征。

最下面一层是软件质量度量因子，用来度量质量特征。定量化的度量因子可以通过直接测量或统计得到，为最终得到软件质量子特征值和特征值提供依据。

（三）质量保证措施

质量一般通过定义交付物标准来明确定义，这些标准包括各种特征及这些特性需要满足的要求。质量还包含对项目过程的要求，并要求提供过程被有效执行的证据。因此在工程项目管理中，质量管理总是围绕着质量保证过程和质量控制过程两方面。这两个过程相互作用，在实际实施过程中还可能会发生交叉。质量保证是在项目过程中实施的有计划、有系统的活动，确保项目满足相关的标准。质量控制是采取适当的方法监控项目结果，确保结果符合质量标准，还包括跟踪缺陷的排除情况。

在质量保证的第一步，就是制定一个切实可行的质量保证计划。质量是计划出来的，而不是检查出来的，只有制定出质量计划，严格按照规范流程实施，才能达到规定的质量标准。软件质量计划过程是确定项目应达到的质量标准以及决定如何满足质量标准的计划安排和方法。质量形成于产品或者服务的开发过程中，而不是事后的检查和测试过程中。

在开发一个最终的软件产品过程中，软件项目可能会产生很多的中间产品，包括需求规格、设计说明书、源程序、测试计划、测试结果等，它们对最终产品的结果起着很重要的作用，所以应该对它们以及最终的产品进行评估和控制，以保证产品最终满足用户需求。

质量保证通常用一个非正式的组织来完成，可以称之为"质量保证小组"，这个小组人数根据项目的情况可多可少，但大体上都要完成以下三种工作：

（1）在项目进展过程中，定期对项目各方面的表现进行评价。

（2）通过评价来推测项目最后是否能够达到相关的质量指标。

（3）通过质量评价来帮助项目相关的人建立对项目质量的信心。

在项目进展过程中，质量保证的主要任务是对项目执行过程和项目产品的检查，验证它们与项目采用的过程和标准的一致性，其目的是确保对项目进行客观公正的审核和评价。质量保证的任务其实就是对项目的审计。项目审计是对项目过程或产品的一次独立评估，将审核的主体与以前建立的一系列规程和标准进行比较，目的是确保真正地遵循了这一过程，产生了合适的文档和精确地反映了实际项目的报告。

三、人员管理

铁路信息化建设，归根结底离不开铁路部门项目人员的智慧和努力。人员是所有项目中最重要的因素，建立高效的项目开发团队是铁路信息化建设项目顺利实施的保证。

（一）团队建设

项目组的组建工作主要包括：人力资源的保障和项目组内部的组织结构、角色分配和任务分工。人力资源的保障主要有：人数要求、技术能力要求、业务能力要求以及各类人员的比例等。

（1）选择人员

团队建设的第一步就是要选择项目人员。项目人员的选择一般是根据项目的需要，参考项目计划进行人员编制，召集相应技能或岗位的人员，并进行适当的培训，然后将他们分配到合理的岗位。

常见的一些项目角色包括：项目经理、系统分析员、系统设计员、程序员、铁路业务专家、铁路部门相应用户（或由具备类似知识的人员代替）、测试人员、文档编制和管理人员、质量保证人员、施工人员、运行维护人员。

项目团队组成人员的多少和比例要根据具体项目来确定。组建项目团队时首先要定岗，就是确定项目需要完成什么目标，完成这些目标需要哪些职能岗位，然后观察哪些人具有这些技能，选择这些合适的人员进入到项目组。应该以岗定人，不能以人定岗。

项目组组建后要及时通过正规的若干次的沟通会议，将项目目标、项目组规约以及在设计、开发、施工，甚至维护期的若干注意事项贯彻到项目组的全体成员中。有的时候可能无法做到在项目组成立初期就预见到很远的事情，但至少要做到对绝大多数可能发生的事情进行必要的预见性。如本章第五节所介绍的风险管理。

在选择人员时，需要注意的是，要安排一定比例的临时工作人员，根据项目的需要加入或者退出，以节约人力资源成本。

（2）项目成员的培训

团队建设是实现项目目标的重要内容，项目成员的培训是项目团队建设的基础，项目组必须重视对项目成员的培训工作。通过对项目成员的培训，可以提高项目团队的综合素质、工作技能和技术水平。通过提高项目组成员的综合能力，可以降低项目人员的流动比率，降低人力资源管理成本，从而降低整个项目的总成本。

对项目成员的培训可以分为两类：岗前培训和岗上培训。其中岗前培训主要是一些常识性的培训和项目管理方式的培训。这一部分在铁路部门已经坚持了多年，形成了一整套的管理办法和相关规定；岗上培训主要是针对本次项目的主要业务和主要技术工具的强化培训。随着铁路技术的革新以及信息技术的变革，铁路内部的培训不可能涵盖所有的铁路应用技术细节，所以在进行铁路信息化建设时，应充分利用外部环境来进行有针对性的培训。如利用和铁路合作单位的技术力量，对本部门或本项目组的成员进行强化培训。

（3）项目成员的激励

项目成员的激励是调动项目组成员工作情绪和工作热情的重要手段，是项目成功的因素之一。根据对项目成员的工作量和工作质量的考核，给予必要的奖励和鼓励。需要说明的是，有些激励手段是需要项目组外部的权益部门来保障的。

（二）团队组织形式

项目组成员确定以后，接下来的工作就是要确定项目的组织形式。项目组织结构合理，能够增加团队的凝聚力和工作效率。

在目前的开发模式下，几乎所有的项目组织都采用了下面两种结构类型之一：项目型组织结构和矩阵型组织结构。

（1）项目型组织结构

项目型组织结构如图 3-4 所示，是完全按照项目的需要设置的。每个项目以项目经理为首，项目经理具有高度独立性和相当的权力。完成每个项目目标所需的全部资源完全划分给该项目单元，完全服务于该项目。

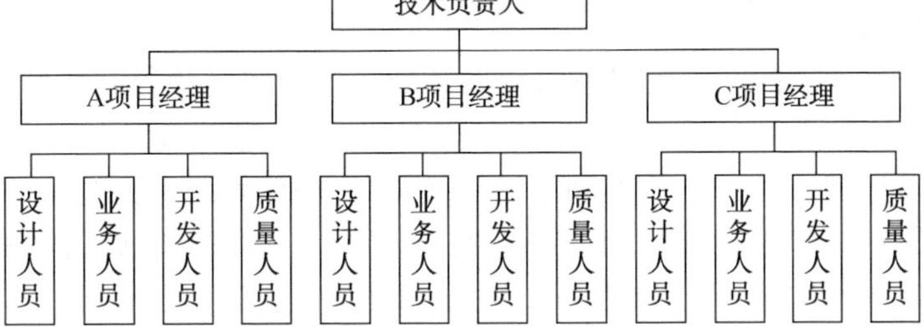

图 3-4 项目型组织结构

项目型组织结构的优点比较明显，具体是：项目经理对项目成员拥有全权，可以根据项目需要随时调动项目组织内部的资源。项目组织结构比较简单，项目成员直接隶属于一个部门，彼此之间的沟通交流比较方便快速，有利于项目的顺利完成。

项目型组织结构的缺点是：资源不能很好地共享。每一个成员同时只属于一个组织，如果整个机构有若干个类似的项目，那么成功的经验不能被共享，其他人只能花费时间和精力单独设计和开发。

（2）矩阵型组织结构

矩阵型组织结构如图3-5所示，是根据项目的需要，从不同的部门中选择合适的人员组成一个临时性的项目组，完成项目所需的工作。项目结束之后，项目组也就解散了，项目组的成员再回到各自的部门中。在项目组存在的时候，项目组的成员受双重领导，既受本部门的领导，又受到项目经理的管理和分派。

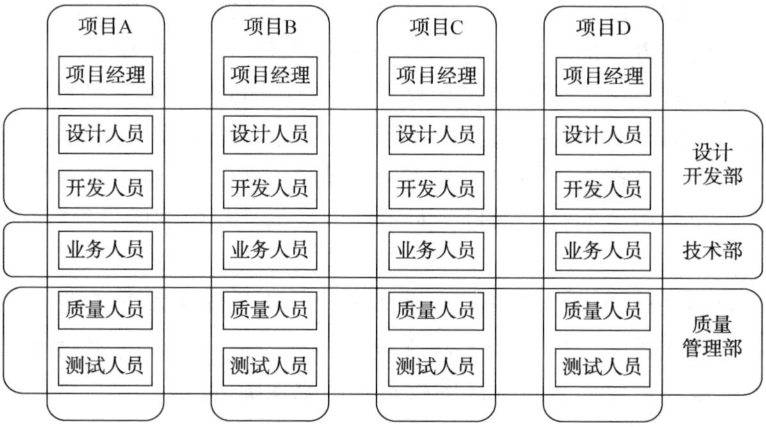

图3-5　矩阵型组织结构

矩阵式组织结构有比较多的优点，主要体现在以项目为中心，采用专职的项目经理负责制，并且能够保证各部门的信息和资源共享。缺点是因为项目成员有多头领导，当发生资源紧张时，需要各个部门或组织来协调和沟通，可能会引起不必要的冲突和麻烦。

（三）项目经理

要开发一个铁路信息系统项目，就要组建一个团队来实施。团队的核心就是项目经理，项目经理是整个团队的负责人，他全权负责项目的重要事项，对项目进行合理的分配和进度安排控制。另外，项目经理的其他方面的因素也是值得关注的，他是整个项目对内对外的沟通联络者、团队领导者和决策者、融洽气氛的制造者和维护者。

（1）项目经理的职责

一般来说，项目经理的职责就是制订开发计划、组织实施和控制项目。

项目经理的首要任务就是做出切实可行的项目计划。完善合理的项目计划对于项目成功至关重要。项目经理首先需要熟悉和了解所要建设的信息化系统的合同及其需求，明确项目目标，并就该目标和铁道部的相关路局达成一致，同时告知项目团队成员，然后为实现项目目标制定基本的实施计划。在项目实施过程中，还要根据项目的实际进展情况，在必要的时候，调整各项计划方案。

组织实施需要项目经理设计项目团队的组织结构图，并设置完成该任务的角色，根据角色描述安排合适的人选，以及对项目所需的人力资源进行规划、开发。在需要有外包或者监理等合作单位时，还应参与外包、合作边界的划分等。

项目实施过程中，项目经理还需要时时监控项目的运行状态，规避风险，防止各种意外的发生，及时解决出现的问题，同时要预测可能的风险和问题，保证项目在预定的时间、资金、资源下顺利完成。

（2）项目经理的能力

项目经理在实施项目的过程中，应该具有相应的技能。这些技能不但包括对铁路基本知识的了解，路面轨道信号设备、车载设备的了解，还要具有计算机系统和网络系统的应用知识，对某种开发工具的了解，对软件工程的了解等。除此之外，还应该具备沟通能力、协调能力、项目控制能力、资源管理和控制能力等。

作为一个理想的项目经理，应具备的特点包括：对项目的目标有透彻的理解。具备了解项目成员需要的能力。对项目有强烈的责任心。具有很好的谈判技巧。能应付挫折和失望。有成本意识和基本的经营技巧。

（3）项目经理的权利

理论上说，项目经理拥有的基本权利大致包括：参与制定项目的有关决策的权利；挑选项目成员的权利；对项目获得资源再分配的权利等。

（四）团队管理方法

为了建立一个高度主观能动化的项目团队，必须将项目队伍实体化，也就是说，不管是组成项目式还是矩阵式，这个实体组织必须要建立起来。建立了一个项目组，要经常性地举行一些活动，这些具体活动包括：

（1）定期召开项目会议

项目团队要定期召开会议，会议一方面传达信息，另一方面强调队伍的整体性和纪律性。项目启动会，项目周例会，项目评审会，让项目组成员能够感受到这个实际存在的实体。在会议过程中，要安排专人进行记录，会议结束后要将会议中讨论的问题、制定的结论发布给相应的人员，并在项目组中做文档保留。

（2）分工明确

在一个开发团队中，每个人都必须有自己的职责，如铁路领域专家负责收集调研铁路部门的相关需求，系统分析人员编制需求规格说明书，设计人员做系统概要设计和详细设计，开发人员做编码，测试人员做黑盒测试和白盒测试，施工人员到各路局、站段做现场施工，项目经理负责制定项目计划并进行项目跟踪与监督。每个人的工作性质和工作形式都不相同，所以必须有明确的分工，才能把开发实现各个环节有机组合到一起。

（3）建立良好的工作环境

这个工作环境既包括物理环境，也包括人文环境。物理环境是必须要满足的条件，例如在开发 CTCS-2 相关信息化系统中，放置地面的电子单元（LEU）要安全可靠，速度传感器必须能够正确地模拟计算出轴的脉冲，否则很难准确计算出列车的速度和距离。其他物理环境包括人员工作环境等。人文环境指的是要营造融洽的交流环境。确保信息交流的畅通，前提条件必须是几乎每个项目组成员都能够自由地、无顾忌地表达自己的意见和想法，向其他人发布项目的进展情况和可能潜在的问题，尤其是关于项目风险方面的信息。需要注意的是：不要当众批评别人，不要随意抱怨项目中的缺陷和不足。这样才能使项目组具有很强的凝聚力。

(4) 建立奖励机制

管理是非常重要的，但是不能忽略表演和激励的作用。人是有感情的，尽管项目经理的权利不能保证每个成员都满意，但还是可以做到通过有效的激励机制，发挥成员的积极性的。如在项目例会中表扬质量高的成员和进度快的成员，并向上级汇报；保证优秀成员的工作时间；提供优秀成员较好的工作机器和工作环境；甚至有的时候可以向上级推荐颁发某位成员适当的奖金等。

(五) 风险管理

风险管理是指在项目进行过程中不断对风险进行识别、评估，制定策略，监控风险的过程。通过风险识别、风险分析和风险评估去认识项目的风险，并以此为基础，合理地使用各种风险应对措施、管理办法、技术和手段，对项目的风险进行有效的控制，妥善处理风险事件造成的不利后果，以最小的成本保证项目总体目标的实现。

风险管理是一系列对未来的预测，伴随着一系列的活动和处理过程以便控制风险，减少其对项目的影响。

风险管理是项目管理的一个重要组成部分，贯穿于项目生存期的始终。

1. 风险的概念及其类型

风险是损失发生的不确定性，是对潜在的、未来可能发生损坏的一种度量。如果风险确实发生了，则它的发生会对项目产生负面的影响。

项目开发过程中总会出现某些变更要求，因此项目管理必须相应地准备好变更计划，以处理这些事件。另外，风险只是一个概率事件，所以需要用风险管理来控制风险的发生。

为了控制风险和管理风险，需要了解风险的类型。从范围角度上看，风险主要分为下述三种类型：项目风险、技术风险和商业风险。

(1) 项目风险是指在潜在的预算、进度、个人(组织)、资源、用户和需求方面的风险。例如时间和资源分配的不合理、资金不足、项目计划不够周全。项目的复杂性、规模的不确定性和结构的不确定性也是构成项目风险的因素。

(2) 技术风险是指潜在的设计、实现、接口、检验和维护方面的风险。规格说明的多义性、技术上的不确定性、技术陈旧也是技术风险因素。复杂的技术、项目执行过程中使用的技术或者行业标准发生变化所导致的风险也是技术风险。

(3) 商业风险主要包括：市场风险、策略风险、管理风险和预算风险等。如果开发出来的产品不符合铁路部门的实际需求，就会发生市场风险。如果开发出来的产品不符合铁路部门的产品策略，就会发生策略风险。如果由于人员变动或重点转移而导致管理失位，就会发生管理风险。如果由于预算没有保证，就会发生项目无法在规定的期限内完成，就会发生预算风险。当然，从预测角度看，风险还可以分为：已知风险、可预测风险和不可预测风险。

2. 风险识别

风险识别是试图系统化确定对项目计划的威胁，识别已知和可预测的风险。只有识别出这些风险，项目管理者才有可能避免和控制这些风险。

风险识别不是一次性行为，而应该同质量管理一样，有规律地贯穿于整个项目始终。

风险识别过程如图 3-6 所示，风险识别的输入可能是项目的 WBS、SOW、项目相关信息、项目计划假设、历史项目数据、其他项目经验、评审报告等。风险识别常用的方法是建立“风险条目检查表”，利用一组提问来帮助项目风险管理者了解在项目和技术方面有哪些风险。此外，还可以采用德尔菲方法(Delphi)、头脑风暴法、情景分析法、面谈法等。风险识别的输出是风险列表。

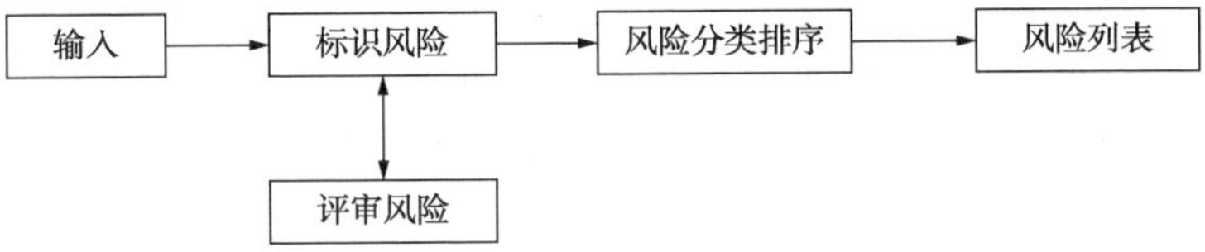

图 3-6 风险识别过程

(1) 德尔菲方法(Delphi)

德尔菲方法本质上是一种反馈匿名函询法。其大致流程是：在对所要预测的问题征集专家的意见之后，进行整理、归纳、统计，再匿名反馈给各专家，再次征求意见，再集中，再反馈，直至得到稳定的意见为止。

由此可见，德尔菲法是一种利用函询形式的集体匿名思想交流过程。它有区别于其他专家预测方法的三个明显的特点，分别是匿名性、多次反馈、小组的统计回答。

德尔菲方法的预测结果可用表格、直观图或文字叙述等形式表示。

(2) 头脑风暴法

头脑风暴法，是以专家的思维来获取未来信息的一种直观预测和识别方法。头脑风暴法也是一种专家预测方法，它是在一个专家小组内进行，通过专家会议来获取未来信息。专家之间的信息交流和相互启发，从而使专家的意见互相补充并产生组合效应，以获取更多的信息，使预测和识别的结果更准确。

(3) 风险条目检查表

风险条目检查表是利用一组提问来帮助管理者了解项目在各个方面有哪些风险。在检查表中，列出了所有可能的和每一个风险因素的提问，使得风险管理者集中来识别常见的、已知的和可预测的风险。该检查表可以以不同的方式组织，通过判定分析或假设分析，给出这些提问的回答，就可以帮助管理或计划人员估算风险的影响。

风险条目检查表一般根据风险要素进行编写，包括项目的环境、管理层的重视度、技术情况以及内部因素。风险识别中的风险条目是项目经验的积累，风险条目检查表可以以不同的方式组织。一般来说，可以将重点放在以下几个方面：①铁路信息化产品或项目规模。②铁路市场影响。③铁路项目需求。④过程定义。⑤技术情况。⑥铁道周边环境。⑦项目组人员数目及其经验。

3. 风险评估

风险评估，也称风险预测，就是对识别出的风险做进一步的分析，对风险发生的概率进行评估和评价，对风险后果的严重程度进行估计和评价，对风险影响范围进行估计和评价，以及对风险发生时间进行估计和评价。

在项目实践中，通常都把风险评估的结果用风险发生的概率以及风险发生后对项目的影响来表示，然后建立一个称为风险表的表格，按风险的严重程度来排序，确定最需要关注和解决的前几个风险。

风险评估的方法包括定性风险评估和定量风险评估。

（1）定性风险评估

定性风险评估主要是针对风险概率以及后果进行定性的评估，如历史资料法、概率分布法、风险后果估计法等。历史资料法是应用历史数据进行评估的方法，通过同类历史项目的风险发生情况，进行本项目的风险估算。概率分布法主要是按照概率值进行评估的一种方法。风险后果估计法是对风险事件后果进行定性的评估，按其特点划分为相对应的等级，形成一个风险评价矩阵，并赋以一定的权值来定性地衡量风险大小。

（2）定量风险评估

通过定性风险评估，可以对项目风险有一个大概的了解，但对于风险发生的可能性以及后果的严重程度，却无法给出具体的描述。这时候就需要对风险进行定量的评价分析。通常情况下，对项目风险的定量分析，发生在风险定性分析之后。定量分析按分析过程的目标是量化分析每一个风险的概率及其对项目目标造成的后果，也分析项目总体风险的程度。定量风险评估包括盈亏平衡分析、决策树分析、模拟法等方法。

盈亏平衡分析就是要确定项目的盈亏平衡点。在平衡点上是不盈不亏的，也就是收入等于成本。盈亏平衡点越低，项目盈利的机会就越大，反之亦然。因此，盈亏平衡点就表达了项目生产能力的最低容许利用程度。在考虑盈亏点的时候，成本、进度、施工质量、施工环境等都是要考虑的因素。

决策树分析采用损益期望值作为决策树的计算值，是一种图标分析方法。它通过形象的可供选择的行动方案以及行动方案之间的关系、行动方案的后果以及发生的概率，为项目经理和项目监理提供最佳方案或最佳折中方案的依据。

模拟法是运用概率论及数理统计方法来预测和研究各种不确定因素对项目投资价值指标影响的一种定量分析。通过概率分析，可以对项目的风险情况做出比较准确的判断。目前比较流行的是采用蒙特卡罗技术方法。

4. 风险规划与控制

项目的风险管理并不能找出所有的风险，还需要通过风险规划和采取相应的策略来消除特定的风险事件。风险规划的输出是项目风险管理计划。

风险规划是针对风险分析的结果，为提高实现项目目标降低风险的负面影响而制定应对策略和应对措施的过程，通过制定一系列的行动和策略来对付、减少以至于消除风险事件，风险规划是规划和设计如何进行风险管理活动的过程，包括界定项目组织及成员风险管理的行动方案，选择合适的风险管理方法，确定风险判断的依据。

规划降低风险的主要策略是回避风险、转移风险、损失控制以及自留风险。

回避风险是对可能发生的风险尽可能地规避，可以采取主动放弃或拒绝使用导致风险发生的方案来回避风险，这样可以直接消除风险以及风险带来的损失。回避风险简单易行，能将风险发生的可能降低到最小。在采取回避风险策略时，需要注意以下几点：

（1）不是所有的风险都可以采取回避策略，当其他的风险策略不是很理想的时候，才可以考虑这个策略。

（2）对风险有足够认识，而且风险发生概率很高，后果很严重时，才可以考虑这个策略。

（3）回避策略只是在一定程度上有效，并非能够解决所有的问题，可能还会带来新的问题。因为风险回避策略只是放弃了某种方案而回避风险，有可能会引起另一种新的风险。例如，避免采用新的技术，可能会回避掉新技术带来的不确定因素，但采用旧的开发路线，将会导致铁路信息系统技术落后，不适应现代的铁路运行环境。

转移风险是指为避免承担风险损失，将可能与损失有关的财务后果或技术后果转嫁给另外的单位去承担。这种方法并非是不负责任的转嫁风险，而是把自己不熟悉的领域转交给合适的人去做，避免因不熟悉技术或业务而导致风险的发生。例如，在使用某种新型铁路信号设备时，可以采取分包合同的方式，由设备生产厂商来承担设备安装调试的风险。

损失控制是指风险发生前消除风险可能发生的根源并减少风险事件的概率，在风险事件发生后减少损失的程度。因此，损失控制的基本点是消除风险因素和减少风险损失。损失控制根据目的不同，可以分为损失预防和损失抑制。

自留风险又称承担风险，它是一种由项目组织来承担风险事件所导致损失的措施。这种承担可以是积极的，通常是经过合理判断和谨慎研究后决定承担风险；这种承担还可以是消极的，一般是不知道风险因素的存在而承担下来。

风险控制是通过对风险的规划，以及对项目全过程的控制，保证风险管理能达到预期的目标，是项目实施过程的一个重要任务。风险控制的目的是核对风险管理的策略和实施的实际效果是否与预见相同，同时获取反馈信息，改善风险计划。

四、文档规范

根据国家计算机标准，文档被定义为：软件文档(document)也称文件，通常指的是一些记录的数据和数据媒体，它具有固定不变的形式，可被人和计算机阅读。它和计算机程序共同构成了能完成特定功能的计算机软件(有人把源程序也当作文档的一部分)。

参加铁路信息化系统建设的每个人必须要牢牢记住的一点就是：文档本身就是软件产品。开发铁路信息化系统就是安装若干 CTCS-2 或 CTCS-3 的设备，然后在上面加装一些运行管理监控软件。系统真正能够运行维护，最终还是靠人员维护，那么在维护阶段，维护人员参考的还是文档。

（一）文档的作用

文档在软件开发人员、软件管理人员、维护人员、用户以及计算机之间起着桥梁的作用。软件开发人员在各个阶段中以文档作为前阶段工作成果的体现和后阶段工作的依据，这个作用是显而易见的。软件开发过程中软件开发人员需制定一些工作计划或工作报告，这些计划和报告都要提供给管理人员，并得到必要的支持。管理人员则可通过这些文档了解软件开发项目安排、进度、资源使用和成果等。软件开发人员需为用户了解软件的使用、操作和维护提供详细的资料，称此为用户文档。

合同也是文档，合同是监督项目执行的各方(甲方、乙方、丙方、监理方)履行其权利和义务、具有法律效力的文件。可以说合同是一个项目正式存在的标志。

在铁路信息系统建设的生产过程中，总是伴随着大量的信息要记录、要使用。因此，文档在产品的开发生产过程中起着重要的作用。

(1) 文档能够提高软件开发过程的能见度。把开发过程中发生的事件以某种可阅读的形式记录在文档中。管理人员可把这些记载下来的材料作为检查软件开发进度和开发质量的依据，实现对软件开发的工程管理。

(2) 文档能够提高开发效率。文档的编制，使得开发人员对各个阶段的工作都进行周密思考、全盘权衡、从而减少返工，并且可在开发早期发现错误和不一致性，便于及时加以纠正。

(3) 文档可以作为开发人员在一定阶段的工作成果和结束标志。

(4) 文档能够记录开发过程中的有关信息，便于协调以后的软件、开发、使用和维护。

(5) 文档能够提供与系统的运行、维护和培训有关的信息，便于管理人员、开发人员、操作人员、用户之间的协作、交流和了解，使系统开发活动更科学、更有成效。

(6) 文档能够便于潜在用户了解软件的功能、性能等各项指标，为他们选购符合自己需要的软件提供依据。

(二) 文档的类型

从铁路信息系统开发的角度来划分，文档可以被分为三类：用户文档、开发文档、管理文档。

用户文档包括用户手册、操作手册、维护修改手册以及软件需求说明书等。

开发文档包括软件可行性研究报告、项目开发计划、需求规格说明书、数据需求说明书、概要设计说明书、详细设计说明书、数据库设计说明书、软件开发卷宗等。

管理文档包括项目合同、项目开发计划、测试计划、测试报告、开发进度月报、开发总结报告，以及由铁道部颁布的各项管理办法，如铁路建设项目管理机构管理办法、高速铁路竣工验收办法等。

(三) 文档的管理

文档来源众多，格式多样，需要访问文档的人员繁杂，必须要求对文档有严格科学的管理方法，才能在铁路信息化系统建设中发挥文档的作用，做到既能够从文档中获得有价值的信息，也能够从容应付文档的多样性，不被文档束缚手脚。

首先，要管理好文档，必须对文档进行适当的分类。分类的方式有多种，可以从文档来源来划分，可以从文档的作用来划分，可以从文档的格式来划分，也可以从文档的阶段来划分。在软件工程中，是按照文档的阶段来划分的，读者可以参考软件工程的教材。

其次，建立一个文档的管理系统，最好使用比较成熟的某种产品(如 Source Safe)，也可以采用手工管理的方式。项目经理应指派专人从事文档的管理工作。将这些常用的图纸或者计划书、设计书等，依次存储在系统中。项目经理应进行文档安全性的设置，例如应对哪些人开设什么样的权限(读或写等)，这样可以防止文档不必要的扩散和修改。

再次，在铁路信息系统建设中，各种文档可能要经过若干次的修改才能最终定稿，所以必须做好文档的版本管理工作。必要的话可以采用相关的软件工具进行管理。

最后，在文档管理中，要做好文档的保密工作。这个问题，不属于铁路信息工程的方面，具体可参考专门的书籍，本书不再介绍。

第三节 铁路施工项目的现场管理

企业管理活动中，无论在资金、人员、设备哪一个方面出现问题都会给生产带来困难。在开始时也许还不是那么严重，但是随着生产进程的推进，问题就会变得越来越突出，甚至生产出现停顿，从而使整个企业的生产经营活动陷于瘫痪。所以，要维持企业的正常运作，就必须使所有的资源处于良好的、平衡的状态，加强现场管理，以有限的资源获得最佳的经济效益。

一、现场管理的含义和特点

（一）现场管理的含义

所谓现场，就是企业进行设计、生产和销售产品或提供服务以及与顾客沟通的地方。简单地说，现场就是企业人员从事生产经营活动的各种场所。现场是一个集合的概念，具体又可以分为生产作业现场、设备现场、质量现场、实验现场、物流现场、运输现场和安全环境保护现场等。

现场管理可以分为广义的现场管理和狭义的现场管理。广义的现场管理就是指对企业所有生产经营活动场所的管理。狭义的现场管理，主要是只对企业生产作业现场的管理。它主要是针对企业的各个生产车间以及为生产车间服务的料场、仓库、运输等生产作业场所的管理。为了确保企业的良性运作，对企业的所有生产经营活动场所，都必须实行科学管理。但是，任何管理都有它的侧重点。在企业的所有生产经营活动场所中，生产作业现场是最重要的。目前，一般所说的现场管理，主要是对狭义现场管理来说的：

现场管理出现于20世纪初，科学管理之父泰勒把生产作业现场的管理作为企业科学管理的主要研究内容之一。他通过在生产现场分析研究工人的操作，通过选用最合适的劳动工具，集中先进合理的操作步骤，省去多余不合理的操作程序，制订各种工作的标准操作方法，让工人按照标准程序进行操作。同时对工人的劳动时间进行测算和研究，规定先进的工时定额等，从而达到提高生产效率的目的。

目前，现场管理不仅仅局限于原来的保持生产现场的环境整洁和现场井然有序，而且要在此基础上实现现场管理系统的优化。现场管理系统的优化是更高层次的现场管理，它是以提高各项工作质量，特别是以提高产品质量为核心的强化基础工作的一系列的现场管理工作。企业的生产现场基本上是由劳动者、劳动手段、劳动对象等组成。搞好现场管理，提高现场管理系统水平，其实质就是运用科学的管理方法和手段、运用现代的管理思想为指导思想，对各种生产要素进行有效合理的配置和运用，使其形成最佳的组合。

（二）现场管理的特点

现场管理是企业管理中的重要一环，与其他管理相比具有以下特点。

（1）基层性。管理一般分为3个层次，即最高管理层的决策性管理、中间管理层的执行性与协调性管理、初级管理层的控制性现场管理：现场管理属于具体业务的管理，它由企业的各个车间、各个科室来具体执行，因此属于基层性工作，它是企业管理的基础。现场管理的水平体现了一个企业整体的管理水平。

（2）整体性。现场管理属于企业管理这个大系统中的一个子系统。各项专业管理虽然自成系统，但在生产部门必须协调配合。要做好现场管理，就不能孤立地只考虑某一个要素，必须从整体出发，实行统一指挥，不允许各部门或是小团体违背统一的指挥。

（3）综合性。现场管理是一种全面的管理，它与企业各项工作都发生关系，并渗透到各项工作的全过程中，是一项综合性的管理工作。例如，生产管理、质量管理、设备管理等各项专业管理的内容都会在现场管理中得到体现。

（4）动态性。随着科学技术的发展，生产环境的日益变化。生产中各个生产要素不断发生变化。现场管理必须根据变化着的生产环境进行不断的调整。现场管理是一项长期的、经常性的任务，不能一蹴而就，必须坚持不懈地努力。

（5）全员性。现场管理工作涉及企业的各个方面和各个部门，直至每一个人。现场管理的核心是人，人与人、人与物的组合是现场管理要素最基本的组合，搞好现场管理不能仅仅依靠几个少数的管理人员，而必须依靠企业的全体职工，也包括企业的各级领导想要做好现场管理工作，除了考虑上述一般的特点之外还要考虑各个行业和各个企业的具体情况。在不同的行业中依据各自不同的特点和要求来进行现场管理。

二、现场管理的任务和方法

（一）现场管理的任务

现场管理的基本任务就是运用组织、计划、领导、控制、创新等职能，把投入企业生产过程的各种要素有机地结合起来，形成一个系统化的体系，按照最经济的方式，不断地生产出满足社会需要的产品或服务。现场管理具有以下几项任务。

（1）建立正常的生产秩序和文明的生产环境。一个企业的生产现场是否具有良好的生产秩序，对生产效率、产品质量具有重要影响。有了良好的生产秩序，就能使生产有条不紊地进行，减少差错，避免事故的发生，提高效率，保证质量。这是实现生产过程良性循环的重要前提。企业要想稳定地生产出用户满意的优质产品或服务，必须有一个整洁、明亮、安全的作业环境。因此建立正常的生产秩序和文明的生产环境是搞好现场管理、实现现场管理系统优化的一项重要任务。

（2）实现各种要素的合理结合。在现代化大生产的条件下，企业的各种要素主要是指人、财、物以及整个生产过程正常进行的各种信息，这些要素既是生产活动必须具备的前提，也是实现企业生产经营目的的重要保证。要充分发挥各项要素的作用，除了使各项要素在质量、数量和时间方面必须符合生产经营过程的需要外，还要使各项要素在生产经营过程中有效地结合起来，形成一个有机体系。这种结合越紧密，劳动效率就越高，产品质量就越有保证。搞好现场管理，实现现场管理优化的核心也就是要促进各项要素在生产经营过程中的合理结合。

（3）提高企业的经济效益。企业经营与管理是以提高经济效益为中心的，现场管理既然是企业管理的一个重要组成部分，那么现场管理同样是以提高经济效益作为自己的一项重要任务。现场管理做好了，就能够实现正常的生产秩序和文明的生产环境，实现各个要素的最佳结合。这样才能实现投入少产出高，实现经济效益上的提高。企业必须以提高经济效益为前提才能使企业获得可持续的发展。

（二）现场管理的方法——5S 管理

5S 管理起源于日本，通过规范现场管理，营造良好的工作环境，培养员工良好的工作习惯，其最终目的是提升人的品质。5S 管理就是整理(SEIRI)、整顿(SEITON)、清扫(SEISO)、清洁(SEIKETSU)和素养(SHUSUKE)这 5 个项目，因为日语里的罗马拼音均以“S”开头而称为 5S 管理。具体来讲，5S 管理可以从 4 个方面来理解其内涵：杜绝马马虎虎的工作态度、粗枝大叶的工作作风，凡事认真；严格地遵守现场管理的规定；自觉维护工作环境的整洁明了；文明礼貌。5S 活动不仅能够改善生产环境，还能提高生产效率、产品品质、员工士气，是其他管理活动有效展开的基石之一。

1. 整理

整理就是将必需物品与非必需品区分开，必需品摆在指定位置挂牌明示，实行目标管理，不要的东西则坚决处理掉，在岗位上不要放置必需物品以外的东西。这些被处理掉的东西可能包括原材料、辅助材料、半成品和成品、设备仪器、工模夹具、管理文件、表册单据等。整理的目的是使现场无杂物，通道顺畅，腾出空间，改善作业环境和增加作业面积，提高工作效率；消除管理上的混乱，使工作效率提高；塑造干净、清爽的工作场所；有利于减少库存，节约资金；使工作作风改变，员工心情变得舒畅，提高工作热情。

（1）整理实施的要点

① 在执行整理时要问以下 5 个问题：工作可以简化吗？资料是否已经过时？是否已经将空间做有效的规划？项目标示清楚吗？是否经常处理垃圾？

② 还要注意以下问题：第一，对于工作场所进行全面、彻底的检查和清理；第二，制定“要”和“不要”的判别标准；第三，要有决心，将不要的物品清理出工作场所；第四，对于需要的物品进行使用频度的调查，再决定日常的排放位置；第五，制订“不要物品”的处理方法；第六，每日进行自我检查。

（2）整理的实施步骤

① 按照定置的区域对生产现场进行全面的检查。检查的范围通常包括办公区、生产区、生活区等。

② 对生产现场的物品进行分类。生产现场物品的分类根据实际情况进行分类。下面两个表为应用中的举例，表 3-1 为某企业生产现场物品分类标准。

表 3-1 某企业生产现场物品分类标准

序号	类　别	定　义
1	生产工具	在生产中使用到的各种工装器具及自制工具
2	设备	生产现场使用的设备
3	办公用品	纸笔、办公桌等
4	文件资料	各种图表文件等资料
5	劳保用品	劳动保护用品，例如安全帽、防护镜等
6	私人物品	个人衣物
7	原材料	根据生产领用单领取的物品
8	废弃物	生活垃圾、生产中产生的边角料、余料等
9	标语标识	各种标语口号，操作规程等

③ 归类。将分好类的物品进行归类，尽可能将同种类型的物品放在同一个地方，有使用期限的物品各个期限应该分开放置。

④ 制定“要”与“不要”的标准。检查了工作场所以后，关键已不是要确定什么是需要的、什么是不需要的。在此过程中要了解各个物品的使用频度。根据上面的确认，每个班组制定出整理“要”与“不要”标准表，如表 3-2 所示。

表 3-2　现场整理表

要	不要
1. 使用中的机械设备、装置、工艺设备	1. 已损坏、无法使用的机械设备，装置
2. 原辅材料、半成品、成品	2. 不再使用的办公用品
3. 办公用品、文具、使用中的记录本	3. 废料、不能使用的原材料
4. 饮水机	4. 过时的图表、资料
5. 使用汇总的各种清洁工具	5. 破旧的纸箱、包装袋等
6. 工序操作规程	6. 损坏的样品
7. 必要的私人物品	7. 边角料、肥料
/	8. 其他垃圾

⑤ 制定“不要物品”处理程序。在清理出“不要物品”以后，需要根据“不要物品”的具体情况采取相应的处理办法和处理程序。

⑥ 制定现场物品处理的标准。在现场中，各种物品的使用频率可能相差很大。对物品进行分类，依据分类的结果，该丢弃的一定要丢弃，该集中保管的要集中保管，如表 3-3 所示。

表 3-3　现场物品处理方法

分类	使用频率	处理方法	建议场所	负责人
不用	全年一次也未用	“不要物品”的处理办法		废物处理领导小组
少用	平均六个月至一年用一次	分类管理	仓库	物流部
普通	一至六个月使用一次以上	置于班组内	班组集中摆放	班组长
常用	每日都使用，每周都使用	工作区内，随手可得	设备旁、工具箱里	员工

⑦ 清楚“不要物品”。

⑧ 每日进行自我检查。为了避免不必要的物品在现场随时间越积越多，各班组需每日对照整理表，自我检查、及时处理，以使整理效果长久地保存下去。

2. 整顿

整顿就是将必需品依规定定位、方法摆放整齐有序，明确标示。简单地说，就是要将必需物品放于使用者能立即取到的状态。整顿的目的是不浪费时间寻找物品，提高工作效率和产品质量，保障生产安全；工作场所干净整洁、一目了然；工作秩序井然有序，提高工作效率。

（1）整顿的实施要点

① 要把前一步的工作落实好，把需要的物品摆放明确，减少物品放置的区域。

② 各类物品放置要求整齐，并采取各种方法隔离和标识放置区域，要形成可视化管理。

(2) 整顿的三条原则

① 定点。定点也称定位，是根据物品的使用频率和使用便利性，决定物品所放置的场所。一般来说，使用频率越低的物品，应该放置在距离工作场所越远的地方。

② 定容。定容是为了解决用什么容器的问题。在生产现场中，容器的变化往往能使现场发生较大的变化，通过采用合适的容器，并在容器上加上相应的标识，不但能使杂乱的现场变得有条不紊，还有助于管理人员树立科学的管理意识。

③ 定量。定量是为了确保留在工作场所或在其附近的物品的数量。物品数量的确定应该以不影响工作为前提，数量越少越好。通过定量控制，能够使生产有序，明显降低浪费。

(3) 整顿的实施步骤

① 分析现场物品的日存量，从物品的存在状态将物品进行分类。如：固定物品、易耗品、标准件等。

② 明确放置场所。根据企业及各个班组的实际情况来确定。为了达到整顿的目的，需要设计相应的设施及装置以规范物品的堆放，如：个人衣物柜和衣帽架、工具柜、饮水机台等。

③ 明确放置方法。放置方法需要注意物品的用途、功能、形态、大小、重量等因素。

④ 明确标识。标识可视化是管理的重点之一，这里所指的标识一般是指班组的物品的标识。标识的目的是使人们在寻找物品时能够“一目了然”。对于标识中的阿拉伯数字或文字要简单明了、工整、易识别。

3. 清扫

生产现场往往会产生灰尘、油污、垃圾等，从而使现场变得脏乱。现场脏乱会使设备精度降低，故障多发，影响产品质量和工作效率。因此，必须通过清扫来清除那些赃物，创建一个干净整洁的现场。清扫一般是指清除现场内的脏污、清除作业区域的物料垃圾。清扫的目的是清除“脏污”，保持现场干净、明亮，从而使产品的质量提高、工作人员心情愉快、减少工业伤害事故等。

(1) 清扫的要点

清扫的要点包括：自己使用的物品，如设备、工具等。要自己清扫，而不要依赖他人，不增加专门的清扫工；对设备的清扫，着眼于对设备的维护保养。清扫设备要同设备的定期检查结合起来，清扫即检查；清扫设备要同时做设备的润滑工作；清扫也是保养，也是为了改善工作状态。当清扫地面发现有飞屑和油水泄漏时，要查明原因，并采取措施加以改进。

(2) 清扫的实施步骤

① 实施区域责任制。对于清扫应进行区域划分，责任到人，不存在无人负责的死角。

② 彻底的清扫。从工作场所清除一切灰尘垃圾，一线人员要全员参与，亲自动手。

③ 调查污染源并采取相应措施。推行 5S 管理一定不能让员工觉得只是不停地打扫卫生，每天都在付出。需要清扫的根本原因是存在污染源。如果污染源得不到处理、而仅仅是不断地打扫，那么员工一定会对 5S 管理产生抵触情绪。

④ 制订详细的清扫要求。

4. 清洁

清洁是在整理、整顿、清扫之后的工作，认真维护已经取得的成果，事情保持完美和最佳的状态，并将整理、整顿、清扫进行到底，使之制度化、标准化。清洁的目的是认真维护并坚持整理、整顿、清扫的效果，使其保持最佳状态。形成卓越的企业形象、文化。

（1）清洁的要点

清洁的要点包括：车间环境不仅要整齐，而且要做到清洁卫生，保证工人身体健康，提高工人劳动热情；不仅物品要清洁，工人本身也要做到清洁，如工作服要清洁，仪表要整洁，及时理发、刮须、修指甲、洗澡等；工人不仅要做到形体上的清洁，而且要做到精神上的“清洁”，待人要讲礼貌、要尊重别人；要使环境不受污染，进一步消除浑浊的空气、粉尘、噪声和污染源，消灭职业病。

（2）清洁的实施步骤

① 制定相关的检查办法，对整理、整顿、清扫的执行情况进行检查。

② 制定明确的奖惩制度，保证整理、整顿、清扫的健康发展

③ 采取各种措施加强改善的效果。这些措施有以下几个方面：

红牌作战：在检查过程中找到问题点并悬挂红牌，让大家一眼就能看到红牌，从而引起责任单位的注意，调动起其积极性进行整改。

定点摄影：定点摄影是在现场发现问题之后，进行摄影备案，在改善完成后在同样的地点也同样进行摄影备案。定点摄影由检查小组在检查中予以运用，推行委员会对发现的不符合 5S 管理要求的情况也可以运用，在班组看板中将照片张贴，并注明存在的问题和拍摄的日期。

定期清扫：日常的清扫难以使生产现场的清洁程度保持最佳，可安排每月进行一次全面的清扫工作，增加清扫的力度。在生产作业现场存在大量的机器设备，细致地清扫是最能发现问题的，可以一边清扫一边改善设备的状态。

加强可视化管理。

5. 素养

素养主要是针对公司的人员来说，对于规定了的事情，大家都要按着要求去执行。公司可以通过晨会等手段，向每一位员工灌输规章制度，工作纪律的意识。素养就是指人人按章操作、依规行事，养成良好的习惯，使每个人都成为有教养的人。素养的目的是促使人人有礼貌，重礼节，进而形成优良的风气，创造和睦的团队精神。让企业的每个员工，从上到下，都能严格遵守规章制度，按标准作业，培养有良好素质的人才。创造一个充满良好风气的工作场所。

（1）素养的要点

素养的实施要领包括严格要求自己；制定服装、臂章、工作帽等识别标准；制定公司有关的规则、规定、并推动各种激励活动，确保员工遵守规章制度等方面。

（2）素养的实施步骤

① 制定相关规定。

② 制定生产现场员工行为规范。

③ 规范晨会制。

④ 对员工进行教育和培训。

⑤ 推动精神提升活动。

（三）实施 5S 活动的各个时期

1. 导入期

导入期可以分为以下几个步骤。

（1）有目的地委派专业人才，形成骨干队伍。选择优秀的现场管理人员参加系统的 5S 管理知识的学习，并启发他们带着实际问题参加培训。

（2）始于宣传教育，终于宣传教育。为了这个活动有效并且持续地展开，首先要教育、帮助员工认识 5S 的重要性和执行的必要性，并形成良好的素养；通过教育促进全体员工不断地思索如何进一步改进 5S 工作的方法。

（3）身教重于言传。宣传教育需要更高领导层来进行感化。5S 要从企业管理层做起。首先在管理层要做到文件阅毕或处理后及时归档，办公室窗明几净，一尘不染。同时，必要时领导层要亲自动手，带头行动，形成榜样。

2. 启动期

（1）领导身体力行。领导动员并亲自参与 5S 活动是推行 5S 管理的良好起点，也是决定 5S 工作能否取得成绩的关键和保证。

（2）组织保证。成立由主要领导负责的 5S 推进委员会，明确分工和职责，拟定管理方针和目标，按计划进度要求进行定期检查和考核。

3. 实施期

在实施期中，主要的实施办法包括以下几个方面。

（1）前期准备作业：进行作业分解，总结主要步骤和关键工序，对工作程序进行工艺验证和确认。

（2）从企业的 3S（整理、整顿、打扫）运动做起。

（3）对有关的地面区域、通道进行布局和划线，明确各自的功能。

（4）对常用工具、量具、模具采用“三定”（定点——地点、定容——容器、定量——数量）

4. 成熟发展期

5S 活动的成功标志在于自觉、正确地执行 5S 管理的规定，并养成良好的工作习惯；将 5S 的要求作为全员的行为准则，全体员工能按高标准、严要求维护现场的环境整洁美观；熟练掌握和合理应用“标语”“标识”“图表”“照片”“录像”及“看板”等工具；自觉、持续和有序地进行整理、整顿、清扫，以保证清洁、干净的状态。

三、施工现场管理

施工现场露天高空作业多，多工种联合作业，人员流动大，是事故隐患多发地段，加强施工现场管理能有效降低事故发生率，加强工程操作的系统性推行。另外，在施工现场改善人、物、场所的结合状态，减少或消除施工现场的无效劳动，能减少施工材料的消耗，为施工企业节支增收。工期的拖延或赶工都会直接影响到施工的质量、安全和成本因素。加强施工现场管理，提高合同履行率，能确立企业信誉，保证企业的效益。可见，施工现场管理意义重大，是施工企业各项管理水平的综合反映，是整个施工企业管理的基础。

（一）临时设施管理

施工现场的临时设施较多，这里主要指施工期间临时搭建、租赁的各种房屋临时设施。临时设施必须合理选址、正确用材，确保使用功能、安全、卫生、环保、消防等的要求。

1. 临时设施的种类

办公设施包括办公室、会议室、保卫室。

生活设施包括宿舍、食堂、厕所、淋浴室、卫生保健室。

生产设施包括材料仓库、防护棚、加工棚(木材加工厂、钢筋加工厂)、操作棚。

辅助设施包括道路、现场排水设施、围墙、大门、供水处、吸烟处。

2. 临时设施的设计和选址

施工现场搭建的生活设施、办公设施，两层以上、大跨度及其他临时房屋建筑物应当进行结构计算，绘制简单施工图纸，并经企业技术负责人审批方可搭建。临时建筑物设计应符合《建筑结构可靠性设计统一标准》(GB 50068—2018)、《建筑结构荷载规范》(GB 50009—2012)的规定。临时建筑物使用年限定为5年。

办公生活临时设施的选址首先应考虑与作业区相隔离，保持安全距离。其次临时设施的周边环境必须具有安全性。例如，不得设置在高压线下，也不得设置在沟边、崖边、河流边、强风口处、高墙下以及滑坡、泥石流等灾害地质带上和山洪可能冲击到的区域。

办公区和生活区应当处于在建建筑物坠落半径和高压线防电距离之外，保持安全距离。建筑物高度2~5m，坠落半径为2m；高度5~15m，坠落半径为3m；高度15~30m，坠落半径为4m；高度大于30m，坠落半径为5m(如因条件限制，办公和生活区设置在坠落半径区域内，必须有防护措施)。1kV以下裸露输电线，安全距离为4m；1~10kV，安全距离为6m；35~110kV，安全距离为8m；220kV，安全距离为10m；330~550kV，安全距离为15m(最外线的投影距离)

3. 临时设施的布置原则和方式

(1) 布置原则

合理布局，协调紧凑，充分利用地形，节约用地；尽量利用建设单位在施工现场或附近能提供的现有房屋和设施；临时房屋应本着厉行节约，减少浪费的精神，充分利用当地材料，尽量采用活动式或容易拆装的房屋；临时房屋布置应方便生产和生活；临时房屋的布置应符合安全、消防和环境卫生的要求。

(2) 布置方式

生活性临时房屋布置在工地现场以外，生产性临时设施按照生产的需要在工地选择适当的位置，行政管理的办公室等应靠近工地或是工地现场出入口；生活性临时房屋设在工地现场以内时，一般布置在现场的四周或集中于一侧；生产性临时房屋，如混凝土搅拌站、钢筋加工厂、木材加工厂等，应全面分析比较确定位置。

4. 临时房屋的结构类型

活动式临时房屋，如钢骨架活动房屋、彩钢板房。固定式临时房屋，主要为砖木结构、砖石结构和砖混结构。

临时房屋应优先选用钢骨架彩板房，生活办公设施不宜选用菱苦土板房。

5. 临时设施的搭设与使用管理

(1) 办公室。施工现场应设置办公室，办公室内布局应合理，文件资料宜归类存放，并应保持室内清洁卫生。

(2) 职工宿舍。宿舍应当选择在通风、干燥的位置，防止雨水、污水流入；不得在尚未竣工建筑物内设置员工集体宿舍；宿舍必须设置可开启式窗户，设置外开门；宿舍内应保证有必要的生活空间，室内净高不得小于 2.4m，通道宽度不得小于 0.9m，每间宿舍居住人员不应超过 16 人；宿舍内的单人铺不得超过 2 层，严禁使用通铺，床铺应高于地面 0.3m，人均床铺面积不得小于 1~9m×0.9m，床铺间距不得小于 0.3m；宿舍内严禁存放施工材料、施工机具和其他杂物；房屋外道路应该平整，晚间有充足的照明；寒冷地区冬季宿舍应有保暖措施、防煤气中毒措施，火炉应当统一设置、管理，炎热季节应有消暑和防蚊虫叮咬措施；应当制定宿舍管理使用责任制，轮流负责卫生和使用管理或安排专人管理。

(3) 食堂。食堂应当选择在通风、干燥的位置，防止雨水、污水流入，应当保持环境卫生，远离厕所、垃圾站、有毒有害场所等污染源的地方；装修材料必须符合环保、消防要求；食堂应配备必要的排风设施和冷藏设施，安装纱门纱窗，配备防鼠防蝇措施；食堂的燃气罐应该单独设置存放间，存放间应通风良好并严禁存放其他物品；地面应做硬化和防滑处理，按规定设置污水排放设施；应当制定并在食堂张挂食堂卫生责任制，责任落实到人，加强管理。

(4) 厕所。厕所大小应根据施工现场作业人员的数量设置；高层建筑物，施工超过 8 层以后，每隔 4 层最好设置临时厕所；施工现场应设置水冲式或移动式厕所；厕所地面应硬化，门窗应齐全。

(5) 防护棚。施工现场的防护棚较多，如加工站厂棚、机械操作棚、通道防护棚等。

大型站厂棚可用砖混、砖木结构，应当进行结构计算，保证结构安全。小型防护棚一般用钢管扣件脚手架搭设，应当严格按照《建筑施工扣件式钢管脚手架安全技术规范》(JGJ 130—2011)要求搭设。防护棚顶应当满足承重、防雨要求，在施工坠落半径之内的，棚顶应当具有抗砸能力。可采用多层结构。最上层材料强度应能承受 10kPa 的均布静荷载，也可采用 50mm 厚木板架设或采用两层竹笆，上下竹笆层间距应不小于 600mm。

(6) 仓库。仓库的面积应通过计算确定，根据各个施工阶段的需要的先后进行布置；水泥仓库应当选择地势较高、排水方便、靠近搅拌机的地方；木材、钢筋及管线等仓库，应该靠近各自的加工棚位置，便于就近取材进行加工；油料仓库、乙炔仓库等易燃材料仓库，应按与其他建筑的安全距离设置，并且在施工平面图上明确标明。

(二) 施工现场材料管理

施工项目的材料管理是对施工生产过程中所需要的各种材料的计划、供应、保管、使用所进行的一系列组织和管理工作的总称。施工项目材料管理的目的是贯彻节约原则，节约材料费用，保证材料质量，降低工程成本。使用过程中材料管理的中心任务就是检查、保证进场施工材料的质量，妥善保管进场的物资，严格、合理地使用各种材料，降低消耗，保证实现管理目标。由于材料费在整个工程的流动资金占用中和工程成本中所占的比重最大，故加强材料管理是提高施工企业经济效益、保证工程质量的最主要途径。

1. 现场材料管理的内容

（1）材料计划管理。项目开工前，向企业材料部门提出一次性计划，作为供应备料依据；在施工中，根据工程变更及调整的施工预算及时间，企业材料部门提出调整供料方案，作为动态供料的依据；根据施工图纸、施工进度，在加工周期允许时间内提出加工制品计划，作为供应部门组织加工和向现场送货的依据；根据施工平面布置图对现场设施的设计按使用期提出施工设施用料计划，报供应部门作为送料依据；按月对材料计划的执行情况进行检查，不断改进材料供应。

（2）材料进场验收。为了把住质量和数量关，在材料进场时材料人员必须根据进料计划、送料凭证、质量保证书或产品合格证，进行材料的数量和质量验收；验收工作按质量验收规范和计量检测规定进行；验收内容包括品种、规格、型号、质量、数量、证件等；验收要做好记录、办理验收手续，对于每批进场钢筋、水泥、沙子、石子等材料实验部门都要实验，并出具检验和实验报告；对不符合计划要求或质量不合格的材料应拒绝验收。

（3）材料的储存与保管。进库的材料应验收入库，建立台账；施工现场材料保管，应依据材料性能采取必要的防雨、防潮、防晒、防冻、防火、防爆、防损坏等措施，贵重物品、易燃、易爆和有毒物品要及时入库，专库专管，加设明显标识，并建立严格的领退料手续；施工现场材料的放置要按平面布置图实施，做到位置正确、保管处置得当，合乎堆放保管制度；要做到日清、月结、定期盘点、账实相符。

（4）材料领发。施工现场严格实行限额领料，领退料手续齐全，进出场材料要有严格的检验制度和必要的登记手续，并建立健全材料节约台账。凡有定额的工程材料，凭限额领料单领发材料；施工设施用料也实行定额发料制度，以设施用料计划进行总控制；超限额的用料，用料前应办理手续，填报限额领料单，注明超耗原因，经签发批准后实施；建立领发料台账，记录领发状况和节超状况。

（5）材料使用监督。现场材料管理责任者应对现场材料的使用进行分工监督。监督的内容包括：是否按材料做法合理用料，是否认真执行领发料手续，是否做到随用随清、随清随用、工完料退场地清，是否按规定进行用料交底和工序交接，是否做到按平面图堆料，是否按要求保护材料等。

（6）材料回收。班组余料必须回收，及时办理退料手续，并在限额领料单中登记扣除。设施用料、包装物及容器，在使用周期结束后组织回收，建立回收台账，处理好经济关系。

（7）周转材料的现场管理。施工现场各种料具按施工平面布置图指定位置存放，并分规格码放整齐、稳固，做到一头齐，一条线，砖成丁成行，高度不超过1~5m，沙、石和其他散料应成堆，界限清楚，不得混杂，标识明确，零配件要装入容器保管，按合同发放；按退库验收标准回收，做好记录；建立维修制度；按周转材料报废规定进行报废处理。

2. 施工现场材料管理过程

（1）施工前的准备工作。施工前的准备工作是现场材料管理的开始，为材料管理创造良好的环境和提供必要的条件。其主要内容包括：了解工程进度要求，掌握各类材料的需用量和质量要求；了解材料的供应方式；确定材料管理目标，与供应部门签订供应合同；做好现场材料平面布置规划；做好场地、仓库、道路等设施及有关任务的准备。

(2) 施工中的组织管理工作。施工中的组织管理工作是现场材料管理和管理目标的实施阶段，其主要内容包括：合理安排材料进场，做好现场材料验收；履行供应合同，保证施工需要；掌握施工进度变化，及时调整材料配套供应计划；加强现场物资保管，减少损失和浪费，防止丢失；组织料具的合理使用。

(3) 施工收尾阶段。施工即将结束时，现场管理工作的主要内容有：根据收尾工程，清理料具；组织多余料具退库；及时拆除临时设备；做好废旧物资的回收和利用；进行材料结算，总结施工项目材料消耗水平及管理效果。

3. 现场原材料的储备原则

(1) 按工程进度分批分期进行。现场储备的材料多了会造成积压，增加材料保管的负担，同时，也多占用了流动资金；储备少量又会影响正常生产。所以材料的储备应合理、适量。

(2) 做好现场管理工作。根据现场储备物料的物理及化学特性的不同，采用不同的保存方式，以防止材料发挥、变质、损耗等，以保证材料的原有数量和原有的使用价值。

(3) 现场材料堆放应该合理。现场储备的材料，应该严格按照施工平面布置图的位置堆放，以减少二次搬运，并且应堆放整齐，标明标牌，以免混淆。

(4) 做好技术试验和检验工作。对于无出厂合格证明和没有按规定测试的原材料，一律不得使用。不合格的建筑材料和构件，一律不准出厂，特别是对于没有使用经验的材料或进口原材料、某些再生材料更要严格把关。

4. 探索节约材料的新途径

探索节约材料的新途径主要包括以下三点。

(1) 重视价值分析理论在材料管理中的应用。价值分析的目的是以尽可能少的费用支出，实现必要的功能。由于材料成本降低的潜力最大，故有必要认真研究价值分析理论在材料管理中的应用。为了既提高价值又降低成本，可以有三个途径：第一是功能不变，成本降低；第二是在功能不受很大影响的前提下，大大降低成本；第三是既降低成本又提高功能。

(2) 正确选择降低成本的对象。分析的对象，应是价值低的、降低成本潜力大的对象，这也是降低材料成本应选择的对象，应该着力攻关。

(3) 改进设计、研究材料代用。按价值分析理论，提高价值的最有效途径是改进设计和使用代用材料，它比改进工艺的效果要大得多。因此，应大力进行科学研究，开发新技术，以改进设计，寻找代用材料使材料成本大大降低。

第四节 铁路工程施工项目成功管理经验

一、从工程总承包角度谈 JH 高速铁路建设的成功经验

EPC 交钥匙合同是在国际上流行多年的工程总承包模式。因其注重的是项目的综合管理和设计、采购、施工等各方的协调，同时有一系列严密的合同加以约束，使项目相关方在合作过程中易于形成利于各方交流的协调机制而受到业主、承包商、咨询公司的认同。

EPC 将工程项目看作一个系统工程，强调局部管控服从整体优化。EPC 引入我国后，由于不同企业对其理解上的差异，加之工程前期工作粗糙、资料不足等原因，还有的将其用于较小的工程，导致在实施中效果不彰。比较成功的例子是 JH 高速铁路(以下简称“JH 高铁”)建设工程。

(一) 项目简介

JH 高铁是新中国成立以来，一次性建设里程最长、投资最大、标准最高的铁路工程项目。线路由北京南站至上海虹桥站，全长 1318km，途经京津冀鲁皖苏沪四省三市，设 24 个车站。基础设施设计时速 380km，目前运营速度 350km/h。工程总投资 2209 亿元，2008 年 4 月 18 日正式开工。2011 年 6 月 30 日通车，全程最快只需 4 小时 24 分。

JH 高铁沿线的工程地质状况主要是软土、松软土分布广泛，尤其是武清—沧州松软土、丹阳—上海软土，埋深变化大，软土层厚，强度低，工程性质差。总体工程特点是：建设规模巨大，专业门类齐全，与既有铁路频繁交叉，不良地质突出，结构形式多样。JH 高铁桥梁长度约 1140km，占正线长度的 86.5%，不仅节省大量宝贵的土地，而且便于铁路周边居民通行，利于安全保障。

(二) 项目特点

JH 高铁是我国一次性建成里程最长、投资最多、标准最高的高速铁路。其特点是工程类型复杂、工程量巨大、施工组织难度大。其中的线路工程、路基工程、桥梁工程、隧道工程、站房工程、轨道工程和四电系统都采用了许多新技术。突出的有 II 型板式轨道，特殊结构桥梁 387 处；接触网平顺性要求高，需要研发抗拉强度高、导电性能好的高强、高导接触线与承力索，及适应不同接触线张力体系的配套零部件和工艺；环保要求严，线路穿行的京津冀鲁皖苏沪，均属经济较发达且人口稠密区，施工期间环保要求高。JH 高铁还有一个突出的特点是施工和运行期间安全压力大。这就要求在施工期间严格进行质量控制，其中的区域沉降、松软土基础、岩溶地质、侵蚀性环境工点多，控制难度较大；桥梁上部结构施工、车站高空作业点多线长，施工条件限制多，难度非同一般；II 型板式无砟轨道生产工艺复杂，精度要求高。为保证 JH 高铁的运行安全，还设计建设了风速监测、雨量监测、地震监测、异物侵限监控等安全监测系统，使其能及时预警并采取有效措施确保安全。全线共设地震监控点 31 处、风速监测点 167 处、雨量监测点 50 处、异物侵限监测装置 32 处。

(三) 项目管理模式与策略

JH 高铁土建工程实行施工总承包模式，由中铁一局、中铁三局、中铁十二局、中铁十七局、中国水利水电建设集团、中国交通建设股份有限公司六家公司负责总价 837 亿元的土建工程。2007 年铁道部为建设和运营好 JH 高铁，由原来分管铁路建设的副部长领衔成立 JH 高速铁路股份有限公司，由中国铁路建设投资公司、平安资产管理有限责任公司、全国社会保障基金理事会、中银集团及沿线四省三市铁投公司共同出资发起成立，专司 JH 高铁的建设、维护与运营。公司采用矩阵式和直线职能式相结合的混合式组织架构，如图 3-7 所示。这种组织体系适于规模巨大、技术含量高的大型工程项目，有利于管理和技术的创新。

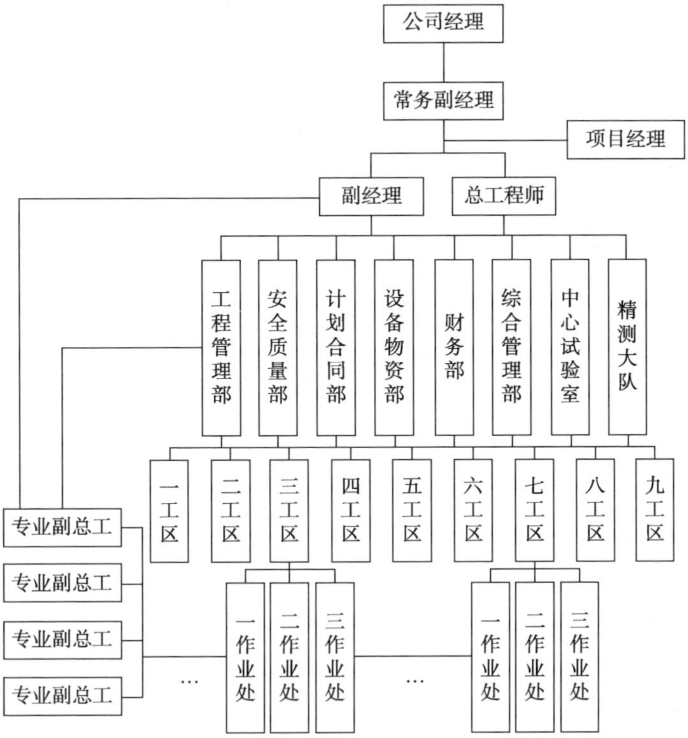

图 3-7　项目部组织机构

各总承包方在 JH 高铁项目中有三种组织架构：第一种是由工程局组建管理机构和作业层，实行一级核算(简称：一级管理模式)；第二种是由工程局组建管理机构，由工程公司组建作业层项目部，实行二级核算(简称二级管理模式)；第三种是由工程局组建管理机构和部分作业层，由工程公司组建其余部分作业层(简称混合管理模式)。一级管理模式符合管理学中唯一上级的原则，执行力强，反应迅速，管理成本低，但风险由工程局承担，工程公司的支持力度小；二级管理模式及混合管理模式，由工程局和工程公司共同承担风险，工程公司对项目支持力度大，但也存在多头指挥、反应速度慢、整体管理成本大等问题。

为确保 JH 高铁这一重大工程项目的顺利完成，JH 高铁公司首先制定明确的目标体系和科学的管理思路。以“质量精品工程、技术创新工程、资源节约工程、环境友好工程、社会和谐工程”为工程建设目标，以“六位一体”目标控制体系为框架，通过推行“四个标准化”和“四化”控制手段，为 JH 高铁的优质高效建设提供施工管理方面的保证。

总体目标控制体系：在实施好传统的“质量、工期、投资”三大目标控制的基础上，创造性地把职业健康安全、生态环境、技术创新三项内容纳入目标控制体系，从而创建形成能够反映技术进步、体现时代发展的“六位一体”目标控制体系。

标准化的管理方式：“四个标准化”是落实“六位一体”目标控制体系管理要求的重要抓手，是高标准、高质量、高效率完成大规模铁路建设任务的重要保障。标准化体系结构如图 3-8 所示。

“四化”控制手段：深入推行铁路建设标准化管理需要以“四化”(即工厂化、机械化、信息化、专业化)为支撑。工厂化是确保质量和安全的可靠保证；机械化是提高作业效率的有效手段；信息化是增强管理的有效手段；专业化是落实责任的重要前提。推行“工厂化、机械化、信息化、专业化”，是当前大规模高标准铁路建设的必然要求，也是实现项目管理标准化，提高施工组织技术含量和施工能力的重要保证。

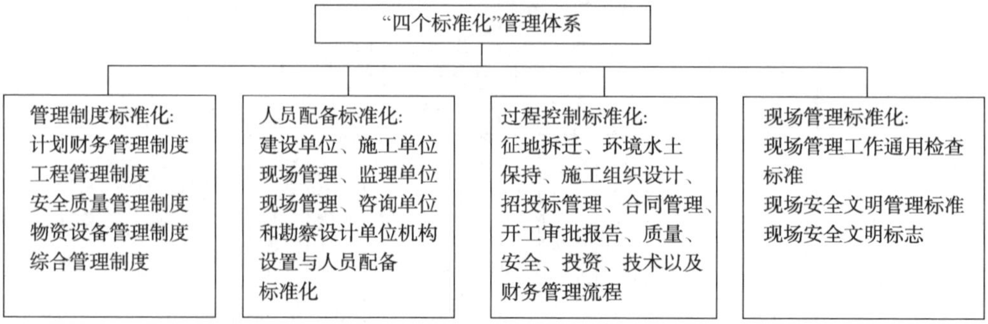

图 3-8　四个标准化管理体系

（四）工程建设创新性成果和项目管理经验

JH 高铁自开工建设以来，以管理科学理论为指导，不断加强现实探索，先后形成 149 项建设标准、22 项技术规范、768 项产品技术标准和运营维护标准，构建了具有自主知识产权的高铁建设运营标准体系。JH 高铁突破复杂工程环境下高速铁路基础设施建设关键技术，全面推行铁路建设标准化管理。包括高速、深水、大跨、六线长江大桥等复杂结构桥梁建造技术，超长高架桥上无砟轨道无缝线路建造技术，刚性桩复合地基沉降控制技术，多种交通方式协调运行的大型交通枢纽建设技术。同时提出高速列车耦合大系统动力学理论，突破了整车气动性能、转向架、长编组双弓受流等关键技术，研制了高速铁路列控新系统等。2016 年 1 月 8 日上午，党中央、国务院在北京人民大会堂隆重举行的 2015 年度国家科学技术奖励大会，中铁四院等勘察设计单位，中铁十二局等施工单位，北京交通大学、石家庄铁道大学等研发技术支撑单位等多家单位参与建设的 JH 高铁工程获国家科技进步特等奖。

JH 高铁建设工程的成功，还得益于科学的管理。成立 JH 高速铁路公司对工程项目的建设和运营，实行高度综合的管理，体现了科学管理的原则。JH 高铁公司之下六家建设单位实行工程总承包(EPC)，有效地减少了业主对设计、采购、建设等繁杂的协调工作，提高了管理效率。采用 EPC 模式便于实施全过程成本控制和质量控制，减少各种冲突，利于发挥各建设主体的作用，实现高质量的过程管理和过程控制。JH 高铁工程采用 EPC 模式非常有利于业主对工程项目实施高效率的管理，直接面对的总承包商相对减少，便于监督、沟通和协调，利于对项目建设过程和事后的控制。JH 高铁公司以非常精干的管理队伍，成功建设了一项享誉世界的重大工程，堪称中国建筑史上的典范。

项目建成后，得到数百家国际知名媒体赞誉。2013 年在西班牙巴塞罗那举行的国际咨询工程师联合会(FIDIC)百年庆典中，JH 高铁建设工程荣获“百年优秀工程奖”，全球仅有 18 个项目获此殊荣。

二、YJ 铁路建设和运营及独特项目管理模式的启示

2016 年 10 月 5 日 8 时 30 分，埃塞俄比亚首都亚的斯亚贝巴至吉布提的 YJ 铁路开通典

礼在拉布车站隆重举行。中国国家主席习近平特使、国家发展和改革委员会主任徐绍史、埃塞俄比亚总理海尔马里亚姆、吉布提总统盖莱出席通车仪式并致辞。11 时 47 分，首趟列车从拉布车站始发，奔向终点吉布提首都吉布提市。这一盛举标志着中国铁路“走出去”战略在东非取得重大突破，习近平总书记首倡的“一带一路”倡议在非洲国家得到了积极响应。

（一）项目概况

YJ 铁路是东非第一条跨国电气化铁路，全部采用中国标准和中国装备建设而成。线路全长 751.7km，设计客运时速 120km，货运时速 80km，共设置 45 个车站。线路初期运能设计每年 600 万 t，远期复线改造后可提升至每年 1300 万 t。项目总投资约 40 亿美元，是中国企业在海外建设的第一条全产业链“走出去”的铁路。YJ 铁路是一条以货运为主的客货共线铁路，建成后，吉布提至亚的斯亚贝巴的运输时间将从公路运输的至少 3 天降至 10 个小时。

埃塞俄比亚首都亚的斯亚贝巴与吉布提之间原来有一条法国人在 1910 年修建的窄轨铁路，由于线路年久失修早已停运多年。埃塞俄比亚和吉布提两国政府曾在很早的时候就想着手改造这条铁路，但因多种原因而搁浅。2001 年，中土公司与埃塞俄比亚政府签署了铁路合作意向协议，但由于项目融资等问题遇到障碍，到 2011 年才进行项目签约。在中国铁建中土公司的斡旋下，中国进出口银行提供商业贷款 29 亿美元，涵盖埃塞俄比亚段 70%的资金和吉布提段 85%的资金。埃塞俄比亚方和吉布提方分别向中国出口信用保险公司投保信用保证保险，中土公司占有 10%的股份。中土公司牵头邀请中铁二局集团有限责任公司、中铁三院等单位组成联合体，以邀请招标的方式确定中标单位。项目初步建设后，中土公司相关联合体又于 2016 年 7 月 28 日与埃吉方签署铁路运营管理服务合同。该项目为中土公司在海外首创的“PPP+EPC+OM”模式，其中“OM”为运营管理（Operation Management）。

（二）典型做法

“YJ 模式”的形成和完善，是中土公司在非洲长期耕耘、艰辛探索、积极尝试的结果，其中的部分做法堪称“经典”。

坚持精神：中土公司运筹 YJ 铁路项目起始于 2001 年。当时埃塞俄比亚和吉布提两国虽然有强烈意向改造原已报废的窄轨铁路，但经济上无力承担这对两国来说相对庞大的费用。在这种情况下，中土公司不放弃，不急功近利，持续耕耘，以恒心和毅力及坚持精神感动两国政府相关人员。同时通过对两国经济发展和成长情况的深入分析坚定信心，终于在两国经济有了相对充分的发展后抓住了机会，并正式签约。

负责精神：以中土公司为主的联合体，为将亚吉铁路打造成中国铁路“走出去”的示范项目，以积极负责的精神为非洲人民打造精品，为埃塞俄比亚和吉布提两国政府解难。在建设过程中为解决路基填料不足的问题，中铁二局的科技人员经过近四次试验，成功将天然火山角砾改良成符合要求的填料。2015 年埃塞俄比亚大旱，部分灾区民众断粮，由于公路运输条件太差且时间长，效率低，大批国际救援的粮食压在吉布提港口运不出去。在这种情况下，中土公司在铁路未竣工的情况下，运用工程车辆将八万吨粮食紧急运送到亚的斯亚贝巴灾区，此举赢得了埃塞俄比亚政府和民众的高度赞扬。

以人为本：中土公司修建亚吉铁路，不仅带去了中国技术、中国标准、中国速度，还带去了中国理念。在铁路设计建设过程中处处体现出以人为本的精神。中土公司积极为铁路建设沿线民众服务，从打井、建学校到培训当地员工，均由建设单位出资。当地埃塞俄比亚农牧区民众喜好养牛、羊、驴等，该国的人均牲畜占有量居世界前列。修建铁路过程中，看到当地牧民有的赶着上千只牛羊在草原上放牧，为了解决牛羊过路通道问题，建设者们重新变更了设计，每公里设两个涵洞，仅在埃塞俄比亚牧区 430 公里线路就修建了 750 余个涵洞。有的涵洞为能通过骆驼等大型牲畜而加宽加高。

因地制宜：中国铁路建设企业走向海外不能照搬在国内的建设经验，应当充分考虑所在国的经济状况、法律环境、文化习俗、技术水平，因地制宜、因时制宜做好铁路建设工作。中土公司在 YJ 铁路建设中遇到过许多难题，有些在国内是遇不到的，有些国内的办法行不通，必须因地制宜另辟蹊径。如业主获得中国进出口银行贷款后仍负不起工程预付款，导致工程无法开工，对此中土公司果断决定自付工程预付款，将其中的 10%变更为铁路股权。再如铁路开通后，机车用电难以保障，中土公司的技术人员和决策者打破常规，利用在每趟列车后面加挂一内燃机车的方法，予以解决。

合作共赢：中土公司始终坚持合作共赢的经营理念，注重两国之间的精诚与长期合作，打造出了非洲铁路建设精品和亚吉模式。中土公司在对方出现困难时总是千方百计帮助解决，以精诚合作的愿望和行动赢得了两国政府和民众的充分信任，使合作的领域不断拓宽，经营和涉及的产业链和价值链持续扩展。从用工程车运救灾粮到不要预付款转成股份，再到反复修订铁路斜穿东非大裂谷的绕避和填埋方案，都是从对方的角度考虑问题，以利于对方的方式解决问题。特别是在用工方面，YJ 铁路建设过程中累计雇佣 2. 5 万名埃塞俄比亚和吉布提员工。为保证正常运营，还出资培训大量当地员工。考虑到埃塞俄比亚和吉布提方面铁路运营经验不足，中土公司还承担了铁路建设后期的运营工作，以此方式为埃塞俄比亚和吉布提管理运营铁路积累经验，培养人才。

（三）重要启示

YJ 铁路的建成和运营，有许多成功的经验。从项目管理模式的探索和创新角度分析，至少有以下几方面的重要启示。

首倡海外“PPP+EPC+OM”模式。YJ 铁路是中国铁路全产业链“走出去”的范例。中土公司从主动投资获股权，到牵头组建联合体参与设计，再到集材料和装备采购、工程施工和监理运营于一体，成功地把中国标准带到了非洲。尤其是经过与相关方充分协商，不仅以近似伙伴协议模式的邀标方式获得 YJ 铁路建设权与运营权，而且以持续开发的方式在埃塞俄比亚其他基础设施建设方面实现经营方面的新跨越。

以“YJ 模式”推动了“中国模式”在埃塞俄比亚影响力的扩展。中土公司以 YJ 铁路工程为起点和纽带，全力推进在东非国家的经营，承揽到了一系列交通基础设施和市政工程等项目。公司还以类似连锁经营的方式大规模扩展业务，2017 年仅埃塞俄比亚公司上交中土集团纯利润超过了 8 亿元。中国人“要想富，先修路”的发展思路和以开发区为牵引拉动经济发展的“中国模式”，受到了埃塞俄比亚从政府高官到普通民众的广泛认可。埃塞俄比亚在 YJ 铁路沿线建设了众多的开发区，其中不少是由中土公司承建的。部分开发区已经有很多企业包括中国企业入驻，开始生产和经营。埃塞俄比亚政府准备在全国陆续建设 30 个工业园区，参照中国路径快速实现工业化。从目前情况来看，效果良好。中土公司也从中受益良多，30个工业园区的大部分由中土公司建设。

以经营方式和项目管理模式的创新带动企业成功转型。中土公司作为传统和典型的建筑企业，在新时期随着国家经济结构和产业结构的调整，特别是通过在非洲的多元化经营，部分地实现了产业升级和企业转型。中土公司近些年来除以技术进步全面提升施工能力做大做强企业外，还以海外经营人才的培养实现了企业“软实力”的全面提升。同时还通过参股YJ铁路，承担管理运营、实施房地产开发等，延长企业价值链和产业链，推动企业成功转型。由于产业链的延长，中土公司海外经营的节点和增长点大幅增加。立足于海外经营人才、技术人才等软实力的增强，咨询业务、牵头组织联合体总包等持续增多，现已占据国内建筑业产业链的高端。

第四章　铁路工程建设信息化管理认知

第一节　铁路工程信息化建设的背景及其基本内涵

信息化是人类社会发展过程中的一种特定现象，表明人类对信息资源的依赖程度越来越高。信息化是人类社会继农业革命、城镇化和工业化后迈入新的发展时期的重要标志。

一、信息化的背景及其发展战略

信息化是由美国学者丹尼尔·贝尔提出的“后工业社会”概念演变而来的。“后工业社会”的研究中就已经开始涉及“信息社会”的含义了。信息化概念的正式提出起源于20世纪60年代的日本，首先是由日本学者梅棹忠夫(TadaoUmesao)提出来的，之后在世界范围内得到了广泛传播和深入研究。

对信息化的含义学术界有多种观点，很难给出一个标准的定义。从广义上来讲，信息化是人类全面利用信息技术，充分开发信息资源，提高各部门、各行业效率和效能的活动过程和结果。

信息化的出现给人类带来新的资源、新的财富和新的社会生产力，形成了以创造型信息劳动者为主体，以高技术型企业为骨干，以电子计算机等新型工具体系为基本劳动手段，以再生性信息为主要劳动对象，以信息产业为主导产业的新一代信息生产力。在传统经济中，人们对资源的争夺主要表现为占有土地、矿产和石油等。而今天，信息资源日益成为人们争夺的重点，给国际社会带来了新的竞争方式、竞争手段和竞争内容。由于信息化发展水平不同，于是就产生了国与国、地区与地区、产业与产业、社会阶层与社会阶层之间的“数字鸿沟”。

20世纪90年代以来，随着数字化浪潮的推进，特别是互联网的不均衡发展，在信息技术开发和应用领域尤其是网络技术方面存在的差距，导致信息获取和创新产生落差，即产生了“数字鸿沟”。美国国家远程通信和信息管理局(NTIA)将“数字鸿沟”(Digital Divide)定义为一个在拥有信息时代工具的人与那些未曾拥有者之间存在的鸿沟。“数字鸿沟”体现了当代信息技术领域中存在的差距现象。这种差距，既存在于信息技术的开发领域，也存在于信息技术的应用领域，特别是由网络技术产生的差距。“数字鸿沟”现象存在于国与国、地区与地区、产业与产业、社会阶层与社会阶层之间，已经渗透到人们的经济、政治和社会生活当中，成为在信息时代凸显出来的社会问题。

我国不仅在生产力各个领域及信息技术应用与工业发达国家相比存在较大的数字鸿沟，在国内各地区间也存在数字鸿沟，并有不断扩大的趋势。“数字鸿沟”造成的差别正在成为我国继城乡差别、工农差别、脑体差别“三大差别”之后的“第四大差别”。

在基础设施建设领域，中国与发达国家之间的“数字鸿沟”主要反映在信息技术在工程管理应用的观念上，也反映在有关的知识管理以及技术的应用等方面。

二、信息化的内涵

信息资源的开发和利用是信息化建设的核心内容，因为信息化建设的初衷和归属都是通过对信息资源的充分开发利用来发挥信息化在各行各业中的作用的。信息技术的开发和应用是信息化建设的加速器，因为信息技术为人们提供了新的、更有效的信息获取、处理和控制的手段和工具，极大地提高了人类信息活动的能力，扩大了人类信息活动的范围，加速了社会的信息化进程。

（一）信息化的定义

信息化在国际上并没有统一的定义，不同国家、地区、行业对信息化的定义也不尽相同。1963 年，日本学者 Tadao Umesa 在题为《论信息产业》的文章中，提出“信息化是指通信现代化、计算机化和行为合理化的总称”。其中行为合理化是指人类公认的合理准则与规范；通信现代化是指社会活动中的信息交流在现代通信技术基础上进行的过程；计算机化是社会组织和组织间信息的产生、存储、处理(或控制)、传递等广泛采用先进计算机技术和设备管理的过程。而现代通信技术是在计算机控制与管理下实现的，因此，社会计算机化的程度是衡量社会是否进入信息化的一个重要标志。中国学者林毅夫等指出：“所谓信息化，是指建立在 IT 产业发展与 IT 在社会经济各部门扩散的基础之上，运用 IT 改造传统的经济、社会结构的过程。”

在通信经济学中，信息化是指社会经济的发展，从以物质与能源为经济结构的重心向以信息为经济结构的重心的转变过程。在信息管理学中，信息化指在现代信息技术广泛普及的基础之上，社会和经济的各个方面发生了深刻变革，通过提高信息资源的管理和利用水平，使各种社会活动的功能和效率有大幅的提高，从而达到人类社会新的物质和精神文明水平的过程，通常人们称之为“信息化管理”。

（二）信息资源的开发和利用

对信息资源概念的理解，国内外有两种代表性的观点。一种观点是狭义的理解，认为信息资源是人类社会经济活动中经过加工处理的有序化并大量积累起来的有用信息的集合，如科技信息、政策法规信息、市场信息等，都是信息资源的重要构成要素；另一种观点是广义的理解，认为信息资源是人类社会信息活动中积累起来的信息、信息生产者、信息技术等信息活动要素的集合。后一种观点把信息活动的各种要素都纳入信息资源的范畴，以系统论的观点，把信息活动要素按照一定的原则加以配置并组成一个信息系统，使得信息要素的价值得以真正实现，最终使信息资源得到真正的开发和利用。

信息资源开发同样可以从广义和狭义理解。从广义上讲，信息资源开发包括信息本体开发、信息技术研究、信息系统建设、信息设备制造、信息机构建立、信息规则设定、信息环境维护以及信息人员培养等活动，如图 4-1 所示。从狭义上讲，信息资源开发仅仅是指对信息本体的开发，主要包括信息的生产、表示、搜集、整序、组织、存储、检索、重

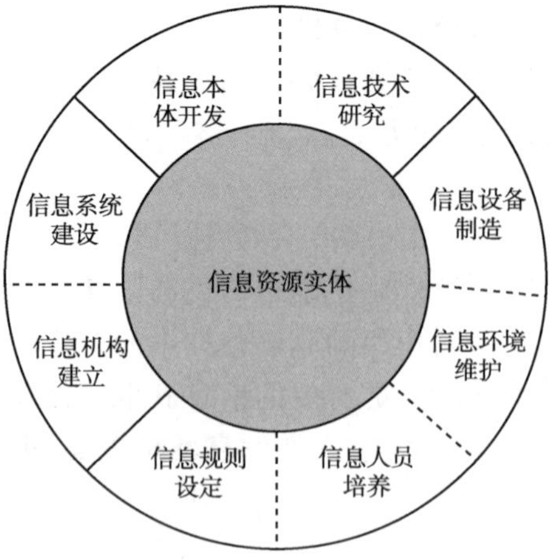

图 4-1　广义信息资源开发图

组、转化、传播、评价、应用等。

信息资源开发活动是我国实施“以信息化带动工业化，实现后发优势”的国家发展战略的核心内容。目前，信息资源开发的主流是指数字信息资源的开发，包括网络信息资源开发、数据库信息资源开发和信息系统开发。

信息资源的利用虽然给人类带来了巨大的财富，但同时也带来了巨大的麻烦，如：

① 信息污染与信息紊乱问题；

② 信息产权保护和信息资源共享问题；

③ 信息编码和信息标准问题；

④ 信息保密和信息安全问题。

（三）信息技术的开发和利用

广义的信息技术是用于管理和处理信息所采用的各种技术的总称，是指有关信息的搜集、识别、提取、变换、存储、传递、处理、检索、检测、分析和利用等技术。信息技术能够延长或拓展人的信息功能，信息技术可能是机械的也可能是激光的；可能是电子的，也可能是生物的。信息技术主要包括传感技术、通信技术、计算机技术和缩微技术等，计算机技术与现代通信技术一起构成了信息技术的核心内容。

信息技术的开发涉及自然科学、技术、工程以及管理等学科，包括以上学科在信息的管理、传递和处理中的应用，以及相关的软件和设备及其相互作用等。信息技术的应用包括计算机硬件和软件、网络和通信技术、应用软件开发工具等。信息技术的开发和应用加速了现代社会的信息化进程，导致社会结构的变化。

第二节　铁路工程信息化建设的定义

铁路工程是一项复杂的系统工程，因此，铁路建设工程管理具有高度的复杂性，具体表现在控制点多，波及面广，且大部分为隐蔽工程，涉及建设方、设计方、施工方、监理方等多方参与，需要处理和协调项目安全、质量、进度、成本等多方面的关系，大大增加了建设工程管理的难度。

新时期，铁路工程建设又呈现出了与传统普速铁路建设相区别的显著特点，工程规模大、技术标准高、建设速度快、参与人员多、管理跨度大。铁路工程是一个精密工程，要求工程项目建设的每一个环节都要准确无误地完成，我国如此大规模的铁路工程建设，不仅对前期决策的科学性要求越来越高，而且对建设项目目标的控制也提出了更高要求，需要更加注重铁路工程建设管理，对铁路工程建设合理安排，科学有序组织实施，实现动态化、标准化和信息化管理，确保工程质量。传统的工程建设项目管理手段已无法胜任如此高度复杂的任务，面对这些新时期提出的新要求和新挑战，铁路工程建设信息化管理作为建设管理的有效工具应运而生。

铁路建设工程信息化为铁路建设跨越“数字鸿沟”提供了前所未有的机遇。以改善建设工程中的有效沟通和实现信息化管理为契机，通过建设工程信息资源及信息技术的全过程、全方位有效开发和利用，铁路建设将迎来真正的信息时代，并创造出进一步发展的巨大空间。与此同时，发展中国家可以站在高起点上发挥后发优势，跨越与发达国家的“数字鸿沟”。

铁路建设管理信息资源的开发和信息资源的充分利用，可吸取类似建设项目的正反两方面的经验和教训。许多有价值的组织信息、管理信息、经济信息、技术信息和法规信息将有助于项目决策期多种可能方案的选择，有利于铁路建设项目实施期的项目目标控制，也有利于铁路项目建成后的运行。通过信息技术在铁路建设工程管理中的开发和应用，能实现：

① 信息存储数字化和存储相对集中，如图 4-2 所示；

② 信息处理和变换的程序化；

③ 信息传输的数字化和电子化；

④ 信息获取便捷；

⑤ 信息透明度提高；

⑥ 信息流扁平化。

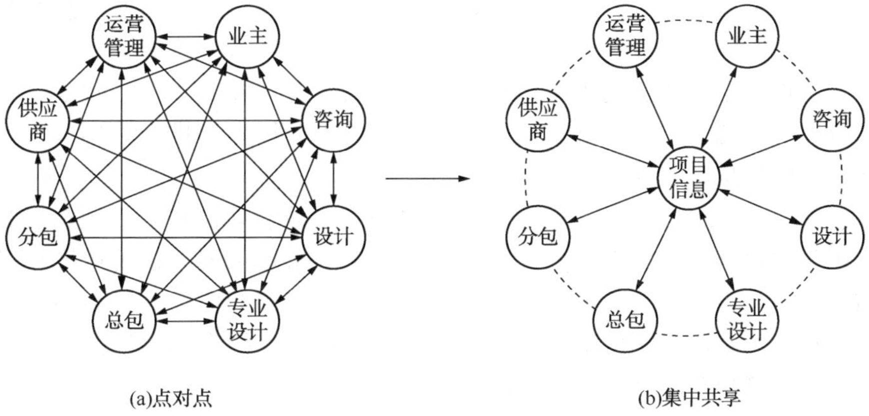

图 4-2　铁路建设项目信息的集中存储和共享

信息技术在铁路建设工程管理中的开发和应用的意义在于：

① “信息存储数字化和存储相对集中”有利于项目信息的检索和查询，有利于数据和文件版本的统一，并有利于建设项目的文档管理。

② “信息处理和变换的程序化”有利于提高数据处理的准确性，并提高数据处理的效率。

③ “信息传输的数字化和电气化”可提高数据传输的抗干扰能力，使数据传输不受距离限制并可提高数据传输的保真度和保密性。

④ “信息获取便捷”“信息透明度提高”以及“信息流扁平化”有利于建设项目参与方之间的信息交流和协同工作。

铁路工程建设信息化管理是指铁路建设工程信息资源的开发和利用，以及信息技术在铁路建设工程中的开发应用。一方面，在投资建设一个新的铁路工程项目时，应重视开发和充分利用国内和国外同类或类似建设项目的有关信息资源；另一方面，信息技术在建设工程中的开发和应用，应包括在建设项目前期阶段的开发管理、实施阶段的项目管理和运营阶段的设施管理中开发和应用信息技术。

自20世纪70年代开始，信息技术在工程项目管理中的作用发生了巨大改变。随着计算机硬件水平的提高和软件技术的发展，新的开发模式和软件技术应用到工程信息化管理系统的建设之中，使得建设工程项目管理得到了巨大改善。

20世纪70年代，针对特定问题的单项程序开始应用，如工程网络计划的时间参数的计算程序、施工图预算程序等。20世纪80年代，针对特定管理部门的程序系统开始得到应用，如项目管理信息系统、安全管理信息系统等，被广泛应用于工程部、安质部等管理部门的日常管理工作中。20世纪90年代，随着工程管理的集成，开始出现程序系统集成的趋势，形成适用于建设工程企业整个工程建设项目，且功能齐全的桌面集成系统。20世纪90年代末期，基于网络平台，利用客户机/服务器模式搭建的项目信息化管理系统开始飞速发展，在工程项目施工阶段引入基于网络平台的项目管理信息系统，利用信息技术加强项目管理，已经成为提高企业核心竞争力的重要措施之一。

而近十年随着人工智能和互联网信息化等信息化技术相互结合，工业互联网技术则快速应用于社会的各个产业。工业互联网作为新一代信息通信技术与工业经济及系统全方位深度融合的全新工业生态、关键基础设施和新型应用模式，改变了企业研发、生产、管理和服务的方式，重新定义和优化整个价值流程，实现企业降本、增效、提质、创新，同时赋能中国工业经济实现高质量发展。受益于政策、资本、技术的推动作用，工业互联网虽处于发展初期，但前景广阔。

云计算、5G、边缘计算、工业软件等相关领域与工业互联网产业发展相辅相成，是工业互联网应用效率化落地的能力基础。相关新兴技术的出现和演进显著地增强了工业互联网的服务供给能力，为工业互联网快速发展与应用提供坚实的保障。各类型企业利用自身传统业务优势在工业互联网相应赛道进行重点切入，以点连线带面，以图快速形成各具特色和专长的工业互联网解决方案。

工业互联网由网络、平台、安全三大功能体系构成。工业互联网的网络体系将连接对象延伸到人、机器设备、工业产品和工业服务，是实现全产业链全价值链的资源要素互联互通的基础。网络性能需满足实际使用场景下低时延、高可靠、广覆盖的需求，既要保证高效率的数据传输，也要兼顾工业级的稳健性和可靠性；平台下连设备，上接应用，承载海量数据的汇聚，支撑建模分析和应用开发，定义了工业互联网的中枢功能层级，在驱动工业全要素、全产业链、全价值链深度互联，推动资源优化配置，促进生产制造体系和服务体系重塑中发挥着核心作用；安全代表着工业互联网的整体防护能力，涉及工业互联网领域各个环节，是涵盖设备安全、控制安全、网络安全、平台安全和数据安全的工业互联网多层次安全保障体系，通过监测预警、应急响应、检测评估、攻防测试等手段为工业互联网健康稳定的发展保驾护航。

为提高我国铁路建设项目管理水平，加快铁路建设项目管理信息系统建设，原国家铁道部下发的《关于加快铁路建设项目管理信息系统建设的通知》，提出铁路建设项目管理信息系统是铁路建设信息化管理的重要内容，是加强铁路建设管理的重要手段和工具，要求各铁路局加快铁路建设项目管理的信息化建设。利用现代信息技术和引入先进的管理理念，用科学手段提高铁路建设管理水平，实现各类建设管理信息的集成、传递、共享，并对工程的质量、成本、工期实施有效控制，保障铁路建设工程安全、质量、工期、投资及环保的最优化。自此，各铁路局开始建立局管内的项目管理软件，少数优势企业则开始基于互联网和局域网平台建立铁路工程建设管理信息系统。铁路工程建设管理信息系统作为建设管理的有效工具，能够为项目决策提供科学依据和智力支持，为实现铁路建设项目的动态管理和实时监控提供平台，是新时期铁路对建设管理提出的新要求。

信息化管理是铁路建设项目集成化管理的内在要求，集成化管理是动态决策的基础。加强、加快铁路工程建设项目信息化建设是当前铁路管理部门亟待解决的重要课题。铁路工程建设信息化管理必将成为铁路建设强有力的助推剂。

以上通过对信息化的分析延伸到铁路工程建设项目中，给出了铁路工程建设信息化管理的定义，强调了铁路工程建设信息化管理的重要意义。铁路工程建设的信息化资源开发和利用是跨越“数字鸿沟”的重要机遇，是铁路工程建设步入信息时代的重要契机，是发展中国家缩短与发达国家差距的绝佳时机。

第三节 铁路工程信息化建设的重要性

在我们国家经济飞速发展的今天，建筑行业作为推动国家基础建设的主动力正在迈着大步向前进。作为工程项目管理中的信息化管理在工程项目管理中的作用日益明显，这是我们工程项目管理走向标准化、科学化的一个必然趋势。信息化是当今世界经济社会发展的必然趋势，已经成为推动人类社会高速发展的强大动力，也是各个国家实现现代化的重大发展战略。今年本人对铁路信息化管理在工程项目管理中的应用进行深入的研究和分析，通过对铁路信息化的介绍和分析，重点从信息化对铁路项目的重要性方面作出论述，阐明信息化对铁路工程项目管理的积极推动作用。

随着现在信息技术的快速发展，信息化在铁路工程建设项目中起到了至关重要的作用，工程项目管理信息化成了必然的趋势。铁路作为国家重大建设项目之一，其资金投入数额高、技术需求高、品质监管严格，经过对运用信息化加以管控能够优化管理过程，提升管理能力。信息化在铁路发展中起着不可忽视的作用，是铁路领域发展的重点策略与现代化的重要象征。铁路作为政府重要的建设项目，投入的资金多、技术要求高、质量监管严格，在其项目建造过程中运用项目管理信息系统，能够优化管理过程，提升铁路建造品质。下面将进一步突出说明信息化在铁路工程项目管理中的重要性。

一、铁路信息化的简介

信息化是当前全球经济社会前进的主要方向，已变成促进人类社会快速发展的巨大动力，同时是每个国家实现现代化的关键策略。信息化在铁道发展中起着不可忽视的作用，是铁路领域发展的重要策略与现代化的重要象征。铁路作为政府重要的建设项目，投入的资金多、技术要求高、质量监管严格，在其项目建造过程中运用项目管理信息系统，能够优化管理过程，提升铁路建造品质。

二、铁路工程建设项目管理信息化的重要性

（一）工程建设项目管理信息化的必要性

（1）信息资源共享性。构建一个公共的信息控制系统，介入在建工程管理的各个机构、各个管理人员把自己享有的信息资源输入到信息系统中，便于各方了解项目有关信息，第一有利于提升工作速度，第二有利于提升管理质量。让工程的透明度提升，使大家可以更准确、深入掌握工程建设情况。利用共享的信息平台为有效的建设项目管理提供了基础数据信息。

（2）部门沟通及时性。沟通指的是人和人之间传输与交流信息的过程，对于工程获得成功是不可缺少的，并且也是不容忽视的。对于大规模工程，通常牵涉到诸多部门与诸多人员，工程开工时，需要项目经理及大批的设计人员，管理机构和项目负责人可把需求直接利用信息管理平台和有关机构进行交流。各个机构均应当配备专门的沟通专员，另外应考虑平台出现问题无法交流时，运用其他的交流方法。让人员在配置和各专业间的条件提交更简便，责任更清晰，让工程科学、稳定实施。

（3）管理模式及业务流程的优化。信息化工程不单单是过程的自动化，其还包括管理形式和业务过程的整合。信息化构建是一种管理的革新，因为其牵涉到公司的诸多方面，因此在初期建设过程中，应当选取水平较高的项目负责人和成员，此对信息平台的构建有非常重大的意义。

（二）提升铁路项目管理能力的本质要求

铁路工程建设品质要求严格、技术繁杂、建造时间短，工程管理是铁路建设获得成功的保障。现代化项目管理要求管理信息化，将信息的搜集与处置当作平常管理的主要任务，将定量和定性剖析有效融合，由依靠主观经验判定转变成依托信息合理决策。因为电脑技术的快速发展，其文件存储、报告打印、图形操作页面、互联网通信等效能大幅提升了人们实施工程管理的质效。让信息化变成工程管理的主要渠道。目前电脑在工程管理中的运用，已经从最初的文字处理，上升到了 3 个不同的层级，分别是信息管控、建造指挥、战略支撑。

（三）建设数字铁路的根基

数字铁路是以 GPS、RS、GIS、信息平台、虚拟化、物联网、信息集成等技术为依托，探究我国铁道基础设施、移动设备和铁道环境的信息化，达成铁道服务资源与运输资源的全方位管控与直接显示的铁路信息平台。数字铁路具有数字化、自动化、虚拟化、可视化、智能化、信息化、网络化的特点，是一个巨大、繁杂的大工程，是对铁道信息化的进一步拓展。铁路信息基础架构应当在铁道建造期间便初步建设，这是由于全部的铁路基础设施信息均在建造期间逐步累积构成的。假如未曾在铁道建造阶段注重基础设施的材料的搜集、归纳与架构化，构成完善的铁道信息基础架构，构建数字铁路也就无从谈起了。

三、铁路信息化对工程管理的必要性

（一）信息化对企业自身管理的重要性

（1）可提升企业业务流程的速度，加快信息交流，从而提高企业的管理水平和效率，

加快企业信息化建设，运用先进措施达成人才、资本、材料、信息资源的集中谋划、调配与协调，让计算机技术和管理业务过程有效融合，让信息平台变成工程信息沟通的介体，进而增快工程管理平台中信息反应速度与平台的反应速率，提升公司管理效率，对于建设公司来说，有重大价值。据统计，在国外建筑业企业中凡运用项目管理平台的公司，施工进度提高50%，施工质量提高40%以上，而施工设计费用和人力费用却分别减少15%～30%和5%～20%。

（2）实现合理高效的监督，加强企业决策力度。对于建设公司来说，信息技术可以对公司工程施工的各个时期加以有效监督，不管是工程的进度、协议践行的程度，还是工程中人力、机械、材料的运用费用，均能够依托计算机技术加以即时监督。

（3）打破地区限制，达成了跨区域管理。运用计算机技术，能够协助公司解决此种跨部门、跨地区合作、交流等难题。特别是自从中铁建设集团实行地区管理以后，我们更需要此种迅速、即时、高效的信息互享与交流平台，全方位满足工作需求，提升管理效率，减少公司的跨地区管理费用。对于工程涉及全球多个国家与地区的我们来说，运用工程管理平台和财务管理平台等应用程序更有助于达成全球业务的集中管控。

（二）信息化对施工项目管理的重要性

（1）顺应施工工程管理对信息量的要求，达成信息的高效整合与运用长时间的粗放型管理，导致建设公司对搜集、归纳和使用信息的忽略，并逐步形成了凭借经验进行管理和控制的模式。随着公司建筑工程数量及规模的不断增加，施工信息也会越来越多，如果还是沿用传统的信息统计模式，不仅降低了信息传输的效率，还增加了传输的流程，且在传输过程中极易造成信息失真的情况出现。使用计算机技术不仅能将工作量保持在一个稳定的状态，还能形成信息的采集、分析和共享，同时还能对信息予以进一步挖掘，有效提升了信息的使用效率。

（2）构建合理有效的预算计划体系，对成本加以全方位管控。利用信息平台不但能够构建全方位预算体系，减少预算时间，另外依托有效的项目成本控制，做到质量有根据、耗费有定额、管理有规范。

（3）形成资本流、物流、数据流、人流等“四流合一”的信息化模式，运用计算机及互联网技术，对企业施工过程中每个环节予以及时处理，且在公司内部建立并完善相应的网络平台，从而有效实现公司“四流合一”（资本流、物流、数据流、人流）的集成管控局面，大大提升了公司整体的运行效率。企业在项目管理过程中，采用信息化管理模式不仅能够提升企业的经济效益，还能有效提升企业的管理水平和管理质量。

（三）信息化对企业发展的重要性

在企业整合能力方面，信息化具有的重要意义。在铁路施工单位实施信息化管理，对企业管理效率和管理水平而言有着重要的现实意义。同时，从企业整合能力角度而言，信息技术能够有效提升企业的核心竞争力，对企业的发展产生巨大影响。通过信息化技术的使用，能够实现对企业财务、材料采购、具体施工以及劳资等内容的整合、提炼和升华，并有效形成总部、子公司、项目部三级管理模式，大大提升了企业的市场竞争力。

随着信息化管理系统的日臻完善，它对工程项目管理的推动作用会越来越明显，因为信息化管理在其自身系统的建立与框架基础上本身就有其科学性、及时性、系统性、联动性等各方面优势，也能促进铁路系统更好地发展，更充分地发挥铁路事业对经济和社会发展的推动作用，铁路工程项目管理的信息化已成为必然的选择，使行业、企业、建设项目都能在信息化管理中受益。但是，我们也必须看到，当前的铁路信息化管理建设还存在着诸多的问题，还有很多的工作需要开展。要紧紧围绕着当前铁路信息化管理建设中存在的问题，结合我国铁路事业发展的长远规划，并结合我国经济和社会发展对铁路系统的需要，来逐步完善铁路工程项目信息化的建设工作，使之能在以后的工程项目管理中发挥更大的作用，产生更多的经济效益和社会效益！

第四节　铁路工程建设信息化管理的创新与效益

一、创新分析

铁路建设工程项目管理信息系统利用 ASP. NET 和 AJAX 技术，开发了基于 Internet B/S 模式的项目管理信息系统，系统共计 100 多个子模块，在 NA 高速铁路施工管理中得到了成功应用，实现了网络化协同办公、智能化集成看板、视频化风险监控、电子化视频会议、信息化建设管理等功能，形成了多层次、多专业、全覆盖的建设工程信息化管理体系。铁路建设工程项目管理信息系统在以下几个方面有所创新：

（1）将电子看板展示、网络管理平台和智能短信预警应用于建设工程项目施工的看板管理之中，实现了动态直观及时主动的建设工程智能化集成看板管理，达到了建设工程安全、质量、进度、投资、环保和科技看板管理集成化的目标。

（2）利用数码成像技术、多媒体数据库和信息化管理方法构造建设工程项目施工安全质量问题库，通过问题图片资料库和问题整改对比库，实现了安全质量问题的电子化记录、信息化传输和网络化发布，隐蔽工程和问题库的信息由专业工程师维护，留下痕迹，实现可追溯，保证了问题整改过程标准明确、监督透明，形成了一套完整的闭环管理模式。

（3）利用信息管理平台和数据关联技术，完整记录风险源的空间、时间和工程属性信息，在电子地图上进行精确定位和形象展示，实现风险源全信息动态化显示；利用网络化远程视频监控手段通过联网计算机对关键施工部位、工序及重大风险源进行 24 小时监控，实现全过程网络化视频监控；利用风险分析方法，对工程数据进行信息化采集，对异常台账进行分析预警，实现智能化风险评估预警。

（4）利用基于网络平台的混凝土搅拌站管理方法，实现了混凝土搅拌站的实时动态监控技术、智能纠偏技术和主动控制技术，有效保证混凝土质量。形成了岩溶路基地基处理“工厂化施工、标准化作业、科学化计量、程序化确认”的先进工艺和管理办法。利用岩溶注浆信息化管理平台，对岩溶注浆工艺和工序进行网络化管理，实现了工序签认信息化，并对上传文档资料进行统计分析，实现成本计算、控制和预警。

（5）实现了基于浏览器/服务器模式的建设工程形象进度管理，能够形象化、简单明了地表示出工程中的施工进度并对进度进行统计，实现了铁路施工的可视化管理。系统在 NA 高速铁路工程中 6 个标段的桥梁进度管理得到成功应用，其中的安庆长江铁路特大桥主跨

580m，是目前最大跨度的铁路斜拉特大桥。结合 NA 高速铁路实际需要，重新定义了路基进度施工报表和形象化进度模板，开发了路基形象进度管理模块，实现了路基进度可视化管理。

二、效益分析

我们在铁路建设工程项目管理信息系统研制过程中，坚持注重实效，逐步完善的原则，通过阶段运作，定期评估实效，立足先进，讲究实用，力求简便，做到全过程、全覆盖，实现互联互通和信息共享，不断改进和完善，真正使信息化管理对铁路建设“六位一体”的建设目标发挥好控制、保障和促进作用。铁路建设工程项目管理信息系统实现了建设单位和各参建单位之间信息的有效关联，达到了各类工程数据信息共享，减轻了项目参与人日常管理工作负担，加快了项目管理系统中的信息反馈速度和系统反应速度，使工程人员能够及时查询监控工程进展情况，进而能及时地发现问题、做出决策，提高了各职能部门的办公效率，降低了风险发生的概率。

铁路建设工程项目管理信息系统利用网络、数据库、AJAX 技术，采取 B/S 的运行模式，基于ⅡS 6.0/7.0 WEB 服务器的软件开发和系统发布技术，建设包含“工程、安全、质量、投资、环保、科技创新”多层次、多专业、全覆盖的工程项目管理信息系统。

以 NA 高速铁路建设工程信息化管理为例，信息化管理系统自 2008 年上半年开始研制开发，按照建设项目管理的实际需要，先后进行了用户需求分析、系统软件开发、现场调试运行和软件修改完善、维护人员培训等过程，并于 2010 年分模块陆续投入试运行，2011 年 5 月全面投入运行，经过一段时间现场的实际运行应用，取得了良好的效果，在广泛征求多方意见和建议及开发人员的努力下，“铁路建设工程项目管理信息系统”经过不断升级完善，目前系统运行稳定，对控制工程进度、提高工程质量和保证施工安全起到了重大作用，获得了显著的经济效益和社会效益。

（一）经济效益

（1）利用网络数据平台，实现了数据传输数字化，方便了数据的采集、整理、归档和检索，达到无纸化办公，大幅度节约了管理成本。

（2）利用混凝土搅拌和动态管理信息系统，对混凝土搅拌全过程进行监控和预警，实现了精细化控制，既保证了混凝土质量，又减少了材料浪费，有效控制了施工成本。

（3）通过问题整改信息化管理，实现了隐蔽工程和安全质量问题库的信息化管理，有效保证了工程质量，避免了后期工程返修所造成的不便和开销。

（4）通过安全风险信息化管理，对重大风险源进行 24 小时实时监控，利用实时观测数据进行风险预警，有效控制了工程风险，避免了工程事故造成的损失，取得了很大的间接经济效益。

（5）通过远程视频监控系统对各参建单位的人员、设备、材料进行实时监控，并利用局域网视频会议系统召开由各参建方参与的远程视频会议，减少了现场检查次数，减少了因检查、会议而进行的办公车辆调度，有效降低了车辆养护、燃油费用，节约了人力资源和办公时间。

（二）社会效益

（1）通过铁路工程建设信息系统，提高了建设管理水平，确保了建设工程的安全可控，做到现场关键有效控制、管理信息快捷高效、标准化管理水平不断提高，改善了员工的工作环境，提高了员工的操作技能，提高了企业核心竞争力和建设管理水平。

（2）通过采用多种激励措施，推动、带动各参与方进行信息化建设，大大提升了各参建单位信息化管理的意识和能力，参建各方对信息系统的认同度和参与度大大提高，实现了互惠共赢，全面提升了企业信息化管理水平。

（3）通过隐蔽工程、问题整改、重大风险源远程监控和安全风险看板管理，起到了保证质量、预防事故的作用，有效消除了安全隐患，避免了重大事故发生，确保建设工程安全可控，产生了巨大的社会效益。

（4）利用工程信息系统进行信息的发布和管理，做到了信息公开透明，并利用集成看板进行环保问题和廉政问题管理，营造了良好的施工环境和政治环境。

（三）管理效益

（1）远程监控系统实现了对各施工点及各参建单位的人员、设备、材料进行实时监控，减少了员工现场巡视作业次数，起到了保证员工人身劳动安全、降低员工劳动强度的作用。

（2）看板管理系统结合短信平台实现了智能预警功能，有效弥补了管理。

（3）问题库管理系统实现了网络化的问题闭环管理流程，加大了问题监管力度，有效提高了问题整改效率，保证了项目施工安全。

（4）运用铁路工程建设信息系统，建设单位安全顺利地完成了五个车站改建和9.5公里宁芜正线的建设任务，连续三个季度被上级主管部门评为标准化指挥部。

（四）安全效益

（1）通过实施隐蔽工程影像化，严把质量关，建立专门问题库对于问题照片进行存档、处理，制定对策，跟踪落实，次周进行复查、拍照对比，有效杜绝安全隐患，实现闭环管理。

（2）对于安全风险源进行网络平台动态监测，对铁路建设生产安全状态实施全天候实时监测、随机监控，达到现场安全管理有效监控，预防或杜绝事故的发生，保证了施工的安全进行。

（3）建立安全管理数据库，对于隧道工程、沉降观测，以及人、机、料管理实行日常安全风险监测，将事故风险降至最低，为建设工程的安全施工和铁路的安全运营提供了可靠保证。

第五章　铁路工程信息化建设模块的多维分析

第一节　铁路工程建设问题与隐蔽工程信息化管理

一、铁路工程建设问题管理及问题库

铁路工程建设管理技术标准高、管理跨度大、隐蔽工程多，给项目的施工、管理造成了一定困难，容易出现各种安全质量问题。因此，对工程问题进行可追溯性的闭环管理，对于保证铁路工程建设项目安全和质量具有重要意义。

工程问题管理过程就是业主单位和监理方借助各种手段不断地发现铁路工程施工中的各种问题，并采取有效措施督促施工单位整改、处理并解决问题的过程。这可使得施工工程符合设计图纸要求，满足工程施工安全技术规程和质量验收标准规定，达到合同约定的期望目标值。工程问题的发现主要是通过对施工工程现场的各种检查活动，发现被检查实体工程的实际状态及其相关参数与标准要求存在差异，或与规定的参数不符，或超出允许偏差，或不满足设计图纸规定要求，不符合合同约定的要求等。

显然，建立问题库，把各种现场检查发现的安全质量问题全部纳入问题库，进行问题从发现到解决的闭环管理，是做好铁路工程建设安全质量监控工作，并确保工程安全质量受控的有效途径。问题库是对工程中安全质量问题进行记录存储的一种工具，为了满足问题管理的需要，此处对问题库的问题来源范围进行了定义，包含了 9 种问题：

① 国家有关部、委、省、市专项检查所发现的问题；

② 上级主管部门如铁路局等专项检查发现的问题；

③ 安全质量监督部门行使政府监督职能检查发现的问题；

④ 建设单位定期或不定期检查发现的问题；

⑤ 总监理工程师现场巡视发现的问题；

⑥ 监理站长、专业监理工程师以及现场监理人员在现场巡检和旁站监理工作中发现的问题；

⑦ 现场施工过程中各种质量隐患和安全风险源尚未造成事故所隐含的问题；

⑧ 现场发生质量安全事故所暴露的问题；

⑨ 工程进度滞后所反映的质量安全问题。

二、问题库闭环管理方法

由于工程施工的特殊性和各参建单位在地理位置上的限制，各参建单位之间的信息交流有诸多阻碍，无法做到实时的信息交互。故传统的安全质量问题管理，往往由监理单位完成。监理单位在安全质量问题的管理中，总结了许多经验，形成了利用安全质量问题库

对施工问题进行闭环管理的方法。其流程如图 5-1 所示。

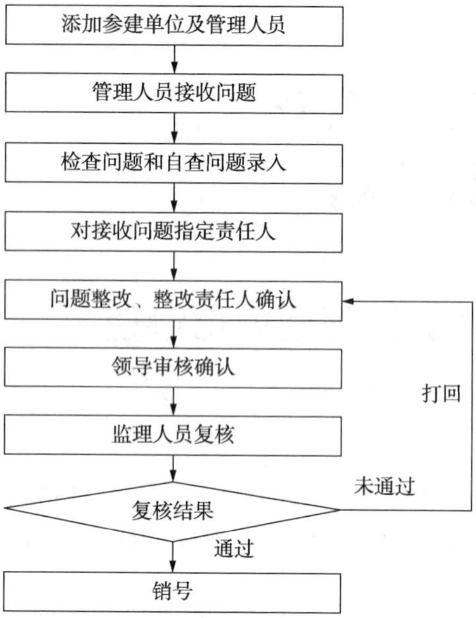

图 5-1 工程问题库闭环管理流程

问题库格式的定义是对大型建设项目进行管理的前提，统一的格式定义有利于对工程项目的标准化管理。采用表格形式对问题库进行定义是最为自然的方式，既符合现场管理人员的处理习惯，也便于利用计算机技术。一般问题库表格中定义了存在问题部位、问题出现的时间、管段的施工单位、问题状态、未整改原因及其后续安排、已整改问题所采用的整改措施和整改时间、施工单位整改责任人、监理人员及其整改复查时间、问题注销及其标识、问题照片及问题整改照片等。

定义好问题库格式后，由监理项目部和各分站每天按照规定把上述各种安全质量问题及时上传到问题库，并及时填写其他相关栏目内容，随时对内容进行更新，以便对现场施工质量问题和安全问题的监控进行动态管理；同时，问题库的建立还强调了对安全质量问题的整改和及时销号。

监理单位定期对问题库中安全质量问题进行分析和总结，通过统计分析，重点掌握未能及时进行整改问题的原因，并对如何继续完成整改的后续计划安排进行评估，督促施工单位抓紧完成问题整改。对经常发生的同样问题和类似问题要提醒施工单位注意，以便在今后施工中采取有效措施，消除和避免同类问题的重复发生，努力减少和消除质量通病。现场监理人员也应做好预监预控工作，避免重复发生类似的安全、质量问题。

监理项目部和各监理分站借助问题库所提供的信息，对监理工作进行反思，总结安全质量监控工作中的经验教训，保证工程质量和施工安全，达到闭环管理的目的。

在监理检查中发现的问题，包括了质量缺陷、不合格项、违反一般规定、不符合主控项目的规定、不满足一般项目的有关要求等。有些可能涉及重要的质量和安全事项，这些问题除能在现场责令施工单位当即整改或返工处理好以外，有不少问题还需要签发监理工程师通知单。监理工程师通知单的签发流程包括以下 5 个方面。

① 发出监理工程师通知单。监理项目部必须登记并让施工单位签收，监理工程师则必须在监理日记上有所记录。

② 遵循回复封闭原则。施工单位必须在监理工程师限定的整改时间内完成整改。报监理工程师进行复查。

③ 经监理工程师现场复查合格后，施工单位才能发出整改回复单。

④ 监理工程师收到施工单位的整改回复单后进行复查合格签证。

⑤ 把有关材料一并归档，监理项目部建立所发监理工程师通知单的台账记录。

三、问题库信息化管理方法

计算机技术和网络技术的发展，使得信息的实时传输成为可能，使得传统的问题库闭环管理中出现的时间滞后问题得到了有效的解决。利用基于 B/S 模式的信息化管理平台和基于网络的问题流转技术，开发了工程问题库信息管理系统，可以通过网络进行安全质量问题录入、接收、指定责任人、整改、领导审核、复核、销号全过程的信息化管理，实现了基于网络平台的安全质量问题库闭环管理，大大提高了工程问题整改效率，提高了工程问题管理水平。通过信息化管理平台，业主单位能够实时查询问题现状及问题整改情况，并能够对安全质量问题进行及时批示，直接参与到安全质量问题整改中来，督促问题的及时解决，保证工程施工质量。

通过采用 MSSQL Server 数据库软件建立了安全质量问题库数据库，定义了格式统一的问题库表格，以存储安全质量问题信息。SQL Server 提供了工业级的信息存储方案，有效保证了海量数据的存储和数据的完整性及安全性。由于采用了第四代 SQL 编程语言，使得对于数据的检索和处理非常方便。利用前端的 Web 服务器，用户可以根据各种查询条件迅速查询到需要的数据。对于具有海量数据的建设工程问题库来说，这具有重要意义。各单位用户，可以通过问题所在地点、问题紧急程度、限期整改时间、监理负责人等迅速查询到需要的信息。

由于工程问题库信息管理系统采用 B/S 模式实现，监理单位人员只需要登录 Web 服务器，打开信息系统网址，在线将检查中发现的各种安全质量问题及时上传到问题库中，即可对内容进行实时更新，实现对现场施工质量问题和安全问题的动态监控管理。

随着数码影像技术和多媒体技术的发展，数码相机在人们的日常工作生活中得到了广泛的应用，使得在工程中采用数码影像资料对工程进行管理也成为可能。传统的手工报表形式的工程问题库，从技术上和成本上很难实现在工程问题库的记录中，针对每个问题附带问题图片和整改图片。利用数码相机、多媒体数据库，就可以低成本高效率地实现安全质量问题库的影像化管理。监理人员只要利用网页平台，通过在问题提交时选中相应的图片即可以上传问题图片到系统中，供所有单位浏览查看，实现了问题描述一目了然、形象直观。

工程问题数据库采用了统一的数据格式记录安全质量问题，监理单位通过网页提交电子化的工程数据，使得利用信息技术对电子数据进行处理成为可能。数据库软件一般提供 SQL 语言接口，方便用户和软件工程师利用该语言完成数据的检索、更新、添加和删除工作，因此通过编程技术，调用 SQL 接口，即可以实现对工程数据中的安全质量问题进行自动的统计分析，对于未能及时进行整改的问题进行预警，督促对问题的及时处理。

信息化技术使得信息在各参建单位之间的快速流通成为可能，也使得各单位可以通过网络平台进行及时沟通，为监理工作带来了方便，加快了问题整改速度。监理单位将检查出来的问题录入问题管理系统，由施工单位和监理单位同时在线接收问题并指定各级责任人，施工单位整改完毕后报监理单位进行验收，监理单位对整改效果进行复查，在整改完毕符合要求后，对问题进行销号，不符合要求的，则可通过管理系统打回，由施工单位重新整改。

问题整改模块的功能包括工程项目管理、信息发布、信息查询 3 个功能模块，其中信息发布功能支持上传问题整改后图片，即每个问题整改记录都对应两张图片，一张是问题图片，一张是整改后的图片，以建立问题整改对比库。同时，该模块还具备监理汇总功能，用于统计各监理单位每周是否按要求上报数量，准时并保证质量地上传问题照片。此外，问题整改模块的可扩展性较强，不仅仅用于监理单位的填报还可以用于建设单位填报考核。

问题整改模块由建设单位、监理单位维护，由建设单位对其查看考核，共包括信息发布、信息查询、监理汇总、建设汇总、上报人员管理等七大功能。在问题整改模块中的信息发布查询中，上报人员首先选定发生安全质量问题的标段，查看该标段已经存在的安全质量问题列表，从中可以查询到问题的标题、发布部门、发布人、内容摘要、发布时间和上传图片等。

监理汇总用于建设单位管理人员统计各监理单位上报问题照片的数量，以此作为考核。可以按照年份、月份统计监理单位上报问题的照片任务完成情况，统计汇总出监理单位各个标段安全问题监督的实际完成情况和缺失工作量，使得对监理单位的安全质量工作绩效有了定量化指标，规范了监理单位的管理，明确了监理单位的工作重点和方向。

四、工程问题库管理系统

工程问题库管理子系统主要包括系统管理、问题上报、问题处理、问题查询、考核查询和个人设置等子模块，旨在通过网络平台进一步加强铁路建设工程的施工安全和质量管理，坚持以防为主，防消结合，规范建设过程中的问题管理，及时整改和消除施工中存在的安全质量隐患和问题，防止惯性问题及质量通病的反复出现，防止安全质量危机或事故发生，保持施工安全质量及文明施工常态化、规范化，为下一步的信息深入挖掘和分析提供基础。

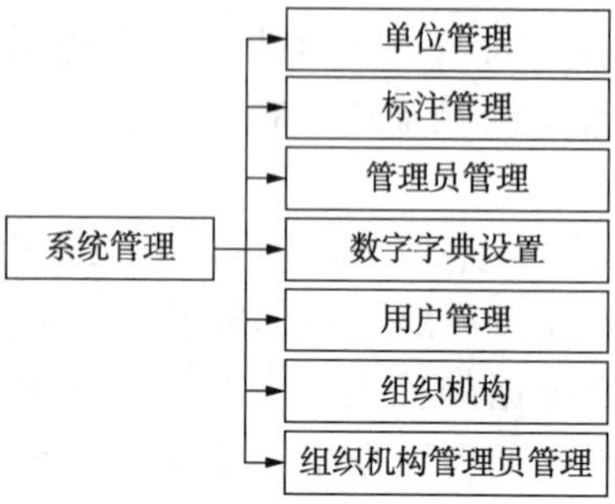

图 5-2　工程问题库系统管理

（一）系统管理

工程问题库系统管理（图 5-2）用于管理员对系统进行配置。当系统的配置工作量比较大，需要多人协助时，则可以通过系统角色设置来操作，系统角色包括系统管理员、单位管理员和用户。

① 单位管理指对所有参建单位进行管理维护，主要功能包括新增、删除、修改等。

② 标段管理是指对所有标段进行管理维护，对每个标段指定施工、监理单位，进行问题检查、上报和整改管理。

③ 管理员管理是指每个单位对用户和部门进行维护。

④ 数据字典设置是指针对问题录入时问题的级别和类别进行设置，用于问题录入时进行下拉列表选择，问题录入时需要填写。

⑤ 用户管理是指每个单位使用该软件的操作员，可对用户进行新增、删除、修改等操作。

⑥ 组织机构是指所有单位管理员可以管理（新建、修改、删除）部门和用户的。

⑦ 组织机构管理员管理是指当前单位管理员管理（新建、修改、删除、密码重置）自己所建的下级单位管理员，组织机构管理员可以管理自己的部门和用户。

（二）问题导入

问题录入主要是对日常检查中的问题进行维护管理，利用网络平台进行系统的维护和发布，对问题整改流程进行全过程记录和跟踪，主要包括检查问题和自查问题两种。

① 检查问题主要功能是对问题实现新增、删除、修改、查询、提交、考核、导出问题等操作，可根据检查日期来对问题进行查询。

② 自查问题主要录入建设单位内部的问题，不用走检查问题流程，保存即提交销号，相当于问题登记。

（三）问题处理

工程问题库问题处理（图 5-3）采用基于网络的问题流转技术，对录入的问题进行处理。

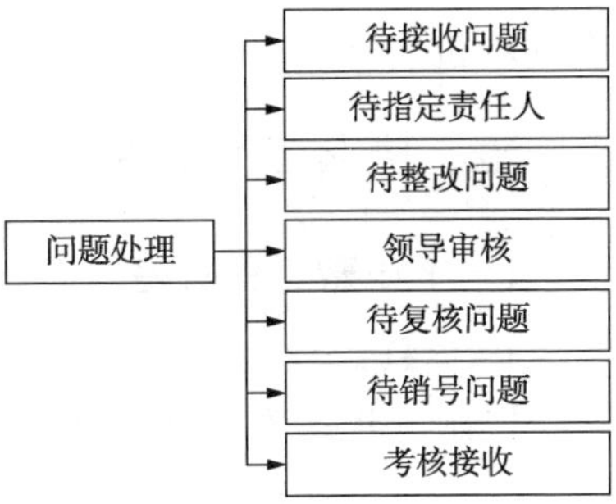

图 5-3　工程问题库问题处理

① 待接收问题子模块用于接收问题录入并提交信息，且显示相应的记录。

② 待指定责任人子模块用于对待接收的问题指定相关的责任人，包括指挥部、分部责任人，监理站、监理组责任人和设计责任人。

③ 待整改问题子模块管理当前单位所有待处理问题，并对不符合要求的问题进行整改。

④ 领导审核子模块用于确认人确认，确认人在新建用户时指定，在问题整改以后，先由相关责任人确认，再由确认人确认，才能进入复核状态。

⑤ 待复核问题子模块是指对当前单位需要复核的整改问题（已整改）进行复核处理，对于复核不通过的问题可进行打回操作，使该记录处于整改状态。

⑥ 待销号问题子模块是指用户可以对已复核的问题进行销号处理，主要功能包括销号和查看详细信息。

⑦ 考核接收子模块由责任单位确认人对问题发起单位的考核进行接收。

（四）系统查询

系统查询包括问题查询和考核查询两类，主要是对问题录入中的记录进行查询操作和打印操作，实时跟踪问题整改动态，进行主动控制和事中控制。

① 问题查询支持根据检查日期、问题级别、问题性质、归档级别、责任单位以及问题类型（检查或自查）进行查询以及打印操作。

② 考核查询可根据检查日期、检查人进行查询操作，可以查看问题整改情况、考核结果等信息。

（五）个人设计

用户可以根据自己的个人使用习惯，对系统进行初始设置，对自己的密码和每页显示信息数量进行设置。

以京霸铁路建设工程信息化管理为例，“京霸铁路工程问题库管理系统”基于 B/S 运行模式开发，基于 ASP. NET 和 AJAX 技术，与系统其他子系统采用了完全相同的体系架构和开发技术，既可以作为独立的系统使用，也可以与其他系统进行整合。作为统一的系统运营，由于安全质量问题库系统数据量巨大、应用频繁，因此，可将该系统作为一个独立的系统应用。

该系统采用流行的 B/S 运行模式，服务器端一次性配置完成后即可正常使用，不需要专业的计算机技术人员就可进行日常的维护工作；客户端零维护，客户机无须安装专用软件，用户只要在 IE 地址栏内输入服务器 IP 地址即可访问问题库管理系统，用户通过密码登录到系统后，即可进行问题管理。登录后首页会显示相应信息，包括待接收问题、待指定责任人、待整改问题、领导审核、待复核问题、待销号问题和待考核接收，方便用户管理和操作，明确哪些问题将要处理，并给予提醒。在首页中可看见当前登录的用户以及所在的单位名称。

五、隐蔽工程信息化管理

（一）隐蔽工程概述

1. 隐蔽工程问题

隐蔽工程在现实施工过程中随处可见。具体地说，隐蔽工程是指该工程完工后，需要后续工程对其进行覆盖和掩盖的工程项目，具有不可见的特点。对于隐蔽工程而言，当对一些已完分项、分部工程质量的最后一道检查完成后，由于检查对象就要被其他工程覆盖，给以后的检查整改造成障碍，故隐蔽工程管理显得尤为重要，它是质量控制的一个关键过程，也是工程问题控制的必要手段之一。

2. 隐蔽工程的解决思路

由于隐蔽工程具有隐蔽性，一旦发生质量问题，会造成返工或整个工程无法按时交付使用等非常大的损失。如果隐蔽工程质量存在重大问题，甚至会在使用阶段导致安全事故的发生。一般而言，隐蔽工程发生安全质量问题的概率明显高于其他工程。所以，加强隐蔽工程的质量监督管理，消除施工过程所产生的安全隐患，一直是铁路建设工程施工管理及监理工作的重要内容。

通过隐蔽工程的管理，可以保证工程安全质量，方便日后的追溯和管理。隐蔽工程的管理不同于问题库的管理，反映其真实施工情况的影像档案是管理的重点对象。基于多年的工程实践，此处提出了利用多媒体技术和网络数据库平台，实现隐蔽工程影像化管理的解决思路。即由各监理单位在每道隐蔽工程转工序前，按照隐蔽工程影像化的要求，利用数码相机对工程隐蔽部位进行图片采集，如对隐蔽工程的关键点、关键部位进行拍照等，然后通过互联网及时上传到系统的影像档案管理模块中隐蔽工程照片子模块，应用于隐蔽工程验收，进而作为工程企业存档的“隐蔽工程影像存档”解决方案，同时将隐蔽工程检查中发现的质量问题纳入工程问题库管理流程中进行处理，责令现场整改。这样各参建单位通过信息平台即可共同对隐蔽工程及其问题闭环管理情况进行监控。由此可见，该解决思路致力于推动信息技术在建设工程施工管理及监理验收方面的应用，实现了建设工程管理的信息化和现代化，取得了良好效果。

（二）隐蔽工程的信息化管理

隐蔽工程模块实现了对隐蔽工程资料进行影像化存档，主要用于各监理单位上报各单位工程所涉及的隐蔽工程图片的上传。每个单位工程可对应上传多个图片，并且将同一个单位工程下的图片滚动显示。其主要功能包括：

(1) 用于各单位各自添加、修改、删除本单位所包含的项目名称，方便之后的图片上报。

(2) 提供图片上传功能，对应相应的单位工程可进行大图片上传。

(3) 可按照文件标题、图片标题、时间、标段综合查询。

(4) 不同标段只填报自己标段的内容，但可以各标段相互查看。

隐蔽工程模块由监理单位进行维护，主要用于监理单位上传隐蔽工程图片，建设单位负责对其查看考核。隐蔽工程信息化管理可以保证施工过程中的质量控制和工程竣工后的调阅查看。这种模式相较于传统方式效果更好、效率更高，主要体现在所有隐蔽工程照片上传及时、标题一致、内容齐全完整，不需要硬盘保存后逐级转交，避免了照片丢失以及梳理、存档不及时等问题发生。隐蔽工程模块具有工程项目管理、信息发布和信息查询三大功能，维护人员可以进行工程项目管理和信息发布，一般工程人员可以通过该系统进行信息查询。

在隐蔽工程项目管理列表中，记录了所有上报的隐蔽工程信息，包括了名称、所属标段以及施工单位，系统管理员可以对工程项目进行添加、修改和删除操作。

点击添加按钮，打开工程项目维护页面，通过指定新的隐蔽工程名称、所属标段、单位、父项目、排序和备注等信息就可以添加新的隐蔽工程项目。点击修改按钮，可以对当前项目进行修改和维护，以及对除了项目名称之外的其他所有内容进行编辑和保存。

隐蔽工程信息发布的管理采用了层次化的组织方式，首先将工程项目划分为标段，然后将每个标段划分为路基、桥梁、涵洞、隧道、明洞、轨道等工程。点击相应工程的展开按钮，就可以得到该工程范围内的管理的隐蔽工程，点击该隐蔽工程对应的菜单，就可以查看已经发布的隐蔽工程的信息，包括了隐蔽工程的标题、发布部门、发布人、发布内容、发布时间和上传图片。选择相应标段下的某工程项目点，点击页面最上方的隐蔽工程发布按钮，发布隐蔽工程的相关信息并上传隐蔽工程关键部位图片，可以指定标题、内容和备注以方便检索，标题默认为隐蔽工程发布日期与隐蔽工程名称的组合。编辑完成后，点击提交按钮，就可以完成新的隐蔽工程信息的添加。

在列表中点击该条信息后的“上传”按钮来上传图片，在图片上传页面填写相应信息后，点击“浏览”按钮选择图片，然后点击“上传图片”按钮完成图片上传，可以继续上传图片，也可以删除当前显示的图片。点击大图可显示上传的原图；大图下方是向左滚动的小图，点击任意一幅小图，大图即在上方显示出来。

隐蔽工程信息查询，实现了隐蔽工程的数据共享，方便了相关管理人员通过网络查询隐蔽工程项目，以实现对隐蔽工程的及时处理。隐蔽工程项目的查询支持多种方式进行检索和过滤，支持指定搜索类别。在上述隐蔽工程管理模块的基础上，系统还包括了隐蔽工程问题整改管理模块，实现了对隐蔽工程问题整改的信息化管理。对于隐蔽工程检查中发现的质量问题，监理检查人员通过该问题整改模块上传问题照片。现场签发问题整改和处罚通知单，分析原因，制定对策，跟踪落实，次周进行复查、拍照对比，记录问题处理，对于整改落实问题，上传问题整改对比图片。

第二节　铁路工程建设风险监控与预警信息化管理

一、铁路工程建设风险管理

（一）铁路工程建设风险管理概述

风险是客观存在的，它包括两方面的内容：①风险是一种不确定的现象；②风险的发生会造成一定的损失。

铁路的建设质量和安全要求高、涉及专业多、工程量大、地下和露天作业多、工程和周边环境关系密切，导致铁路工程施工存在技术交叉、复杂，风险隐蔽、不确定和施工环境特殊性、恶劣性、动态性等特点，因此铁路工程建设中的不确定因素较多，可能引发的事故种类繁多，同时铁路工程又具有灾害后果迟滞性和极易产生次生灾害的特性，其事故的发生必将造成巨大的经济、人力损失和不良社会影响。因此，做好风险管理工作，是保证铁路建设正常有序施工的关键。

为了对风险进行管理，必须对风险源进行定义和研究，通常在建设工程中，将可能导致人员伤害或财产损失事故的、潜在的不安全因素称为风险源。根据风险源的定义，可知风险源是导致事故的起因。在事故理论中，事故形成必须具备三个条件：①有遭受破坏的对象(承受因素)；②有引起破坏的能力(破坏因素)；③两者相距很近，能相互影响。

（1）施工项目开始之前的项目环境风险源整体辨识、评价。它主要集中研究施工项目所处的自然、周边环境是否适合工程开展；施工企业的管理软环境是否能够适应工程的开展需要等方面内容。它为施工企业的施工投标和中标后施工前的施工总体部署进行风险源评价创造条件。

（2）施工过程中的系统风险源研究。它将对施工现场工作的危险系统展开辨识，把“人、机、料、法、环”作为研究对象进行风险源的辨识、评价和控制。

（二）铁路工程建设风险源的构成

按照导致事故的原因和伤害方式等区分，风险源可以分为物体打击、车辆伤害、机械伤害、起重伤害、触电、淹溺、灼烫、火灾、高处坠落、坍塌、冒顶片帮、透水、放炮、瓦斯爆炸、火药、爆炸、锅炉爆炸、容器爆炸、其他爆炸、中毒和窒息、其他伤害等20多个类别。综合概括起来，风险源应该具有三个基本要素，即潜在危险性、存在条件和触发因素。风险管理就是要通过检查、监控、预警和反馈处理，消除风险源的潜在危险性，限制风险源存在条件并杜绝风险源触发因素，实现风险管理。

（1）潜在危险性

风险源的潜在危险性是指一旦触发事故，可能带来的危害程度或损失大小，或者说风险源可能释放的能量强度或危险物质量的大小。

（2）存在条件

风险源的存在条件是指风险源所处的物理、化学状态和约束条件状态，包括储存条件，如：堆放方式、数量、通风、隔离等；理化性能，如：温度、压力。触发因素包括人为因素，如：不正确操作、粗心大意、漫不经心、心理因素、生理因素等；管理因素，如：不正确管理、不正确的训练、指挥失误、判断决策失误、设计差错、错误组织安排等；自然因素，包括引起风险源转化的各种自然条件及其他变化，如：气温、气压、湿度、温度、风速、雷电、雨雪、振动、地震、滑坡等。触发因素虽然不属于风险源的固有属性，但它是风险源转化为事故的外因，而且每一类型的风险源都有相应的敏感触发因素。如：对于易燃易爆物质，热能是其敏感的触发因素；又如：压力容器，压力升高是其敏感触发因素。在触发因素的作用下，风险源转化为危险状态，继而转化为事故。

（三）风险源辨识与等级划分

在风险源辨识中经常会碰到一些问题，通常会涉及风险源漏项，比如风险源无中生有、风险源张冠李戴和风险源笼统不具体等几方面内容。因此，风险源初始辨识重点应当首先确定辨识范围。其次，在风险源辨识中掌握一手资料，这些资料主要包括：①工程方面的资料：如施工项目的可行性研究报告、初步设计、施工图设计及各类验收文件、风险隐患整改方案及整改结果报告等；②标准和法律法规文件：与施工项目有关的设计规范、规定，安全规程、规定，包括国家标准、行业标准、管理规定与制度等；③事故案例：与该施工项目类似的项目发生过的事故资料。通过必要的资料文件、调研和综合分析，发挥专家作用，形成风险源自辨识的框架体系，使得现场工作人员能够在明确风险源辨识范围的基础上展开辨识工作。

风险源辨识通常包含六个步骤，分别为辨识系统的确定、风险源辨识、风险区域界定、风险源存在条件分析、风险触发因素分析和潜在风险性分析。在对风险源做了上述系统辨识和分析后，需要对可能带来实际损害的风险加以控制，重点控制将造成重大损失的风险。对风险源进行评价，按照可能造成事故的大小危害来进行等级划分，是控制主要风险源，抓重点环节控制的一种策略。不同的行业，根据自身特点，制定不同的评价标准来对辨识得到的风险源进行分析计算，才可以得到风险源等级划分。

结合铁路建设工程实际特点，在已有工程资料、标准法规和事故案例的基础上，依据风险源一旦导致事故发生所造成损害的严重程度来进行风险源等级划分，主要的评价标准是人员伤亡或者直接经济损失。铁路建设工程项目中，当风险所导致事故损失或者预计事故损失会造成人员死亡或重大经济损失时，为一级风险源，由建设单位安质部负责梳理。铁路建设工程项目中的一级风险源包括了既有线改扩建工程、风险隧道、跨既有线铁路、跨高速公路、跨通航河流的桥梁、箱梁制造及运架梁施工等。当风险所导致事故损失或者预计事故损失会造成人员重伤或较大经济损失时，为二级风险源，由各施工单位指挥部负责梳理。铁路建设工程项目中的二级安全风险源包括了临近既有线工程、一级安全风险源以外其他隧道、火工品、跨重要公路、跨区道路、跨深水河流、跨专用线连续梁及铺轨工程等。当风险所导致事故损失或者预计事故损失会造成人员轻伤或一般经济损失时，此处轻伤事故是指损失工作日低于105个工作日的失能伤害，为三级风险源，由各施工单位分部负责梳理。在铁路建设工程信息化管理中，各参建单位应及时将管内风险源信息通过风险源管理模块上传到安全风险源子模块中，当安全风险源发生变化后及时进行更新，各单位安全管理人员根据风险源信息，利用视频监控系统进行风险源监控，实现安全风险源的动态实时管理。

（四）风险源控制

施工项目风险源控制是组织获取和分析施工项目的有关风险源信息，按既定的安全目标和风险源控制标准对施工活动进行监督、检查，发现超过可容许风险的风险源时即采取正确的措施，降低个体风险源的风险性值或系统整体的风险等级，使施工活动按预定的计划进行。进行风险源控制的目的，在于保证减少安全事故，使之与安全计划目标相一致，最终实现施工目标。

风险源控制需要参建各方的参与合作，控制主体可以是施工企业、项目班组，也可以是业主或各监督方及其所属的职能部门。控制主体所处的地位不同，其进行风险源控制的任务也不同。

风险源控制的对象是整个施工过程，横向包括人、机械、材料、施工工艺技术和管理等方面存在的缺陷，纵向涉及施工项目系统的各个层次。从风险源控制的阶段看，包括施工前的风险源控制方案制定和初始评审，施工过程的风险源监测、预报和定期评审发生事故后的应急管理和紧急救援等不同阶段内容。

由此可见，风险源控制是全面系统的控制，需要整体协调一致，才能达到有效控制风险源，降低危险性的目标。控制过程中，需要对风险源控制突出重点，合理地进行风险等级划分，针对重大风险源和具有重要影响的关键项目，进行重点控制。同时改进控制的方法和手段，努力降低控制的各种耗费，提高控制效果，并尽可能地采用风险源前馈控制方式和预防控制方式。通过采用信息化手段，建立风险信息数据平台，利用风险等级属性区分重点风险源，利用视频监控手段对于安全风险点进行实时远程监控，对监测数据进行信息化反馈分析，实现了预防为主、防控结合、动态跟踪、重点控制的应变策略。

（五）安全风险信息化管理方法

利用信息化管理的方法，可以引入标准化的工程技术和管理方法来减少人的失误，从而起到消除或控制风险源，防止风险源导致安全事故造成人员伤害和财产损失的作用。通过采用信息化风险管理、风险监控和风险预警措施，能够实现风险管理自动化和智能化。

（1）建立安全信息化管理办公平台

利用局域网办公系统，建立安全管理信息平台，由各建设指挥部将本单位的安全检查、安全事故报告、安全教育培训、安全应急预案、安全资料按要求上报到部信息系统中，由建设单位审批、供全线单位查阅学习，实现安全管理信息化、系统化、规范化，达到资源共享、安全可控的目标。

（2）建立安全风险数据库

利用政府、企业信息化平台，通过工程项目管理信息系统，建立完善施工风险事件信息采集系统及机制，建立完善建设项目风险管理数据库，建立完善风险分析模型，通过风险源管理子模块，针对众多风险源，采用风险分级的方式，由建设单位、施工单位局指和施工单位分部分别进行安全风险源的监控和管理，实现风险源动态形象展示，指导参建各单位的风险管理，确保风险管理的有效性。

（3）建立安全风险视频监控系统

将计算机技术、多媒体技术与监控技术有机结合起来，应用有别于传统视频监控的数字视频监控系统对施工工地进行监控。通过系统的应用，管理者可以了解到现场的施工进度，可以远程监控现场的生产操作过程，可以远程监控现场的设备安全和材料安全，以减轻工作强度，提高工作效率，增强对工地的监管力度，达到提高施工质量、规范施工行为和减少安全事故的目的。

(4) 建立安全风险检测预警机制

利用信息化平台，对路基沉降、桥梁徐变、隧道围岩位移等监测数据资料进行实时分析，并用分析结果对施工安全的状态进行评价预测和预报，及时发现位移、受力等异常先兆，并通过网络平台进行预警提示，以确保工程施工安全，力争将事故的风险降到最低程度。并通过信息化平台将分析和安全评价的成果反馈给有关单位、部门，为优化工程设计、改进施工安全管理提供科学依据。

二、安全风险管理模块

(一) 系统概述

安全风险源模块主要包括三级风险点的填报和维护，用于在风险源监控图中动态显示各级风险点，并根据标段、分部、等级等进行风险点综合查询，显示风险点详细信息。该模块共包括七大模块，分别为一级风险点展示、二级风险点展示、三级风险点展示、一级风险点查询、二级风险点查询、三级风险点查询、风险点综合查询，由建设单位、施工单位维护，其他参建单位可以实时查看。

实际应用中，一级风险点管理由建设单位维护，二级风险点管理由施工单位局部维护，三级风险点管理由施工单位分部维护。各单位根据风险分级标准，做好风险源辨识。梳理管内所有一级、二级、三级安全风险点，上传到安全风险模块中，并根据工程进展及时进行动态更新，实现建设单位、监理单位、施工单位及其他有关人员共同对风险源进行监控。

(二) 风险查看功能

一、二、三级风险点显示用于在监控图中展示各风险点和详细信息，其展示操作相同。单击“安全风险”菜单项，选择“一级风险源展示”，即可进入风险源展示页面。通过页面左上角“全部显示”“全部关闭”按钮，可以全部显示或关闭当前所有风险点。

通过点击不同的子菜单，系统可以根据用户的选择自动切换一、二或三级风险点的展示，并将不同级别的风险点用不同的警示符号显示，以标示风险严重程度。风险点与地图上的实际位置相关联，可以在电子地图上形象直观地显示风险点的确切位置，有利于迅速定位到风险点和责任人，实现风险管理。单击风险点按钮在打开的新窗口中可以查看各风险点的详细信息，点击窗口的“X”可以退出查看页面。

系统利用 SQL 语言实现了数据的自动检索分析技术，通过数据库中存储的风险开始日期和结束日期，实现了风险点到期提醒功能，如当前有过期风险点，在各级风险点展示页面左上角会以列表的形式显示各到期的风险点。

(三) 风险管理功能

一、二、三级风险点维护模块分别由建设单位、施工单位局部、施工单位分部用户进行管理，实现风险点的添加、修改和删除操作。其流程如图 5-4 所示。

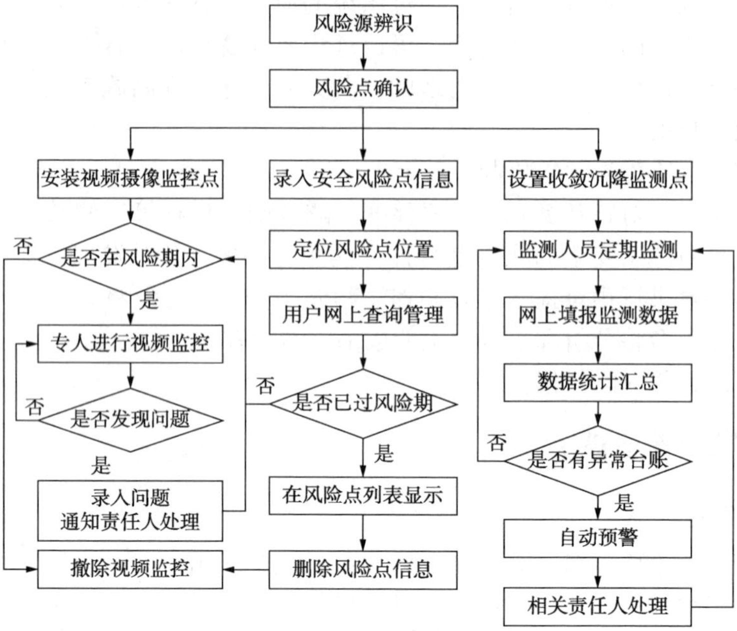

图 5-4　安全风险信息化管理流程

各单位用户通过风险点编辑进行安全风险数据库的管理和维护，首先以具备相应权限的用户名登录系统，单击“安全风险”菜单项，选择“一级风险源管理”。完整的风险信息对于风险管理至关重要，维护人员可以填写风险名称、风险期、风险等级、所在标段、中心里程、里程范围、风险源、防范措施、施工分部、施工指挥部、监理组、监理站、建设单位部门、建设单位领导、是否显示和按钮样式等信息。

在输入其他风险信息后，点击风险点定位按钮，系统将返回到风险点展示页面，提示维护人员选择风险点位置选中合适的风险点标识图后，点击鼠标确认定位位置，回到风险点编辑页面，点击“提交”按钮即可完成风险点信息的添加。

（四）风险点综合查询功能

风险点综合查询模块将根据查询条件列表显示风险点的详细信息。可以通过风险名称、风险等级、里程标识、公里数、时间范围等信息的任意组合对风险点进行查询。点击页面列表上的“查看”按钮，可以查看到风险点明细页面。

（五）风险点动态定位技术

风险管理模块采用 AJAX 技术，利用 JavaScript 语言提取风险点在电子地图上的位置，并将该位置存储在服务器数据库中，以此作为风险点在电子地图上的显示位置，实现了基于风险点实际位置动态展示风险点的目的。风险点定位选择的详细操作如下：

首先，在风险点编辑页面点击“定位选择”按钮后，系统即进入风险点定位页面，可定位风险点在对应图中的具体位置。其次，在左上角的“风险点标识图”选择框中选取合适的风险点标识图，可以直接用鼠标左键点击任意图形，选中的图形会以灰色背景突出显示，选好图形之后移动鼠标，标识图会跟随鼠标移动，移动到电子地图上风险点所在的位置，然后点击鼠标左键，会弹出确认对话框，点击确认将定位选中位置。完成风险点定位后，页面会跳转到风险点编辑页面。

（六）数据定义

安全风险管理模块通过对安全风险数据库的定义和维护，实现了对施工风险事件信息采集储存，利用数据库软件中强大的检索分析能力，实现了风险自动分析、风险到期提醒和风险点自动定位功能。为了支持数据的存储和业务的逻辑处理，由于目前的数据库多为关系型数据库，各个表之间通过选择、投影、连接等运算建立数据关联，为了形象直观地在电子地图上显示风险源的位置并实现风险日期的自动预警，需要采用多个数据表完整记录风险源的空间属性信息和时间属性信息，并通过外键来建立数据表之间的关联，在本模块研发中设计了三个数据表实现上述需求。

三、远程视频监控管理

（一）视频监控的目标与意义

视频监控系统在各行业中均具有独特作用，因此得到广泛应用，其中最主要的原因就是它能够实时、形象、真实地反映被监控对象，因此已成为人们在现代化管理中进行视频监控的一种极为有效的工具。

在铁路工程施工中，由于各施工点众多，且各工点分散在全线各处，距离较远，交通通信有诸多不便，给监控管理带来许多困难。视频监控系统可以对施工场地内重要部位的事态、人流等动态状况进行宏观监视控制，实现对各种异常情况进行实时取证、复核、校正以及及时处理，极大地提高了工程监控的效率，因此在铁路建设中有广阔的应用空间。

通过将计算机技术、多媒体技术与监控技术有机结合起来，设计了有别于传统视频监控的数字视频监控系统，利用其信息化手段，对施工工地进行监控，通过安装在施工作业面等重要部位的各类摄像机监控施工现场，能够对隧道、桥梁和制梁厂等的关键施工部位、工序及重大风险源进行24小时监控，实时掌握各监控部位现场施工人员状态，及时发现纠正及制止现场不符合标准的行为；同时做到及时准确地规划统筹人员物资的调配，最大限度地提高生产效率，通过录像回放功能，能够做到各种施工过程有据可查。管理者可以了解到现场的施工进度、远程监控现场的生产操作过程、远程监控现场的设备安全和材料安全，大大减轻了工作强度，提高了工作效率，增强了对工地的监管力度，进一步提高铁路工程施工质量，规范施工行为，减少安全事故的发生。

另外，配合远程视频监控，可以突出现场动态控制和参建队伍管理，实现“全企业、全员、全过程”的全面安全质量管理。在现场实践中，建设单位利用远程视频监控系统，坚持每月“三全”检查制度，在组织上保证“三全”检查的可靠性；每月实行建设单位领导分组带队、交叉检查，在分工上保证。“三全”检查的合理性；现场检查按职能分成三个小组，实现了全方面、全覆盖、逐公里、逐项平推检查，结果及时通报全线，网上动态跟踪问题闭合，在效果上保证“三全”检查的目的性。

（二）远程视频监控系统平台

1. 远程视频监控

远程视频监控通过安装数字摄像机，采用互联网监控平台，对施工现场进行24小时实时监控，管理人员在任意联网计算机上可对监控点进行视频监控、录制和管理，远程视频监控的组成部分包括视频管理器、视频监控器和视频播放器。

（1）利用视频监控系统，对隧道、桥梁和制梁厂等的关键施工部位、工序及重大风险源进行远程监控，实行定人、定时巡视监控，发现问题及时闭环管理。

（2）视频管理器用于进行资源管理、用户管理、录像管理和联动管理，可以对视频接入设备和监控网络进行配置和管理，既支持传统的有线互联网网关，也支持移动视频网关。

（3）视频监控器对监控点进行监视、录像和拍照管理，系统支持多种监控镜头分组方式，利用计算机屏幕，可以同时显示多个视频监控点。

（4）视频播放器对监视器中的录像、截图、报警、日志信息进行查看，支持从服务器下载录像片段到本地目录中。

2. 网络视频会议

网络视频会议是利用电信公司视频会议平台建立网络会议室，设立一个主会场，六个分会场，各建设指挥部负责本单位视频系统的维护、运用，保证与路局视频会议系统畅通，确保建设单位能够及时与各参建单位召开在线视频会议，解决现场问题。

（1）会议管理用于创建在线视频会场，指定会议时间、规模，并指定参与人密码和主席密码。

（2）用户通过输入会议密码进入会议，网上会场包括菜单栏、用户列表区、数据操作区（会议操作区）、视频区等，若用户有摄像头，在用户列表中点击摄像头图标即可看到用户视频。

（3）会议操作包括申请发言、申请数据操作、改变会议室布局、切换聊天窗口四大功能。

视频监控系统发展到今天已经历了三代：第一代为模拟系统（VCR），由模拟摄像机、模拟监视器、视频切换矩阵及模拟录像设备构成；第二代为模拟与数字相结合的方式，即前端采用模拟摄像机，通过编码器将模拟信号转换为数字信号，再经过压缩，通过 IP 网络上传，实现了视频信号数字化存储、视频档案信息数字化传播和视频图像共享；第三代为数字视频监控系统，即采用数字摄像机，通过 IP 网络组网，用户可以通过网络上的任意一台电脑来观看、录制和管理实时的视频信息。为了更高效地进行远程视频管理，可采用第三代视频监控系统的解决方案，通过互联网监控平台，有效地实现了全信息、全过程的实时网络监控。

视频编码方式就是指通过特定的压缩技术，进行视频格式转换的技术，是网络视频监控系统的核心技术。目前，视频流传输中最为广泛应用的编解码标准有国际电联（ITU-T）的 H.264、运动静止图像专家组的 M-JPEG 和国际标准化组织（ISO）运动图像专家组的 MPEG-4 系列标准。MPEG-4 标准发布比 H.264 早 4 年，商品化脚步快，市场占有率较高。但 H.264 可以根据不同应用适应不同的网络应用环境，减少码流的传输差错，并采用诸如帧内预测、自适应块大小编码模式、高精度亚像素运动估计、多帧运动补偿技术、4×4 块的整形变换编码等，大大节省了带宽资源，H.264 的码流相比较 MPEG-4 要节省 30%～50%的资源，网络适应性更好，图像质量更好。故采用基于 H.264 视频编码方式的视频监控解决方案。

综合以上论述，可采用基于 H. 264 和第三代视频监控系统的解决方案，系统为创世科技 CreMedia 6. 1 大型监控联网平台，其系统架构如图 5-5 所示，系统具有全网络、高质量、广覆盖、大容量、多业务、可融合、可管理、可运营、一站式服务等诸多优势，具有独特的远程视频监看、应急调度指挥、实时录像存储、双向语音对讲等功能，可与现有视讯系统、业务系统无缝融合，有效地保证了施工人员、物资材料、设备财产等安全，真正实现了视频综合信息化解决方案，为打造数字化工地，强化铁路工程施工安全奠定了坚实的技术基础，全面提升了监管效能和信息化管理水平。

图 5-5 远程监控视频系统架构

在安全风险源远程视频监控管理应用上，通过强大的 CreMedia 中心管理平台，可以方便地实现设备接入和用户接入。系统支持 Windows、Linux 等操作系统，支持多种数据库，采用电信级的容量设计，支持百万量级的设备、用户接入，采用组件式开发，易于扩展，在基于 3G 的移动视频监控方面有突出优势。建设工程中大部分工点地处偏僻，有线网络覆盖率低，这样可以有效解决安全风险点视频数据的传输问题。

（三）安全风险关键点远程视频监控

通过应用网络视频监控系统对隧道、桥梁等关键工点进行远程视频监控的研究，并制定相应的“视频监控管理办法”，实行定人、定时进行巡视监控，突出风险关键点，强化现场动态控制，加强参建队伍管理的方法，并对发现的问题进行闭环管理，取得良好成果。建设单位、监理单位、施工单位其他有关人员，只要能上网就能实现共同对现场进行监控。安全风险关键点远程视频监控系统基于 IP 网络分布式管理平台，集远程视频会议和视频集中监控系统于一体。通过该系统指挥中心能实时检查每个施工现场，进行实时监控和风险管理，并对突发事件进行实时处理，实现安全风险的实时主动控制。

以 NA 高速铁路建设工程为例，对全线 36 处一级、41 处二级和 289 处三级安全风险源，绘制了 NA 高速铁路工程重大安全风险源监控图，并运用网络平台实施动态管理。对 77 处一、二级风险源全部实行有线或无线 24 小时视频监控，建设、监理和施工单位多层监控，发现问题进行抓拍、录像、反馈、考核和整改存档。建设单位调度安装了两块大屏幕，利用远程视频监控平台，调度每天查看问题建立台账，增强对关键项目、关键工种、关键作业的可控度。

安全风险视频监控系统采用 C/S 模式建立，用户在客户端通过监视器和播放器软件进行视频监控，管理人员在客户端通过管理器软件进行后台的管理。

客户端管理器软件用于进行资源管理、用户管理、录像管理和联动管理。其中资源管理是对视频接入设备和监控网络进行配置和管理，既支持传统的有线互联网网关，也支持移动视频网关。

视频监控管理器系统配置页面，可以设置系统网络或无线网关连接方式，支持无线拨号，可以进行上线控制、电源控制和联动控制。

视频监控管理器资源管理界面，可以对接入设备进行详细设置，指定其数据采集设置信息、采集精度、采集帧率和移动侦测情况。移动侦测可以对监测全局或监测区域进行侦测，对脚手架移动、掌子面坍塌等风险因素进行预警。

通过服务器对接入设备进行正确设置后，管理人员只要在能联网的计算机上运行客户端监视器软件，即可对各风险点进行远程实时监控。系统支持多种监控镜头分组方式，利用计算机屏幕，可以同时显示多个视频监控点，对多个风险点进行同步监控。在软件右侧选择不同的镜头分组方式，可以更改软件同时显示的风险点个数，通过创建镜头分组，可以建立新的标签，在新标签内打开远程摄像头。然后通过创建镜头分组，可以建立新的标签，在新的标签内打开远程摄像头进行查看，然后通过标签进行分组切换。在左侧的云台控制界面，可以对摄像头进行远程操控，实现监控摄像的放大、缩小、平移、转动以及开启和停用。

利用远程监控监视器软件，可以对桥梁工程、桥墩工程、隧道工程、制梁厂等工点进行现场视频监控，对施工中隐蔽工程各工序进行拍照和录像，对于异常问题进行报警并记录日志，实现了隐蔽工程存档和安全风险预警功能。

视频监控播放器界面，可以对在视频监控器中的录像、截图、报警、日志信息进行查看，双击相应项目即可调用相应软件打开进行查看，也可以从服务器下载录像片段到本地目录中。

四、风险信息化管理平台

风险信息化管理平台的建立，实现了对工程数据进行信息化采集，建立监测数据信息化管理平台，根据上传的监测资料进行台账分析，对于异常台账进行预警，实现了基于信息平台的数据采集和风险预警技术，并以工程类比为方法，以风险评估为基础，以异常台账为控制指标，实现施工风险动态信息化评估与控制，建立风险分析子系统进行智能决策。

（一）隧道工程管理模块

隧道工程施工是质量安全的“火山口”，通过隧道工程模块建立隧道超前地质和监控量测信息化管理平台，由施工单位和检测单位定期上传文字、数据和图片，可以实现监测数据电子化，每条记录上报之后，只能修改不能删除，由此保证数据的真实性和有效性。

隧道工程（图 5-6）模块主要分为超前地质预报（地质素描、超前探孔）和监控量测（地质雷达、围岩量测、拱顶下沉)两大类，由监测单位每日通过网络按时提交监测信息，参建各方进行网上监控，及时发现问题，消除隐患。

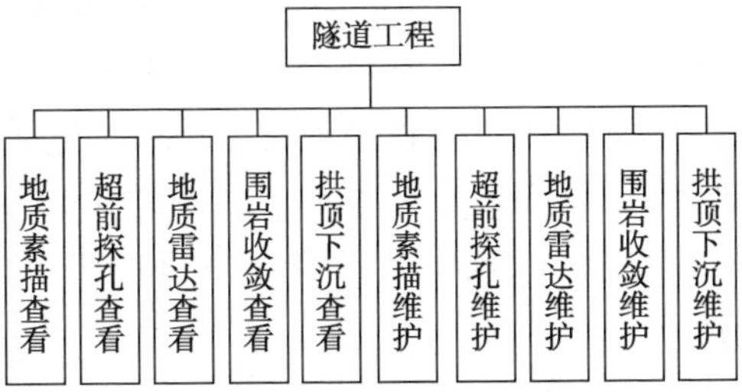

图 5-6 隧道工程模块功能图

(1) 超前地质预报的填报由文字和图片组成，各施工单位负责本单位的隧道信息填报。

(2) 监控量测是由数据和图片组成的，测量数据只要填写基本数值，系统计算出需要的平均值。

(3) 每条记录只有修改功能，没有删除功能，并且每条记录只有一个上报按钮，上报后将无法修改。

维护人员可以进行地质素描维护、超前探孔维护、地质雷达(TSP)维护、围岩收敛维护和拱顶下沉维护工作，用于完成数据的采集和上报工作，一般人员可以进行地质素描查看、超前探孔查看、地质雷达(TSP)查看、围岩收敛查看、拱顶下沉查看。

信息的维护用于各施工单位录入相关项目的电子信息及上传影像资料。以围岩收敛维护为例，围岩收敛维护用于各施工单位录入各测点的围岩收敛观测数据，主要功能包括“添加”“修改”“提交”。

(二) 沉降观测管理模块

工程建设中使用的沉降观测软件都为单机模式的系统，高铁建设中各工点分布较广，单机模式的系统无法满足建设单位对全线沉降观测做出及时的掌控。通过沉降观测模块与现场使用的沉降观测软件相结合，能够把单机的观测数据方便地导入网络系统中查看。

沉降观测(图 5-7)主要用于各施工单位网上上报沉降观测数据，达到观测数据的共享，保证数据的及时性，并对数据进行智能分析，对异常台账进行预警。数据由各单位从使用的单机版程序中导出后以 Excel 表格导入到本系统中，不需要手动输入，大大提高了数据录入效率和准确性。

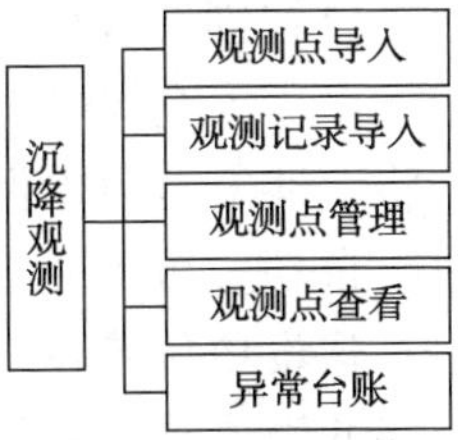

图 5-7 沉降观测模块功能图

(1) 观测点导入，主要字段：标段、施工单位、分部、文件等。各单位分部根据实际情况导入观测断面与观测点工程属性信息表。

(2) 测点类型主要分为：桥梁、路基、隧道、涵洞。

(3) 将单机版程序导出的沉降观测记录表直接导入到系统中，不需要再进行数据整理。

(4) 查看维护观测点记录；维护异常台账，异常台账的主要字段：标段工区、测点编号、测点类型、观测时间、本次沉降量(mm)、原因分析、处理措施等。

沉降观测子系统主要由施工单位进行填报维护，方便建设单位及时了解观测数据，实现对现场数据的跟踪。隧道沉降观测点的导入，由各施工单位现场人员以 Excel 表格形式导入。首先，导入工程属性信息表。在工程属性信息表的基础上再导入各观测点的观测记录表，导入后即可以立刻查看到这些信息。然后，点击“观测点管理”子菜单后，进入观测点管理页面。其主要功能包括：观测点的删除、观测记录的删除和异常情况的填报。在沉降观测点管理页面的列表中，直接点击“删除”，可将该观测点删除，包括该观测点的观测记录。

维护人员将观测点信息和观测记录导入系统中后，即可以查看系统中的观测点信息，系统支持根据测点编号、标段、施工分部、里程等信息进行快速查询。

（三）集成看板管理模块

看板是从超级市场的运行机制得到的启示，作为一种生产、运送指令的传递工具而被创造出来，看板一词最早由丰田（TOYOTA）汽车公司于 20 世纪 50 年代引入工厂生产管理中。最初目的是在 JIT（准时制）形式的生产管理中充当工作指令牌，实现精益生产。由于取得了非常好的效果，所以，很快被推广到世界各地，广泛应用于生产企业的管理中，而高铁建设工程项目的施工同样具有生产管理的各种特点，如表 5-1 所示。

表 5-1　生产管理与高铁建设工程项目管理对比表

对比内容	工厂生产管理	高铁施工管理
管理对象	生产原材料、工人、生产机器	施工人员、材料、机器
管理目标	控制生产管理	控制施工过程
管理对象特征	无规律性、流动性	分散性、流动性
工序特征	连续性	连续性
管理作用	工作指令	控制指令
管理工具需求	可视化	可视化、可操作性
风险控制目的	事前计划、事中控制	事前、事中控制

1. 看板组成

集成看板管理模块由安全看板、质量看板、工期看板、投资看板、环保看板、形象进度看板、科技创新看板、施工计划看板、监督计划看板和廉政建设看板等模块组成。

（1）Ⅰ类安全风险源由建设单位专业工程师整理，各施工单位梳理Ⅱ类、Ⅲ类安全风险源，将上述安全风险源填报到安全看板管理系统中，由系统按照施工进度将当前面临的安全风险自动发短信通知有关负责人，督促其对安全风险源采取有效的控制措施。

（2）建设单位专业工程师将Ⅰ类质量风险源填报到质量看板管理系统中，由施工、监理单位将Ⅱ类、Ⅲ类质量风险源填报到质量看板管理系统中，系统同样根据施工进度将当前面临的质量风险自动发短信通知有关负责人，督促对这些质量风险采取有效的措施。

（3）由建设单位专业工程师将关键工期节点上报到工期看板管理系统中，系统按工期临近程度进行蓝、黄、红色预警，并自动发短信通知有关负责人，督促对工期风险采取有效的措施。

（4）投资看板、环保看板、廉政看板等由建设单位专业工程师将控制风险点上报到看板管理系统中，系统根据风险临近程度分黄、红色预警，并自动发短信通知有关负责人，督促对相关风险采取有效的措施。

（5）形象进度看板利用建设调度信息平台，在电子大屏幕每天实时显示桥梁、路基、隧道的形象进度，自动显示控制工程的进度与计划进度的对比，自动提醒控制工程进度滞后。

2. 看板管理

各看板均可以方便地通过网络进行管理，执行相应的查询、新增、修改和删除操作，并且可以将看板信息作为报表直接打印。

（1）新增看板进行看板信息登记，以表格形式填写相应的看板信息，明确看板性质，并指定相关责任人，当看板进入红色预警时，会自动短信通知相关责任人。

（2）编辑看板对看板信息进行修改，删除看板用于对看板信息进行删除，信息权限遵循谁填写谁维护的原则，只能由填写人进行修改删除。

（3）查询看板可以分别按单项和组合项查询不同结果的信息，按照看板风险等级、类别和标段进行过滤，快速查询看板信息。点击“打印信息”，可以将页面信息内容直接打印。

（4）系统维护用于修改建设单位部门员工信息，设置数据字典初始值以及设置用户个人信息。

从项目管理的角度分析，生产管理和高铁施工管理都可归属于项目管理，具有管理上的类似特征。管理对象、管理目标、管理对象特征、管理作用、管理工具需求等都具有类似的特征，因此将生产管理工具看板引入到高铁建设工程管理中，可以提高管理效率，实现安全、质量、进度、投资、环保和科技管理的目标。

看板管理是一种生产管理的方法，它是利用卡片作为传递作业指示的控制工具，将生产过程中传统的“推动式”生产制变为“拉动式”生产制，将看板作为一种可视化管理的工具，以看板指令进行现场生产控制。随着信息技术的飞速发展，电子屏幕、网络技术和短信平台技术越来越普及，看板的形式发生了巨大变化，已不仅仅局限于传统的卡片、标语、图表等静态形式，而扩展到电子屏幕、网络数据、手机信息等多种形式。其流程如图 5-8 所示。

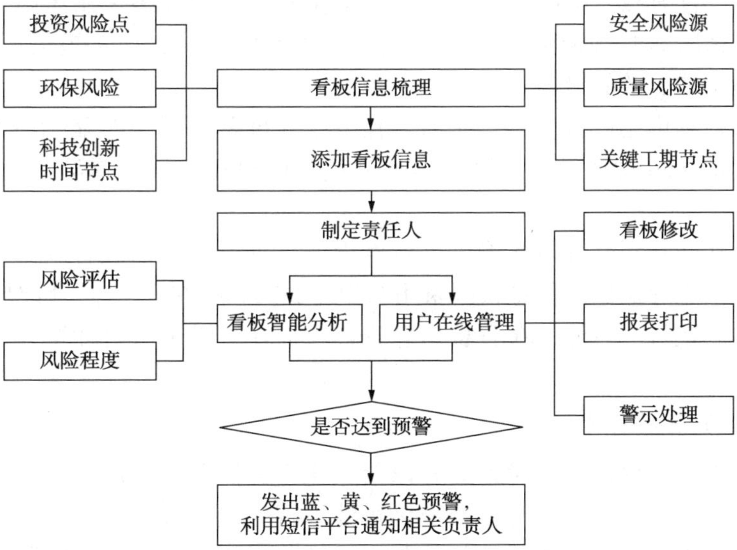

图 5-8 集成看板信息化管理流程

通过看板拉动实现施工、监控信息的采集和传递，并利用网络看板作为看板主要形式，利用标准统一的数据库形式作为看板信息数据库，利用 XML 语言在不同系统之间传递。利用网络平台进行数据采集，利用计算机、电子屏、手机等终端设备，作为信息接收的载体和看板形式，接收看板信息，根据相应指令进行问题处理。

针对工程项目看板管理需要，采用 B/S 技术框架结构开发了看板管理信息系统，编程语言采用 C#、ASP. NET 和 JavaScript 语言，利用 Visual Studio 版本的可视化开发工具；在 WindowsServer2003 操作系统下进行开发调试；使用 MSSQL Server 作为数据库，用于数据的存储。

看板管理信息系统由安全看板、质量看板、工期看板、投资看板、环保看板、创新看板、施工计划、监督计划和廉政建设等模块组成。分管工程师将相应看板信息上报到看板管理系统中，系统采用蓝、黄、红色进行看板预警，并自动发短信通知有关负责人，可在电子大屏幕实时显示看板信息，做到实时监控。

安全看板由建设单位专业工程师将Ⅰ类安全风险源(既有线改扩建工程、风险隧道、跨既有线铁路、跨高速公路、跨通航河流的桥梁、箱梁制造及运架梁施工)填报到安全看板管理系统中，由系统自动发短信通知有关负责人，督促对安全风险源采取有效的控制措施。Ⅱ类、Ⅲ类安全风险源由各施工单位梳理，上传到安全风险源看板管理系统中，做到能上网就能实现共同对风险源进行监控。

质量看板由建设单位专业工程师将Ⅰ类质量风险源填报到安全看板管理系统中，系统将自动发短信通知有关负责人，督促对质量风险采取有效的措施。Ⅱ类、Ⅲ类安全风险源由施工、监理单位进行监控。

工期看板由建设单位专业工程师将关键工期节点上报到工期看板管理中，系统将工期临近程度设为蓝、黄、红色预警，并自动发短信通知有关负责人，督促对工期风险采取有效的措施。

投资看板、环保看板、廉政看板等由建设单位专业工程师将控制风险点上报到投资看板管理系统中，系统根据风险临近程度分黄、红色预警，并自动发短信通知有关负责人，督促对投资风险采取有效的措施。

形象进度看板利用建设调度信息平台，在电子大屏幕每天实时显示桥梁、路基、隧道的形象进度，自动显示控制工程的进度与计划进度的对比，自动提醒控制工程进度滞后，做到实时监控。

分管工程师在登录到系统后，除了查看看板信息外，还可以进行新增看板信息、编辑看板信息和删除信息等操作。信息权限采用“谁填写谁维护”的原则，“修改”与“删除”操作只能由信息填写人执行。另外，在看板信息查询页面还可以进行打印操作，将本页面信息内容直接打印。

(四) 智能风险预警技术

在对每日的观测数据进行及时采集并以信息化方式进行记录的前提下，利用定量的观测数据，这使对于风险点进行智能预警成为可能。首先以工程类比为方法，以风险评估为基础，进行施工风险动态信息化评估与控制，通过分析研究确定了以沉降观测值作为风险控制标准的方法，以单期沉降值 2mm 作为风险临界点，利用智能化信息检索技术和编程计算方法，通过后台程序设计建立风险分析子系统，进行智能决策和风险预警，实现了对异常台账预警功能，利用不同的颜色表示观测点风险程度，该方法在沉降观测信息化管理模块中予以实现，取得良好效果。

在观测记录页面中，系统可以通过不同颜色对观测信息进行预警，页面中观测记录底色为黄色代表单期沉降值超过正负 2mm；观测记录底色为橙色代表观测日期超过 7 天；观测记录底色为红色代表该记录观测日期超过 7 天，单期沉降值超过正负 2mm。

当观测记录单期沉降值超标时，在观测记录列表中会提示填写异常，点击观测记录列表中的“填写异常”链接，进入沉降值异常记录页面。在弹出的页面中填写异常情况、异常内容和处理措施，提交即可，当观测点管理人员通过“异常台账”菜单查看到本单位异常风险情况时，即可以根据指导采取相应处理措施。

在“沉降观测”模块的“异常台账”子菜单中，实现了对于工程施工异常点的风险预警。建设单位管理人员通过定期检查异常台账信息，相应地将异常信息、工点信息、责任人信息等录入到看板管理系统中，即可以利用智能短信平台，自动进行风险评估，通知相关责任人。相关责任人进入该页面对所有异常观测点进行查询，通过关键字和观测日期过滤，管理人员可以迅速定位本单位异常台账信息。查看异常原因和处理措施，同时可以通过“导出 Excel”将显示结果以 Excel 格式导出，进行进一步处理和分析。

第三节　铁路工程建设质量信息化管理

一、工程质量管理

（一）工程质量管理概述

1987 年，国际标准化组织（ISO）在总结世界发达国家全面质量管理经验的基础上，制定了 ISO 9000《质量管理和质量保证》系列标准。ISO 9000《质量管理和质量保证》系列标准的制定和推行，标志着世界已进入了现代质量管理阶段。

但是，在全面推行现代化的质量管理过程中出现了许多问题，一是质量管理体制不健全；二是建设工程的质量检验标准和评定标准不统一；三是缺乏现代化的管理手段。

在工程建设中，为了控制、减少和根除质量问题造成的危害和损失，通过质量标准化实现降低风险和节约成本的目的，就必须进行工程质量管理。工程质量管理就是指为保证和提高工程质量，运用一整套科学的管理体系、手段和方法所进行的系统的管理活动，是为确保工程质量，根据一定的质量方针，通过在质量体系中的质量策划、质量控制、质量保证和质量改进来实施其职能的所有活动，力争使工程建设质量达到全优，实现质量好、工期短、消耗低、经济效益高、施工文明和符合安全标准的全优工程。

计算机辅助质量系统借助计算机、网络、数据库等现代信息处理技术，能够为企业质量保证体系运作过程提供自动化工具与手段，实现质量数据与信息的自动化处理，及时准确地为企业各职能部门提供质量信息，为企业的全面质量管理与经营决策提供支持。

通过对信息化技术在工程质量控制中的应用研究，利用混凝土搅拌站信息化管理平台，改变了传统混凝土质量管理方法，由传统的事后质量统计和质量检验，变为基于实时监控和智能分析的现代化质量管理决策分析控制方式。同时为了更好地进行工序质量管理和工程质量影响因素的控制，利用基于WEB服务器的软件开发和系统发布技术，实现了工序质量控制和"人机料法环"等工程质量影响因素控制的信息化管理系统。

（二）工序质量控制

1. 工序质量控制概述

工序是指施工工序，是过程产品(或工程项目)构配件或零部件生产(施工)制造过程的基本环节，是构成生产的基本单位，也是质量检验和管理的基本环节。

通常所说的一道工序，是指一个或一组作业工人在一个工作地对一个或者若干个劳动对象(工程、产品、构配件或零件等)进行变化的过程。如果劳动对象不变，而操作地变换，就成为另外的工序。从现场管理角度看，从工序的组合和影响工序质量的多个因素看，工序就是人、机、料、法和环境对产品(工程)质量起综合作用的过程。工序是工程施工中质量特性发生变化的基本单元。

建设工程项目的施工过程是由一系列相互关联、相互制约的工序所构成，工序质量直接影响工程项目的整体质量，要控制工程项目施工的质量，必须控制工序的质量。

2. 工序质量控制的目的

工程项目的施工，工序质量是基础，直接影响工程项目的整体质量。工序质量控制实际上是通过对工程产品的一部分(子样)的统计性质来判断总体(母体)的性质，进而对工序实行控制。它是利用各种手段控制好施工过程中人、机、料、法、环境要素。

工序质量控制可以有效地控制施工生产过程，及时发现异常原因，便于采取有效措施，防止不合格项目发生，保证工程质量。有助于施工单位的各项管理工作的改进和提高。通过质量控制活动中的工序条件质量的分析和解决，促进企业与施工生产活动有关的部门和管理人员的协同工作，促使其改进本部门或本岗位的工作，提高工作质量，以保证工序条件质量的改善。

3. 工序质量控制方法

对工序质量控制通常采用的方法是通过对工序一部分进行检验来统计、分析和判断整个工序的质量，进而实现对工序质量的控制。施工过程的工序质量控制，包括对承包单位自检、互检、工序交接检查、隐蔽工程验收检查、无损检测及理化试验等内容的确认和复查。工序质量的控制方法主要有检查、试验和工序管理的方法。

（1）检查的方法。检查的方法是对工序质量进行专门检查，包括把施工单位自检的结果作为分项工程、分部工程和单位工程质量验评的依据。质量保证文件检查的方法包括视觉检查和工具检查。视觉检查包括在现场观察工序的作业情况，用目测和手摸的方法检查工序的质量；工具检查则是使用尺、工具和测量仪器检查工序质量的状况等。

（2）试验的方法。试验的方法包括对工程材料和工程产品的抽样检验、精确试验，定性和定量分析鉴定，常用于隐蔽工程和重要部位的质量控制。

（3）工序管理的方法。工序管理的方法是通过对施工单位质量体系的监控，从设备订货、采购、对外委托加工、施工准备到施工全过程的质量控制和通过对工序能力的分析研究来控制施工工序的质量。

针对以上方法，开发隐蔽工程信息化管理模块，实现隐蔽工程的验收检查，开发了工艺试验信息化管理模块进行管理，开发工序签认和人机料信息化管理模块进行工序管理保证工序质量。

（三）人机料管理

质量控制的理论通常认为，影响产品最终质量的因素是“人机料法环”（人员、设备、物资、方案和环境）。因此，对这五方面进行严格控制，是保证项目施工阶段质量的关键，针对工程质量五大影响因素，我们开发了相应的人机料管理模块和标准化管理模块，有效实现了工程质量的管理。

（1）人的因素的控制

在施工阶段的质量控制中，涉及的人员包括：承包单位人员（包括施工单位的管理人员、工人和分包商）、监理人员、业主及其管理人员。其中对于承包单位人员和监理单位人员的控制至关重要。在建设监理的质量控制中，人的因素控制有着非常重要的意义，控制的范围包括承包商、监理人员及业主，其关系是：业主与监理公司相互约束，而承包商则受到监理人员及业主的控制。

在系统开发中，考虑了人的因素对工程质量的影响，“人员管理”模块实现了“人员统计”“管技人员查询”“工人劳务工查询”“人员变动查询”“培训情况统计”“人员档案维护”“人员变动维护”和“承诺人员维护”等功能，供所有参建单位（包含建设单位、施工单位、监理单位、设计单位）使用，实现了各单位人员的有效管理。

（2）机械设备的控制

施工机械设备是实现施工机械化的重要物质基础，是现代化工程建设中不可缺少的设施，对工程项目的施工进度和质量均有直接影响。因此，在项目施工阶段，从保证项目施工质量的角度出发，着重从机械设备的选型、机械设备的性能参数和机械设备的使用操作等三方面予以控制。

生产设备是用于项目投产运营后所必需的设备，尤其是一些大中型项目的生产设备在项目施工阶段对生产设备的控制，主要是控制设备的检查验收、设备的安装质量和设备的试车运转。

通过开发“设备管理”模块，实现了对大型设备、特种设备、普通施工设备的管理，并提供了汇总和报表统计功能，由施工单位维护，建设单位进行查看监督。

（3）工程材料的控制

工程材料（包括半成品、构配件）是构成工程实体的主要内容，材料的品种多，数量大，所以做好工程材料的质量控制对提高工程的质量具有重要的意义，可以保证工程的质量，保证工程按期竣工，降低工程的成本。

工程中使用的各种材料（包括半成品、构配件），必须经过监理工程师检验认可后才能使用，监理工程师在进行检验时，应该严格遵守质量标准原则和及时检验原则。

工程材料的检验程度分免检、抽样检查、全部检验 3 种，可根据工程材料的用途、来源和质量保证资料的情况来选定。工程材料质量检验的内容分为资料文件审查、外观检查和理化检查。文件检查包括对施工企业提供的工程材料的技术文件和质量保证资料进行审查。外观检查是对材料样品进行品种、规格、标记、外形尺寸等方面的检查，理化检查是对材料样品进行化学成分、机械性能等方面的检查。无损伤检查，是在不损坏材料样品的情况下利用有关仪器对材料的检查。

“物资管理”模块实现了甲供合同台账、甲供供应台账、甲供结算台账、甲控物资台账、自购物资台账的管理功能，实现了物资材料的信息化管理，方便了对物资材料监管，有效保证了物资材料质量。

随着我国经济的迅速发展，我国铁路的建设取得了举世瞩目的成绩，铁路作为时速大于200km的客运专线，既要求比传统线路更高设计、更高施工及运营标准，又要求铁路实现更为可观的成本控制。铁路施工过程中存在点多、线长、面广、环节复杂等问题，质量监控工作任务繁重；同时由于铁路主要结构工程均采用高性能混凝土，原材料组分多达7种以上，从原材料配合比确定、计量、拌制到浇筑施工，其工艺技术指标均有严格要求，传统的混凝土搅拌站静态监控手段无法满足城际客运专线高标准的混凝土商品化生产要求，混凝土搅拌站管理存在效率低下、成本高昂及质量不合格等问题。因此，在铁路建设工程质量信息化管理中，专门开发了混凝土搅拌质量信息化管理子系统。

二、混凝土搅拌质量信息化管理

（一）传统混凝土搅拌站存在的问题

经过调查，传统的混凝土搅拌站静态监控方法存在四个问题。

（1）搅拌参数控制存在较大误差。配合比、搅拌时间和计量控制对于高性能混凝土的生产至关重要。传统的混凝土搅拌站监控手段中，由于采用人工管理的方法，使得这些参数带有比较大的随意性，无法达到相应标准规范的要求，产品质量难以得到有效保证。

（2）作业过程监控不能有效实施。有效监控混凝土作业持续时间为保证施工质量提供了依据，结构混凝土浇筑工序，如桥梁桩基和墩身、隧道二衬混凝土浇筑等，应在规定时间段内完成，若超出正常施工时间，将造成混凝土外观或实体产生不必要的施工缝、间歇缝、蜂窝、麻面、孔洞、错台等缺陷。在实际操作中，由于不能对这些工序的施工过程进行有效的监控，在出现上述质量缺陷时，不能识别是因为原材料、混凝土配合比、搅拌工艺、运输过程还是浇注工艺等哪一个环节出现的问题，给问题原因分析和整改造成困难。

（3）搅拌数据采集效果无法保证。保证搅拌数据采集的及时性、真实性和完整性，是进行过程控制、成本控制和质量控制的关键。但在传统混凝土搅拌站中，由于混凝土搅拌机控制电脑多在脱机情况下运行，导致信息收集上报存在滞后，同时由于现场操作人员对搅拌数据有完全控制权，导致数据的真实性和完整性无法保证。

（4）手工操作无法实现实时自动化标准化控制。搅拌机控制电脑自动储存的管理系统报表产生过程中，部分识别或控制数据需要操作人员按规定格式录入，在实际操作中，存在录入数据内容和格式的准确性和真实性不能被及时鉴别的情况，给混凝土生产过程管理造成困难，不能实现搅拌过程中主动控制。

（二）混凝土搅拌站质量控制目标

1. 混凝土搅拌站质量控制目标

为了解决现有搅拌站管理中存在的问题，通过引进、消化、吸收和创新，在现场进行了混凝土搅拌站信息化监控系统的实践与应用，取得良好效果，形成了一种能够保证工程施工质量、规范作业模式、便于成本核算并能加强生产成本控制的混凝土搅拌站生产过程动态信息化监控系统及管理方法。通过对混凝土搅拌站所有生产活动信息、痕迹的全天候实时监控，利用信息化混凝土搅拌站管理技术的研究目标，主要目标是实现混凝土搅拌站的实时动态监控技术、智能纠偏技术和主动控制技术，创新管理手段、提高管理效率、降低管理成本。具体内容包括：①实时监控纠正，严格执行配合比；②保障搅拌时间；③发现和校正计量误差；④执行工艺标准，监控作业延续时间；⑤实施过程控制，监控材料实际用量；⑥保证数据安全，便于成本核算；⑦实现事中主动控制，避免事后被动控制；⑧保证数据真实，实施有效管理；⑨规范作业模式，实现标准化。

2. 混凝土搅拌站系统构架

系统物理组成主要包括搅拌站数据采集单元、GPRS 远程信息传输单元和数据存储分析与查询单元三个部分，各单元的功能分别为：

（1）搅拌站数据采集单元由拌和机控制电脑和专用接口程序组成，提供搅拌站运行数据的自动采集功能。

（2）GPRS 远程信息传输单元是基于 GSMR 系统无线分组交换技术的数据传输终端，提供数据采集端到存储分析端的传输功能；GPRS 无线数据发送方便，无须网络，通过广域的无线网连接，只要有手机信号即可实现数据互通，且采集数据以文档的形式进行保存，数据格式简单，易于保存阅读。

（3）存储分析与查询单元由专用中心服务器和数据处理软件组成，提供数据存储、分析处理、信息无线报送和受控用户通过广域的 IP 连接远程访问查阅功能。

系统运行需在混凝土搅拌站、中心服务器和用户（试验室、项目经理部、工程指挥部）之间建立数据关联，才能实现各搅拌站的数据统一。混凝土搅拌站和中心服务器之间的数据关联由 GPRS 无线数据模块来完成。如图 5-9 所示，中心服务器建在项目指挥部或某数据中心，用户可通过 WEB 网络访问给定门户网址查询监控各搅拌站的实时运行数据。实验室和其他监控用户可将理论目标数据提交至数据中心，通过与实际生产数据进行对比验证，获得监控结论和统计分析报表。

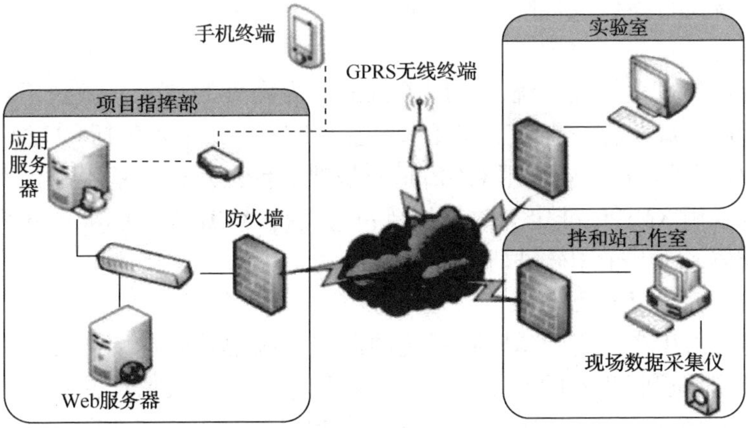

图 5-9　混凝土搅拌站物理架构

3. 搅拌站信息化管理的技术体系

传统的静态监控手段效率低下、成本高、无法满足高标准生产的要求，在综合分析高性能混凝土生产过程中涉及的物的状态、人的行为、工作的终极目标基础上，适应现场混凝土施工中的需求，利用现代信息技术，采用基于 GPRS 远程信息传输、数据存储、分析平台和广域网(WAN)多用户实时访问信息门户的监控系统。

混凝土搅拌站生产过程信息化管理系统运用 GPRS 无线通用分组服务技术，有效解决混凝土搅拌站控制计算机未连接 Internet，不能进行数据传输的问题；采用 B/S+C/S 系统架构，用户只需登录网页即可查看各项台账数据；采用 J2EE 架构，使各项业务独立管理、分步实施，既可以完全独立于其他建设工程信息化管理模块，又可以与其他模块深层交互、高度耦合，共同实现建设工程信息化管理功能。

（1）GPRS 通用分组无线服务技术

GPRS 通用无线分组业务，是一种基于 GSM 系统的无线分组交换技术，提供端到端的、广域的无线 IP 连接。从技术上来说，声音的传送(即通话)一般使用 GSM，而数据的传送便可使用 GPRS，使用了 GPRS 后，数据实现分组发送和接收，意味着用户总是在线且按流量计费，大大降低了服务成本。GPRS 通用分组无线服务技术的应用优势及特点：①高速数据传输；②永远在线；③仅按数据流量计费。

（2）B/S+C/S 软件体系结构

本系统平台部分采用 B/S(浏览器/服务器)架构，数据采集及发送采用 C/S 架构(客户端/服务器)，使信息资源更加安全可靠，从而满足高度安全的远程办公需要。C/S 软件架构应用服务器运行数据负荷较轻，数据的储存管理功能较为透明，但是维护成本高昂且投资大。B/S 软件架构维护和升级方式简单；成本降低，选择更多，但是应用服务器运行数据负荷较重。

混凝土搅拌站信息化管理系统的构建综合了 C/S 和 B/S 结构的优点，避免了各自的不足，因此系统采用了比较灵活的 C/S 和 B/S 结合的结构模式。B/S 模式即可满足大部分普通用户的日常工作要求，用户只需登录网站，就可以对混凝土搅拌站各项参数进行查看和统计。对于有特殊需要的用户，则可以通过客户端软件，对混凝土搅拌站进行更为专业的控制，比如对系统运行参数进行修改或调整。

（3）技术指标

混凝土搅拌站信息化管理系统，采用了目前最为先进的技术，做到了功能强大、结构合理、安全可靠和开放兼容，有利于该技术的进一步推广，主要包括：①采用 J2EE 技术架构；②采用 MVC 模式开发；③采用 iTOP 业务基础平台，开创了基于平台面向业务开发软件的新模式；④采用 XML 标准定义数据规范；⑤支持 WEB 服务标准；⑥采用界面容器技术；⑦采用安全体系；⑧采用软件研发标准过程。

4. 搅拌站运行管理主动控制技术

该混凝土搅拌站生产过程动态监控系统的研究与应用是应现场混凝土施工中存在的质量监控和成本控制需求而开发的基于 GPRS 远程信息传输、数据存储、分析平台和广域网(WAN)多用户实时访问信息门户的监控系统，实现了混凝土施工过程信息数据处理的智能化，解决了混凝土施工的过程管理信息的真实性和反馈响应及时性问题，达到了对混凝土施工过程动态监控的目标。监控系统针对高性能混凝土生产过程进行综合分析，具有明确的业务逻辑关系，突出了重点功能的实现。

WEB服务器将收集储存的数据自动进行处理主要包括以下内容：

（1）混凝土搅拌时间汇总图示（当前值和历史值），与配合比数据库指标比较，误差超过规定限值时向指定的管理用户发送手机短信；

（2）材料用量汇总图示（当前值和历史值），与配合比数据库指标比较，误差超过规定限值时向指定的管理用户发送手机短信；

（3）产能分析，根据不同检索条件（不同监控范围、不同搅拌站、不同类型等级、不同用途）自动汇总混凝土生产总量；

（4）原材料用量统计，系统自动汇总不同监控范围、不同搅拌站、不同类型等级混凝土所用的各类原材料数量，与配合比数据库指标比较计算材料用量误差；

（5）成本核算，通过设计配合比原材料理论数量与实际使用数量比较，分析材料成本节超。

监控系统的研究与应用实现了对混凝土生产过程的实时动态监控，利用射频技术从混凝土搅拌站控制机上实时读取搅拌站运行参数，利用互联网管理平台对搅拌站信息进行实时采集和分析，通过将搅拌站运行参数与配合比数据库进行比较，自动计算系统误差，通过短信预警功能，提示相关人员进行实时调整控制，实现了智能纠偏和主动控制的目的，将质量管理由事后分析转变为事中控制，有效地保证了工程施工质量，加强了生产成本控制，提高了建设项目的管理效率和管理水平，体现了现代信息技术和工程技术的有机统一，在工程建设行业内的应用较少，创新性和实用价值极高，应用前景广泛。

5. 搅拌站信息化管理操作流程

混凝土搅拌站的信息化管理的操作流程主要包括参数确定、数据采集和分析处理三部分，混凝土搅拌站生产过程动态监控系统流程，包括七个步骤，如图5-10所示。

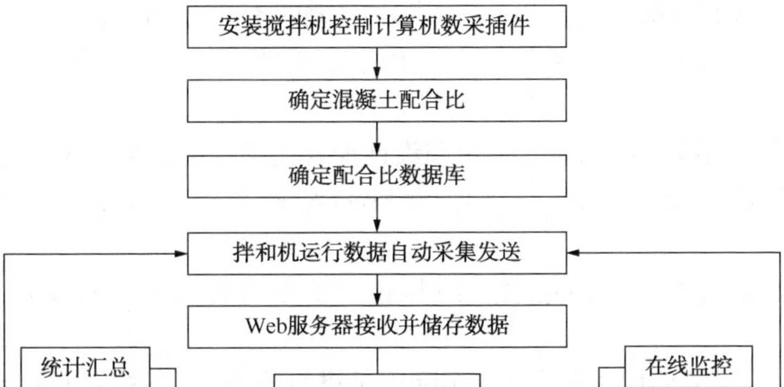

图5-10　混凝土搅拌站监控流程

(三)混凝土搅拌站信息化管理系统

1. 混凝土搅拌站动态管理

混凝土搅拌站管理通过混凝土搅拌站管理子系统实现，该子系统由动态监控、统计分析、查询核算权限管理、系统设置等功能组成。实现了实时查询材料用量、搅拌时间，对系统进行动态监控；查看实际产能和产量，对混凝土生产信息进行统计分析；进行成本核算、推算施工时间；以及短信实时报警、辅助提醒等功能。授权用户可通过 Internet 访问混凝土搅拌站生产过程动态监控系统网页，实现对混凝土搅拌站生产过程的动态监控和历史数据统计分析成果的查询监控。

(1)动态监控

动态监控是对于每一盘混凝土的拌和时间和材料用量进行实时采集，并利用形象直观的图表格式进行形象显示，用于及时发现混凝土搅拌中存在的问题，实现实时监控和主动控制。

① 对指定搅拌站生产过程中的每一盘混凝土的拌和时间进行实时监控，每一盘拌和作业完成的同时，将拌和时间显示在用户监控界面。

② 对每一盘混凝土的原材料组分进行实时监控，验证混凝土配合比的执行情况，实时显示所用各类原材料数量。

(2)统计分析

统计分析管理主要用于对拌和时间、材料用量、产能和材料误差进行分析，进行质量追溯，进行事后总结、分析和控制。

① 拌和时间历史查询对指定搅拌站、指定时间段内生产过程中的每一盘混凝土的拌和时间进行查询，分析判断拌和周期变化情况，提供质量追溯依据，实现事后监控。

② 材料用量历史查询对指定搅拌站、指定时间段内生产过程中的每一盘混凝土的材料用量进行查询，分析原材料宏观变化，评判混凝土配合比的执行情况。

③ 产能分析对指定搅拌站、指定时间段内混凝土的产量进行查询。可以按照季度、月份、周分别进行统计。

④ 对各种材料的用量进行查询，通过与设计配合比确定的材料用量比较，分析材料用量误差，评判混凝土配合比执行情况。自动生成 Excel 格式的统计报表，便于进一步储存分析。

(3)成本核算

成本核算主要是对原材料使用的节约与超支情况进行分析，对生产混凝土数量进行统计。

① 对混凝土生产过程中各种材料的实际用量进行查询，通过与设计配合比确定的材料计划用量比较，自动分析各种原材料使用节超情况。

② 对搅拌站提供给指定工程部位混凝土的总量进行统计查询，通过与设计图确定计划用量比较，自动分析混凝土的生产总量、使用分布情况和使用节超情况。

(4)实时短信提醒

实时短信提醒主要用于将混凝土搅拌站运行异常情况及时通报各级管理责任人，实现对混凝土搅拌站的实时监控和动态管理，实时短信提醒包括材料用量超标提醒和生产成本超标提醒。

① 通过系统设置指定各搅拌站的管理责任人及其手机号码，可根据管理机构组织模式和问题的严重程度设置多级报警，实现不同强度和级别的过程监控干预。

② 监控系统对每种材料的实际用量和实际搅拌时间等指标与系统中设定的理论材料用量和理论搅拌时间等指标进行比较，当指标的误差值大于规范允许的误差时，系统自动向管理责任人发送手机短信报警。

③ 当指标的误差值在规范允许的误差范围内时，系统自动储存监控数据备查，但不发送手机报警短信。

2. 搅拌站信息化管理系统解决方案

通过对传统搅拌站出现的问题的深入研究，本搅拌站信息化管理系统提出了一系列的解决方案，实现了搅拌站管理的全自动、精细化控制。实现了实时查询材料用量、搅拌时间，对系统进行动态监控；查看实际产能和产量，对混凝土生产信息进行统计分析；进行成本核算、推算施工时间；以及短信实时报警、辅助提醒等功能。授权用户可通过 Internet 访问混凝土搅拌站生产过程动态监控系统网页，实现对混凝土搅拌站生产过程的动态监控和历史数据统计分析成果的查询监控。

（1）动态监控

系统管理员授权的用户可通过 Internet 访问混凝土搅拌站生产过程动态监控系统网页，实现混凝土搅拌站生产过程的动态监控、统计分析和成本核算数据的查询。

（2）统计分析

统计分析主要对指定搅拌站、指定时间段内生产过程中的每一盘混凝土的拌和时间和材料用量进行查询，分析材料用量误差，评判混凝土配合比执行情况。可按季度、月份、周分别统计每个搅拌站或对应工程部位的混凝土生产数量。

（3）实时短信提醒

监控系统对搅拌站混凝土拌和生产过程中每种材料的实际用量和实际搅拌时间等指标与系统中设定的理论材料用量和理论搅拌时间等指标进行比较，并根据误差大小判断是否发送短信报警。当这些指标的误差值大于规范允许的误差时，系统自动向管理责任人发送手机短信报警。

当指标的误差值在规范允许的误差范围内时，系统自动储存监控数据备查，但不发送手机报警短信。管理责任人根据收到的手机报警短信采取干预手段，报警短信可根据管理机构组织模式和问题的严重程度设置多级报警，实现不同强度和级别的过程监控干预。

三、工程质量信息化管理

铁路建设工程质量信息化管理主要是对工序质量的控制，它采用检查、试验及工序过程管理的方法实现，利用基于 B/S 架构的网站开发技术，开发了隐蔽工程影像化管理模块、工艺试验模块、岩溶注浆模块和工序签认模块，将信息化方法应用于不同工序的检查、试验和过程管理之中，实现了对各工序的信息化管理和控制。

（一）隐蔽工程模块

由于隐蔽工程会被后续工程覆盖，具有隐蔽性特点，一旦发生质量问题，会造成非常大的损失，甚至有的工程因为隐蔽工程质量存在问题，而导致在使用阶段安全事故的发生。

因此，我们开发基于影像化存档技术的隐蔽工程模块，用于进行风险控制和质量管理。各监理单位在每道隐蔽工程转工序前，按照隐蔽工程影像化的要求，对关键点、关键部位进行拍照，及时上传到隐蔽工程照片子模块，实现各管理部门能够通过信息化管理系统，共同对隐蔽工程进行监控管理。

（二）工艺试验模块

工艺试验模块是为进行施工工艺试验管理而开发的管理模块，工艺试验模块包括了四大模块，分别为工艺性试桩管理、试验段管理、工艺性试桩查询、试验段查询。通过本模块，施工单位以信息和多附件相结合的方式上报工艺性试桩和试验段的内容，填报该子系统之前需要在基础字典中维护试桩内容和实验内容，这两项内容的维护由系统管理员完成。

（三）岩溶注浆模块

岩溶注浆模块由施工单位每日上报该记录，由建设单位进行检查，系统共分为六大模块：施工点管理、日报填报、日报查询、周报查询、月报查询、统计报表。在岩溶注浆子系统中，日报填报前需要先维护好各标段或分部需要上报的路基名称才可进行下步操作。

以 NA 高速铁路工程建设为例，NA 高速铁路施工区域内溶洞非常发达，主要表现为地下的浅埋覆盖型溶洞，数量较多，分布较广泛。根据先导勘探钻孔资料显示，区域内共施钻 1107 个，有溶洞的钻孔有 397 个，占总钻孔数量的 35.8%。在 DK168+405.9～DK168+850 标段内岩溶率超过了 70%，岩溶发育较为强烈。由于 NA 高速铁路岩溶路基分布广泛，处理地段长，工程投资巨大，因此，如何保证注浆质量、控制施工成本、监督施工工期成为一个必须解决的问题。

为了实现路基岩溶注浆的质量控制，采用了标准化与信息化相结合的方法，利用标准化的施工设备进行施工，利用信息化的管理手段进行管理，取得了良好的效果。

在路基岩溶注浆施工中，按照上海局工厂化生产的标准，进一步规范岩溶注浆施工，施工现场按照工厂化统一布局和配备先进施工设备、现代化厂房进行施工作业，建设移动式标准化加工厂，同时在施工现场装配视频监控设备，进一步加强对现场的掌控。注浆现场采用注浆车间，注浆车间内设置两个泥浆池，分别盛放不同比重泥浆，水泥浆由罐车运输至现场注入泥浆池中，然后利用注浆设备进行注浆。

注浆施工采取工厂化、标准化的浆液拌和及注浆工艺，即由自动计量搅拌站集中生产，混凝土车运输至现场注浆池，采用与浆液相匹配的计量注浆泵进行压力注浆。通过配备标准电子计量设备，准确控制浆液配合比，确保浆液质量，现场通过电子计量准确记录注浆工程数量。同时为了有效控制注浆量，防止浪费成本，采用现代化计量设施对成本进行监控。水泥浆计量采用搅拌站标准电子计量设备，对每一盘水泥浆材料用量进行准确计量，并记录出场水泥浆量，注浆设备上配备电磁流量计及台式定值控制仪，通过双仪表进行注浆计量，有效保证了施工材料的质量。

为了对岩溶注浆的工程量进行统计和分析，开发了通过岩溶注浆试验管理模块，用户根据查询得到的结果，再通过局域网办公系统，就可以很方便地查询到岩溶注浆工艺的详细参数。对于有特定权限的管理人员，可以通过管理模块在网页中直接对试验内容进行编辑和删除操作，大大方便了岩溶注浆工艺试验的管理。

岩溶注浆模块方便了各施工单位网上填报每日数据，并且支持以图片的形式上传数据记录表格，系统可以根据上报数据自动计算出各单位工程的累计数据。通过岩溶注浆施工信息化管理，实现了施工单位数据的及时上报，优化了数据上报流程，减少了施工管理中的滞后效应，提高了管理单位的工作效率和反应能力。施工管理模块主要实现了工点管理、日报填报以及日周报统计功能，可以及时对施工单位工程量进行统计分析，保证了岩溶注浆工作能够保质保量完成。

利用便捷的网络传输设施和海量的数据存储功能，工序签认模块允许管理人员将隧道、连续梁、路基岩溶注浆等重点工程的施工许可和工序签认单每天传到专业工程师存档，刻成光盘作为验交资料备存；利用刻挂铭牌标志的方法，将主要工序负责人姓名落实到每一个墩、每一片根梁和每一块板，落实质量终身负责制，通过标准化的施工管理和严格的质量保证措施有效地控制工程风险。在路基岩溶注浆管理中，利用网络化工序签认方法，按照"一方干、三方看"的原则，将四方签认资料当日上传建设单位管理系统，生成不可修改文档，实现了网络化工序签认，大大方便了施工资料的保存、管理、查询、统计，有效控制了工程成本，保证了工程质量。

（四）工序签认模块

工序签认信息管理模块分为工序签认管理和工序签认查询。该模块由施工单位维护，由建设单位查看、考核。施工单位可以信息和多附件相结合的方式上报工序签认的内容，填报该系统时，需要在基础字典中维护工序类别和关键工序名称才行，进行统一的数据格式定义，由系统管理员进行统一维护。

工序签认的填报是由各施工单位的分部完成，各分部按照实际情况填写，主要字段包括：施工单位、工序类别、工点名称、具体部位、关键工序名称、施工单位(签认人、职务、签认时间)、监理单位(签认人、职务、签认时间)、建设单位(签认人、职务、签认时间)、质量情况、附件上传工序表。可以根据施工单位、具体部位、关键工序名称、工序类别和工点名称来查询相应的工序签认情况。在工序签认管理页面中，可以进行新增、编辑和删除操作。新增和编辑操作用于提交工序签认的电子信息和签认原件扫描件，以上传附件的形式上传工序表，可以选中多个签认原件的图片作为附件进行一次性上传，完成操作后，点击"保存"即可。点击签认列表最后一列的"删除"按钮，进行记录删除。查询操作与管理类同，可以通过不同的关键字进行信息过滤，提取相关信息。

四、人机料管理与质量标准化管理

现代的大型工程往往结构复杂，大量利用新工艺、新技术、新材料。施工工期长，施工队伍多，因此工程信息数量大、种类多、关系复杂，给质量检查和控制人员的工作带来了很大的困难。通过开发质量控制信息系统平台，将人员、设备、物资、方案、考评等进行信息化管理，可以避免人工管理中出现的问题，提高管理规模和效率，有效解决工程质量问题。

（一）人员管理模块

人员管理模块用于各参建单位维护各单位参加建设的人员信息情况，并且根据录入的信息统计出各参建单位的人员情况，与投标承诺进行比较，人员管理模块包括以下分模块。

（1）人员统计能够统计出各参建单位的人员数量，与投标承诺进行比较。

（2）人员档案维护分为多级维护，各单位、分部可以维护自己的人员信息。主要维护人员的基本信息和培训情况。

（3）承诺人员维护是参建单位录入投标时承诺的单位人员构成情况。

（4）拥有查询权限的用户可以通过施工单位、部分、岗位分类、安质从业人员等条件对人员信息进行综合查询，以方便快速地找到自己想要了解的内容，如人员档案查询和人员变动查询。

（5）人员变动维护是记录人员部门间或分部间调动或职务变动等，记录变动时间。

（6）培训情况统计根据每个人实际参加培训的情况进行统计，对于上岗证类的培训要记录上岗证的信息。

人员管理模块用于各参建单位人员的管理，由“人员统计”“管技人员查询”“工人劳务工查询”“人员变动查询”“培训情况统计”“人员档案维护”“人员变动维护”和“承诺人员维护”组成。维护人员可以进行人员档案维护、人员变动维护和承诺人员维护；一般人员可以进行人员统计、管技人员查询、工人劳务工查询、人员变动查询和培训情况统计，如图 5-11 所示。

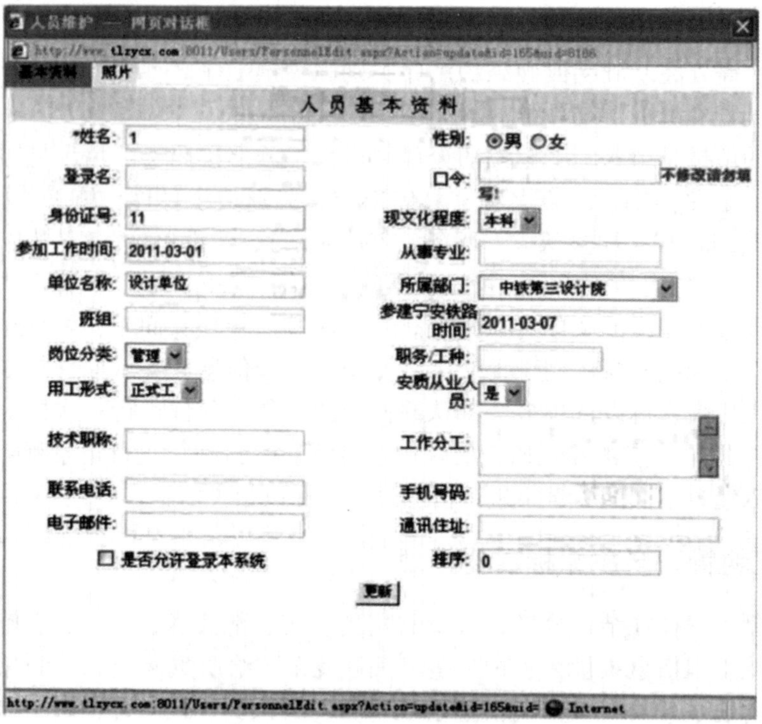

图 5-11　人员基本资料维护

（二）设备管理模块

设备管理（图 5-12）主要用于施工单位各分部物资管理人员，每天按照现场的设备实际到场情况录入系统。建设单位根据自己的需要及时查看了解现场设备情况。

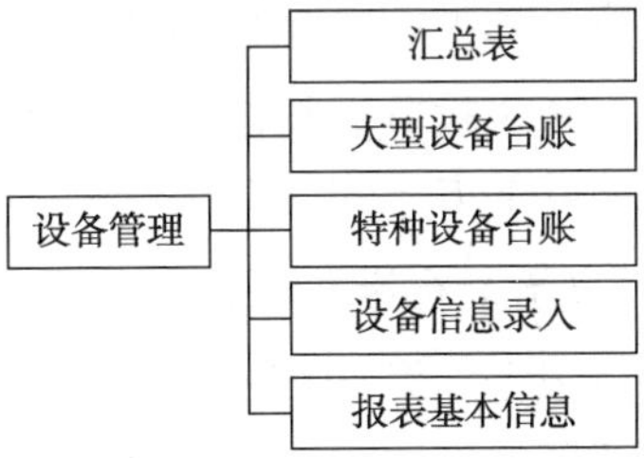

图 5-12 设备管理模块功能图

(1) 统计各施工单位的设备总数量、特种设备数量、各种状态的设备数量。点击统计数据显示详细设备台账信息。

(2) 统计设备的详细情况(设备名称、编号、规格型号、进场时间、出场时间、设备状态等)信息,可以按照不同的条件统计查询。

(3) 统计特种设备的详细情况(设备编号、设备名称、注册登记单位、注册登记号码、注册日期、检测单位、安全检验合格证号等)信息。

(4) 用于各施工单位分部录入设备台账信息,还包括添加、修改、删除等。

(5) 页面显示表头信息的设置。

设备管理模块又称作大机管理子模块,由各施工单位将进场的大型机械设备及特种设备的各种证书及验收报告上传到设备管理子模块中,建设指挥部、监理等人员能够动态掌握现场大型机械进场情况,设备管理主要用于施工单位各分部物资管理人员,每天按照现场的设备实际到场情况及时更新设备信息,录入系统。

(三) 物资管理模块

物资管理(图 5-13)模块利用对物资台账进行电子化存档和管理,主要分为甲供、甲控、自购三部分。甲供部分由建设单位填报,甲控和自购由各施工单位按季度填报。

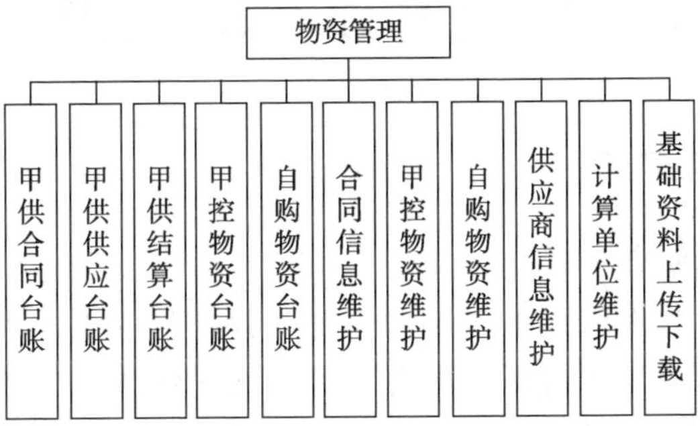

图 5-13 物资管理模块功能图

前五个功能模块都是用于统计查看台账的详细信息,以列表显示的格式并且可以导出 Excel 文件。在六个维护功能中,甲供物资、合同信息、供应商信息、计量单位都是由建设单位维护,甲控、自购由施工单位维护。

物资管理子模块,主要分为甲供、甲控、自购三部分,共十二个子模块。

物资信息管理分为甲供合同台账、甲供供应台账、甲供结算台账、甲控物资台账、自购物资台账五部分,物资信息维护分为合同信息维护、甲供物资维护、甲控物资维护、自购物资维护、基础资料上传、基础资料下载、计量单位维护。甲供部分由建设单位填报,甲控和自购由各施工单位按季度填报。各监理单位将主要进场材料的数量、规格、验收报告上传到材料管理子模块中,建设指挥部、监理等人员能够动态掌握现场材料进场情况。

(四) 合理化建议模块

合理化建议模块用于加强质量管理,参建各方所有人员都可以将安全、质量、工期、投资、环保和科技创新的合理化建议填报到模块中，如：优化设计、优化方案，能缩短工期、减少投资、提高安全、质量的建议，建设指挥部定期评比奖励好的建议，最大限度地采纳好的方案来提高工程施工的质量。

（五）标准化评定模块

根据上海局《关于印发上海铁路局建设项目标准化管理实施意见的通知》规定，每季度需开展标准化项目部、标准化监理站、标准化工地、标准化按评定对象查询时，输入查询条件后点击查询，统计出各考评对象的考评次数，点击考评次数显示具体信息，点击扣分，打开页面显示具体扣分原因。按活动名称查询时，输入查询条件后点击查询，统计出各活动名称，查看各被评对象的得分排名情况。

安质效考评由建设单位内部使用，用于对内部人员进行绩效考评。评定标准管理模块首先确定评定的标准，然后由考评人根据现在检查情况进行考核评分，系统自动汇总统计排名。评定计划管理模块制定评定标准，主要分为四大类：标准化项目部、标准化监理站、标准化工地、标准化现场设计组。考评计划评分模块由考评人设定考评计划，及确定被考评对象和考评时间等，由考评人评分，按照之前维护好的评定标准进行打分，并可以填写扣分的原因。历史考评模块用于查看历史考评成绩和扣分原因，可以按照计划名称查询，也可以按照被评对象查询，并对成绩进行排名。

第四节　铁路工程建设进度信息化管理

一、工程形象进度管理

（一）工程进度管理概述

工程项目进度管理是指在既定的工期内，对工程项目的工作内容、持续时间、工序及衔接关系，依据工程项目施工进度既定的总目标与优化资源配置的原则编制进度计划，然后执行进度计划，在计划执行的过程中反复检查、记录工程实际进展情况，然后与计划进度进行比较，若发现偏差，分析偏差产生的原因和对进度的影响程度，然后调整原计划，不断地循环往复，直到施工完成，投入使用。

工程项目进度管理以工程活动为基本管理对象。工程活动是指工程项目结构图中不同层级的单元，如整个工程项目，各个单项工程、单位工程、分部工程或分项工程。项目的进度状况数据一般由各分项工程完成百分比逐层向上汇总得来。因此，为实现进度管理的目标，及时、动态地掌握工程项目结构图中各层级单元实际进度的执行情况，尤其是底层的执行情况，是实现整个进度目标体系的关键。

施工过程中的进度控制主要包括三方面内容。

（1）定期收集数据，预测施工进度的发展趋势，实行进度控制。进度控制的周期应根据计划的内容和管理目的来确定。

（2）随时掌握各施工过程持续时间的变化情况以及设计变更等引起的施工内容的增减，施工内部条件与外部条件的变化等，及时分析研究，采取相应措施。

(3) 及时做好各项施工准备，加强作业管理和调度。在各施工过程开始之前，应对施工技术物资供应，施工环境等做好充分准备。应该不断提高劳动生产率，减轻劳动强度，提高施工质量，节省费用，做好各项作业的技术培训与指导工作。

形象进度是把传统的工程图纸通过电子化和数字化的形式，将工程总量、施工计划安排以及施工进度智能转化为形象、直观的图形输出。形象进度利用人类最直观的视觉效果，采用简洁明了的图形技术，以及简单的色彩对比，对项目的各种形态、信息进行描述，能极大地方便建设单位对工程的掌握和管理，因此在工程项目信息化管理中得到广泛的应用。

(二) 基于施工数据的形象进度模型

铁路建设项目具有工期长、工程繁多、施工工序繁杂的特点，对于进度控制模块，简单的计划、进度表格显然不能满足建设单位的需求，因为管理者需要将看到的各项数据形成直观的信息，还需要经过思维加工，众多的专业加重了管理者的工作量。形象进度能够清楚地反映工程的进展，使得管理者能够对工程的进展一目了然，对工程实际进度与计划进度有直观的把握，形象进度直观反映了工程的实际进度、计划进度、总工程量的关系，使得计划调整有了最直观的依据。

单位工程层面形象进度反映了每个分项工程的进展情况，首先需要初始化铁路工程基础数据，例如路基的路肩标高、地面标高，桥梁的孔数、梁长、桩数、基础高、墩台高，涵洞的类型、长度、承包单位等信息，这些数据都需要按照工程施工中的实际情况，根据施工图中的实际数据进行录入。

此外，根据台账信息可以生成形象进度所需要的各种进度信息，大大减少了施工单位的填报工程量。而且，由施工单位填报的进度数据形式固定，同类专业的各个单位工程的分项都不完全一致，很难做成通用的模板，通过台账数据生成进度信息，由系统进行自动汇总，大量的工作由系统在后台自动运行，数据保存在数据库。用户对形象进度提出新的需求时，只需从库中提取数据，重新展示，不需要推翻进度上报模块，满足信息系统的通用性。

(三) 进度信息的形象展示

形象进度作为项目进度动态控制的辅助工具，在施工过程中的进度控制方面具有重要的作用，它能够生动、准确、直观地让管理者了解项目进展的真实情况，及时发现问题，纠正偏差，采取补救措施，确保工程顺利进行。

在工程项目进度计划编制、进度计划优化、进度动态控制的过程中，一般采用“甘特图”“网络图”“柱形图”“折线图”等图形可视化地表达进度信息。在很多常用的工程项目管理商品化软件，如“P3”“Open Plan”中，都提供了对“甘特图”“网络图”等进度图形绘制功能的支持。

甘特图是以时间为横坐标轴、任务列表为纵坐标轴绘制的一组棒条图。棒条的起点代表工程的各个任务的开始时间和顺序的先后，棒条的长短代表任务的持续时间。甘特图能够直观地表示进度计划，显示计划进度与实际进度的对比，清晰地反映出工程项目的进展情况，能够辅助工程管理人员直观地找出项目进度上的偏差，及时地作出决策，采取补救措施或者动态调整原有进度计划，使实际进度与计划进度保持一致。由于甘特图图形简单，易于手工编制，能清晰地反映出任务进度信息，在工程项目进度管理工作中得到广泛应用。

网络图是描述任务及其逻辑关系的有向无环图。根据表示方式的不同，网络图分为单代号网络图和双代号网络图两种形式。双代号网络图用有向边表示任务，节点表示任务的开始或结束，任务编号用有向边连接的两柱形图以横坐标表示时间点，纵坐标表示任务累计完成量（或百分比），用一组水平排列的竖条直观地显示出各个时间点任务累计完成量及各个时间点任务累计完成情况的对比。

折线图是以横坐标表示时间，纵坐标表示任务累计完成量（或百分比）绘制的任务累计完成量（或百分比）随时间变化的曲线。工程项目一般在开工和竣工阶段进展较慢，中期进度则较快。任务累计完成量折线图反映了任务随着时间的延续，逐渐逼近完成的情况。

传统的基于手工表格和横杠图等的形象进度管理，存在信息闭塞，传阅不便，修改困难等缺点，故采用了基于网络平台的信息化形象进度管理的方法进行进度管理，取得了良好效果。

铁路施工的形象进度是根据铁路施工计划的安排、进度的完成情况，利用图形技术形象地反映各个工序的进展情况，就工程而言，形象进度是一种接近具体工程的图形输出。为了更好地显示施工过程，需采用更符合工程师及现场人员工作习惯的形象进度展示方法，帮助他们形象、直观地了解工程进度，并迅速做出正确决策。因此二维的平面形象进度展示方法在铁路工程中得到越来越广泛的应用。

工程施工中的二维形象进度画法，通常以单位工程总长度为横坐标，并将总长平均分为很多个间隔，由用户可以选择每个间隔的尺寸；或者按照各分项工程的实际位置，沿线路总长对整个工程进行划分，纵向依次设置各施工工序的图例。一般情况下，还可以选择某一日期，查看截至此日期的工程进展。可以针对每个分项工程，用涂红表示工程已经施工，以此形象表示工程进度，点击红色区域部分，可以查看到该分项工程的详细进度信息。

二、系统进度管理模块

（一）项目分解

施工单位调度人员在进度模块做调度工作之前，要先分解本单位的单位工程，EPS 结构中包含了全线土建施工单位、四电施工单位、监理单位和设计单位，土建单位等又按标段进行了划分。以 NA 高速铁路建设项目为例，一至六标分别为中铁十二局、中铁大桥局、中铁十七局、中国安能建设、中国六桥和中铁十二局。

在正确进入本单位的“标段单位工程”页面之后，就可以根据本单位所承包的具体工程任务进行相应的操作，编辑本单位的“标段单位工程”表，单击编辑按钮进入图 5-14 所示页面。

在图 5-14 页面所示左边“全线单位工程”表中选择所需项目后单击选取按钮，这时数据将会提交服务器，如果有错选的标段单位工程项目，可在右边“标段单位工程”表中选择项目后单击删除按钮删除。并在“标段单位工程”数据表中显示。标段单位工程操作结束后可单击按钮关闭该页面，回到图 5-15 所示页面。单击编辑按钮后即可对表单中的数据信息做修改操作，然后点击提交按钮提交服务器。标段单位工程表内的“折合系数”是指下级工程项目数量向上级工程项目数量汇总时在不同单位之间的换算比率。

图 5-14　单位工程编辑页面

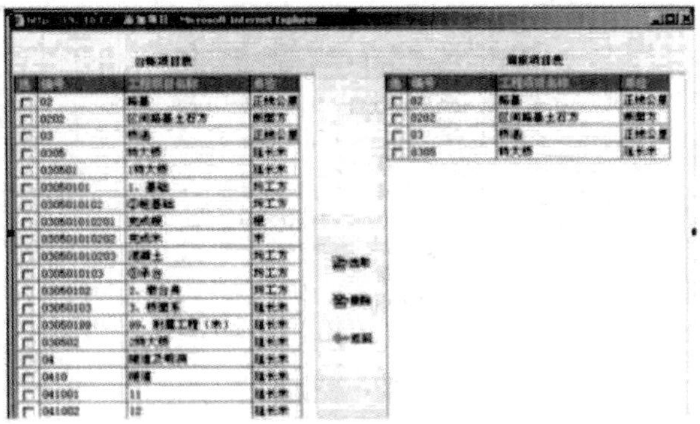

图 5-15　标段单位工程

（二）报表管理

（1）定义报表

报表的定义是根据不同的项目组织机构建立其周报的数据模板，各组织在以后的工作中，各期报表的完成可以直接从其数据模板中取得已定义好的数据，这种工作方式能极大提高工作效率。本系统需要完成的报表主要有三类：台账、周报和月报。由于在实际工作中，建设工程项目的月报是必不可少的，而周报由于时间的短暂性，只需要针对重点工程项目就可以了。本系统先定义台账的数据，周报和月报的定义都来自台账中已定义的项，选取项目后自动生成周报和月报的数据。

调度台账用来记录每天完成的工程数量，是调度报表的基础。定义台账时，先从 EPS 结构树中选择施工单位结点，然后选择 PBS 结构树中单位工程结点。各施工单位在 EPS 结构菜单中按照相应的标段选定本单位，然后打开 PBS 结构菜单，其中就显示了该施工单位各工程的 PBS 结构分解，包括了征地拆迁工程、桥涵工程、隧道和明洞工程以及其他工程，展开各个工程，就可以看到其下定义的单位节点工程，如图 5-16 所示，在 PBS 结构菜单中，通过添加标准项目的功能，即可实现台账定义。

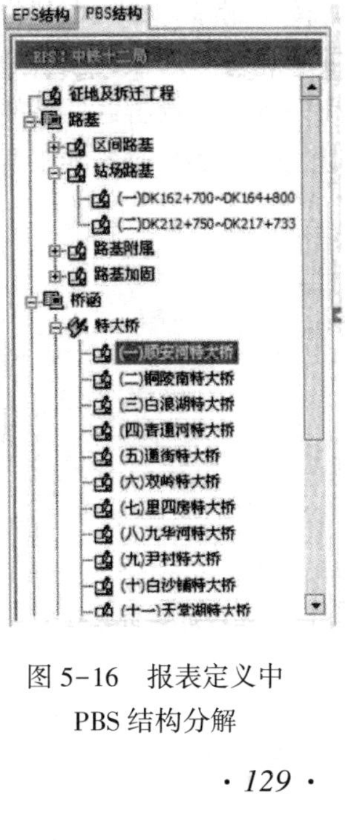

图 5-16　报表定义中 PBS 结构分解

选择PBS结构树中单位工程结点，如图5-17中的顺安河特大桥，可以在右侧内容面板中看到其台账定义，其中详细定义了各工程项目、各项目工程量、工期等信息，也可以通过右方的编辑按钮对其中的数据进行修改，此时数据变为可编辑状态，可编辑表单中项目数据，如原设计数量、折合系数、开工日期和竣工日期（提示：编辑项目数据时，除“折合系数”外，其他列只需在最底层输入数据即可，程序会自动汇总到上层项目中）；如表单中的项目有多余的，先选中该行数据，再单击页下角的删除按钮删除；表单中所有数据编辑好后单击保存按钮即可提交服务器生成台账，以便完成台账、周报和月报提取数据。

图5-17　定义台账

完成“定义台账”项目定义后，针对重难点控制工程，定义“重难点工程周报”，周报的定义可以通过周报项目添加页面来实现，周报对台账中的相关项目进行汇总，由台账项目表进行定义，在左边“台账项目表”中选择所需项目后，单击选取按钮将选择项目提交服务器，并在右边“周报项目表”中显示。如周报项目表中有不需要的项目，可将其选中单击删除按钮删除。月报在建设工程中是一种很重要的报表，用来反映工程的当月基本情况，月报的定义与周报类似，通过月报项目添加页面实现，在“台账项目表”中选择所需项目。定义完成后，点击返回按钮回到“定义月报”页面，如图5-18所示，与定义周报不同，可以通过编辑命令修改各项工程原设计座数。

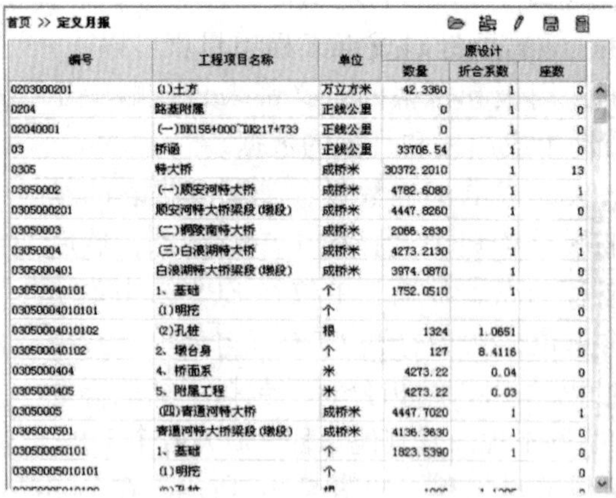

首页 >> 定义月报

编号	工程项目名称	单位	原设计		
			数量	折合系数	座数
0203000201	(1)土方	万立方米	42.3360	1	0
0204	路基附属	正线公里	0	1	0
02040001	(一)DK156+000~DK217+733	正线公里	0	1	0
03	桥涵	正线公里	33706.54	1	0
0305	特大桥	成桥米	30372.2010	1	13
03050002	(一)顺安河特大桥	成桥米	4782.6080	1	1
0305000201	顺安河特大桥梁段(墩段)	成桥米	4447.8260	1	0
03050003	(二)铜陵南特大桥	成桥米	2066.2830	1	1
03050004	(三)白浪湖特大桥	成桥米	4273.2130	1	1
0305000401	白浪湖特大桥梁段(墩段)	成桥米	3974.0870	1	0
030500040101	1、基础	个	1752.0510	1	0
03050004010101	(1)明挖	个			0
03050004010102	(2)孔桩	根	1324	1.0651	0
030500040102	2、墩台身	个	127	8.4116	0
0305000404	4、桥面系	米	4273.22	0.04	0
0305000405	5、附属工程	米	4273.22	0.03	0
03050005	(四)青通河特大桥	成桥米	4447.7020	1	1
0305000501	青通河特大桥梁段(墩段)	成桥米	4136.3630	1	0
030500050101	1、基础	个	1823.5390	1	0
03050005010101	(1)明挖	个			0

图5-18　定义月报

此外，定义报表模块中，还可以定义设备，工程中所用设备数据进行基本信息的定义，以便对设备进行查询、调度、维护等操作；定义投资、实物项目，以反映建设工程中实物投资情况。

（2）完成报表

完成台账模块可以将每天完成的工程量录入到台账表中进行汇总，以体现每天的工程进度和完成情况。施工单位先在 EPS 结构树中选择施工单位结点，然后选择 PBS 结构树中单位工程结点，确定时间，单击打开按钮打开对应的台账项目。如果之前没有插入项目，系统会提示没有数据，请单击确定按钮插入数据。在“本次数量”列输入数据，单击按钮提交服务器，系统自动计算出其他列数据。如果在“定义台账”数据表里根据变更情况增加了一些项目时，可以单击刷新项目按钮将新增的项目插入“完成台账”数据表；如果在“定义台账”数据表里删除了一部分项目时，在“完成台账”数据表中选中多余的项目，单击左下角删除行将其删除，点击完成提交服务器。

完成周报和完成月报操作相似。在完成月报填报时，打开相应项目工程结点，输入“开工座数”和“完成座数”，提交服务器，点击计算按钮即可进行计算。

（3）数据汇总

本系统提供完善的汇总功能，可以对各项目的数据进行快速、准确的汇总，方便各组织机构查看数据。选定单位工程结点，确定时间，单击打开按钮打开对应的台账项目，使用计算按钮，可以进行计算，然后可以通过打印按钮阅览或打印汇总数据。同样，也可以对周报、月报、重点工程、实物完成月报等进行汇总。

（三）形象进度

1. 进度计划

为了控制施工进度，施工单位调度人员要根据工程情况制定调度计划。其中有年计划、季计划和月计划。首先进入进度计划模块月计划子模块，选中单位工程结点，根据日期点开台账项目，点击编辑按钮，输入本月计划数据，进行提交即可。季计划与年计划定义与此类似。

2. 定义形象进度

形象进度定义包括了基础数据定义和形象进度分解与设计两个功能模块。基础数据模块对于绘制形象进度图形的基本几何属性、基本管理属性、基本元件权、元件几何属性和元件管理属性进行定义。分解与设计包含了桥梁、隧道形象进度模板的设计，包含了初步设计和详细设计两类。

（1）基础数据定义

基础数据包含了绘制进度图形的基本几何属性、基本管理属性、基本元件权、元件几何属性和元件管理属性等。

基本几何属性是在绘制图形时所用的一些主要数据。这部分数据基本是以像素为单位，并不表示工程中的实际数据（管理属性中的数据是与工程中真实对应的数据），这个数据仅用于描绘图形。设置数值的基本原则是：使得图比例协调，在高度方向尽可能在一个显示屏上显示。基本几何数据页面下，可以实现对几何属性的增、删、改等操作，其操作界面如图 5-19 所示。

首页 >>形象进度几何属性设置

几何属性编号	几何属性名称	几何属性值	几何属性类型	备注
030001	墩台后跨长度(m)	32.752		两个桥墩间的跨...
0301	梁部或系梁	1		1表示有，0表示没有
030101	数量	7		
030102	类型	1		-1,0,1,2…分别...
030103	梁最小高度	15		
030104	梁最大高度	30		
030105	施工段长度序列	35,80,120,30*,120,80,35		
030106	总长度	500		
030107	中心左侧长度	265		
030108	中心右侧长度	235		
030109	钢拱梁悬空高	185		只有在类型为2、...
030110	钢拱梁距桥面下突高	30		
030111	吊桥拱拼段数量	4		
030112	吊桥拱吊臂数	5		
0302	墩台身	1		
030201	施工段数	1		
030202	墩身类型	1		表示实心还是空心
030203	上部宽度	30		
030204	中部宽度	20		
030205	下部宽度	30		
030206	上部高度	15		
030207	下部高度	60		

图 5-19　形象进度几何设置页面

基本管理属性是用于工程进度管理的一些属性，主要体现工程实体的设计量、完成量与汇总数据等一些信息。这一部分的属性，依据需要可以自行增加与修改。基本管理属性页面中可以实现这些操作。操作时需要注意以下问题：①由于可能存在一些由其他属性衍生而来的特殊属性，如完成率等，因此，应在备注中标识这种数据的来源。②对于需要汇总的数据，一定要设置汇总编号与折合系数。③状态属性是用于标识与形象进度图着色有关的属性，对于一个需要着色的实体，一定需要有属性与其关联。④对于已经存在的状态属性值，不能任意修改成其他的值。

基本元件树主要是为了实现对元件的增加与删除。在基本元件树操作界面中，选中一个结点，右击就会出现操作菜单，可以实现增加节点、增加子节点、删除节点、增加根节点和更新名称等操作。

元件几何属性是元件树对象与基本几何属性相组合而生成，可以实现对元件几何属性的增加、删除、修改属性值等功能，其中所有的属性均来自基本几何属性。元件管理属性是元件树对象与基本管理属性相组合而生成，用于实现对元件管理属性的管理。

（2）分解与设计

现以隧道为例介绍形象进度管理的分解与设计。在隧道的施工过程中，一般情况下是从隧道的进口和出口两个方向开始施工，为了加快施工进度，会从隧道的中间开凿一个或多个工作面同时施工。隧道的形象进度图不但要表示出各个工作面的施工进度情况，而且还要表示出各个工作面的围岩结构和施工方法。在我们的系统中，只要输入各个工作面的围岩结构、施工方法、里程，系统就会自动绘制出整座隧道的形象进度模板。

工作面结构用来描述隧道的进口、各个工作面、出口开始里程，各个工作面的里程之间，用"+"连接，里程是以千米为单位(不要在前边加"DK")。分别表示进口的开始里程、第一个工作面的里程、中间各工作面的里程、隧道的出口终止里程。

围岩结构用来描述隧道的围岩，以米为单位，所有围岩的长度之和必须等于隧道的总长度。施工方法用来描述隧道各个部位的施工方法，以米为单位，所有施工方法的长度之和必须等于隧道的总长度。附近地区用来标识隧道的进口方向和出口方向，例如：北京、上海等。

(3) 形象进度查看与管理

在“形象进度”模块下的“查看与管理”子模块中，选择 EPS 结构树中的施工单位结点之后，再在 PBS 结构中选择隧道，即可进入隧道形象进度查看页面。将鼠标移动到“红框”中的黑色竖线上，单击鼠标左键，在左边的表格中就会显示出当前选择的工作面对应的相关属性。表中的“设计量”列的数据必须填写正确，子项目的数据会根据系数进行层次汇总。绘制形象进度图时，系统根据“完成量”与“设计量”之间的比例绘制进度图。

以 NA 高速铁路工程安庆长江铁路特大桥为例，安庆长江铁路特大桥全长 2996. 8m，主桥长 1363m，是主桥跨度为(101. 5+188. 5+580+217. 5+159. 5+116)m 的钢桁梁斜拉桥，主跨达 580m，是目前最大跨度的同类铁路桥梁。由于桥梁工程分项工程多，交叉工种多，施工难度大，因此要求形象进度管理人员具备娴熟的计算机操作水平和成熟的施工管理经验。在安庆长江铁路特大桥施工中，通过专人负责和专业培训相结合的方式，对特大桥工程进展情况进行形象进度管理，取得了显著效果，形象进度展示相对传统的单纯的数据性汇报更加直观迅捷，使得相关领导可以更准确快速地了解工程进度，进而对施工计划进行动态管理。

三、路基形象进度管理

(一) 路基形象进度管理模块概述

中国铁路总公司项目管理信息系统可以方便地对桥涵隧道进行形象进度管理，但是对于路基形象进度的管理，还有许多欠缺。我们在对现有的进度管理系统技术和路基形象进度管理方法进行研究的基础上，开发了路基形象进度模块。用户通过网页浏览器基于 B/S 模式即可以实现路基形象进度的查看和管理工作，可以实现不同填筑工序的分段、分层表示，按各分段内分层完成情况，形象地显示工程的施工进度。

路基形象进度模块主要有三大功能，分别由基础数据、进度维护和进度查看三个子模块实现，该模块支持对区间路基、站场路基、路基附属和路基加固等四种情况的进度管理工作。

(二) 基础数据

基础数据用于定义进度施工报表，主要定义了各种填筑物材料及其计量单位，用于对施工工程量统计，包括了路基基础数据和车站基础数据。路基基础数据定义了填筑物编号、填筑物名称和填筑物计量单位。默认定义了 14 种填筑物类型，用户可以使用增加按钮添加新的路基数据。车站基础数据包括了车站基础结构物、车站材料类别和材料型号、路基基础数据。

(三) 路基进度维护

路基进度维护包含了路基基本信息、路基结构分解、路基台账维护和生成图形四个功能，分别通过点击页面右上角的四个菜单按钮进入相应的编辑页面进行操作。

在路基进度维护中，路基结构分解中定义了路基形象进度模板，只要对这其中的单元进行形象数据描述，系统就会根据这些数据信息生成路基的二维图形。

通过在 EPS 结构中选中施工单位结点，再选中 PBS 结构中的单位工程结点，就可以在右侧内容面板区域显示路基工程的基本信息，这里以中铁十二局承建一标 DK160+823~DK162+700 段为例进行介绍，默认情况下，基本信息维护页面，可以对承建单位、工程类型、起始里程、结束里程、计划开始时间和结束时间进行维护。

路基进度维护中的工程结构分解用于进行台账维护和形象进度图形生成。以 NA 高速铁路建设工程为例，根据实际工程需要，默认情况下定义了以下 28 种实例名称，包括：图形基线、基床表层、基床底层、基床以下路堤、褥垫层、原地面处理、CFG 桩、路桥过渡段左、中心基线、接触网支柱基础(左线)、路面上电缆槽(左线)、声屏障基础(左线)、路基边坡(左线)、路基排水沟(左线)、边坡下电缆槽(左线)、轨道(左线)、轨道(右线)、接触网支柱基础(右线)、路面上电缆槽(右线)、声屏障基础(右线)、路基边坡(右线)、路基排水沟(右线)、边坡下电缆槽(右线)、防护栅栏(左线)、防护栅栏(右线)、换填、轨道板(左线)和轨道板(右线)等。此外还可以添加路堑、桩板帽、筏板等结构信息。

完成结构分解后，可以在“路基台账维护”界面中提交路基施工的台账数据，可以针对工程结构分解中的每个路基单位工程项目进行维护，每个项目代表一个施工工序，支持将工序按里程分为不同的施工段，每一施工段支持按照设计层数分层，可以通过分层和分段按钮添加新的分层和分段，通过导入按钮上传 Excel 文件提取台账信息。系统按照各工序分层完成情况显示各工序的形象进度，相较于实际工程量和设计工程量的比值显示形象进度更为形象直观。

以 DK160+823~DK162+700 路基施工段为例，基床表层采用了默认分段的形式，起始里程 160823，终止里程 162700，该分段又分为两层，填筑量分别为 2000m^3 和 1950m^3。而对于基床底层的施工，整个施工段分为两小段，第一段为 DK160+823~DK162+500，第二段为 DK162+500~DK162+700；两段采用不同的填筑方式，第 1 段分 7 层填筑，第 2 段分 5 层填筑。

生成图形页面提供了路基形象进度图的生成和管理功能，在其中可以查看剖面图和俯视图的数据定义，两者的数据定义均由结构分解中定义的数据自动生成，通过剖面图数据和俯视图数据，可以自动生成路基的形象进度图形。

剖面图中主要定义了基线、换填、原地面处理、CFG 桩、基床表层、基床底层、基床以下路堤、褥垫层、路桥过渡段等的分段情况和分层情况。俯视图中，主要包括边坡下电缆槽(右线)、边坡下电缆槽(左线)、防护栅栏(右线)、防护栅栏(左线)、轨道(右线)、轨道(左线)、轨道板(右线)、轨道板(左线)、接触网支柱基础(右线)、接触网支柱基础(左线)、路基边坡(右线)、路基边坡(左线)、路基排水沟(右线)、路基排水沟(左线)、路面上电缆槽(右线)、路面上电缆槽(左线)、声屏障基础(右线)、声屏障基础(左线)、中心基线等数据。通过剖面图和俯视图中定义的数据，点击生成图形，就可以生成路基工序图、路基剖面图和路基俯视图。通过进度浏览页面即可进行路基形象进度查看，系统会自动根据上报台账信息，对形象进度进行描红处理。

（四）路基进度浏览

路基进度浏览包含了路基台账、路基工序图、路基剖面图和路基俯视图四个模块，分别用于对台账数据进行查看和对路基施工进度情况进行浏览。

在路基进度浏览页面，选中路基单位工程结点后，点击“路基工序图”菜单按钮即可进入到路基形象进度查看页面，如图 5-20 所示。由于路基施工段里程一般较长，故默认只显示起始里程之后的一段距离。通过最底层的标尺可以看到形象进度图中相应施工点对应的里程，点击标尺两侧的<>两个箭头，可以分别向前或向后移动里程；通过在上方搜索栏中输入里程位置，可以快速定位到某一里程；通过在相应工程项目的形象图形上（如基床表层）拖动鼠标，也可以快速地切换屏幕中显示的里程位置。

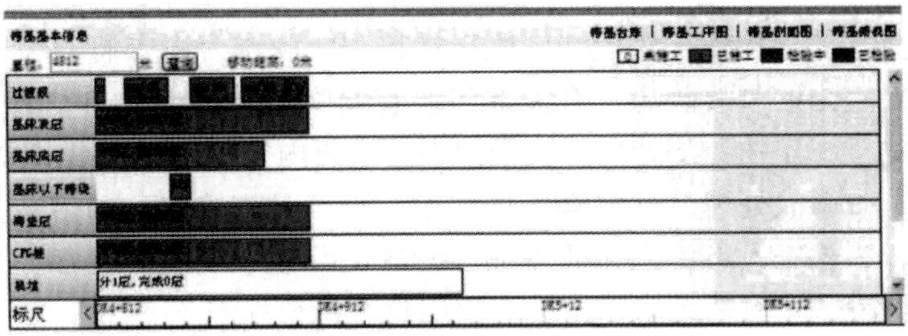

图 5-20　路基工序图查看

可以对施工中原地面处理、换填、CFG 桩、褥垫层、基床及以下路段、基床底层、基床表层、过渡段等工序的起始里程、分层数、完成情况，通过橙（已施工）、紫（检验中）、绿（已检验）三种颜色表示其施工进展情况。

除了路基工序图外，还可以显示路基形象进度的剖面图和俯视图。路基剖面图可以从剖面方向上更为直观地查看施工中各分层完成情况，将鼠标移动到各项目中，可以显示各项目起始里程、计划时间和完成时间；俯视图中除了可以显示路基进度外，还可以显示轨道板施工情况，通过橙（已施工）、紫（检验中）、绿（已检验）、粉红（已发运）四种颜色表示轨道板的施工进展情况。

第五节　铁路工程信息化安全管理策略

一、铁路工程信息化安全管理

（一）安全管理的主要环节

（1）贯彻执行各项安全管理制度。贯彻执行建设工程安全生产管理条例、劳动保护政策、法规、法令、条例、规程、规定、标准、制度等。企业应结合施工现场的具体情况，制定相应的规章制度或实施细则。

（2）建立安全生产的组织保证体系和安全管理机构。施工企业要实行项目经理安全负责制，在每个施工生产班组设立不脱产的安全员，形成“专管成线，群管成网”，并充分发挥安全员的作用。实践证明，这是搞好安全生产的强有力的组织保证。

（3）建立健全安全管理制度。安全管理制度主要有安全生产责任制，安全生产奖惩制度，安全技术措施管理制度，安全教育制度，安全检查制度，工伤事故管理制度，防暑降温、宿舍通风管理制度，防护用品，食品卫生的管理制度，特种设备、特种作业的安全管理制度，各工种的安全技术操作规程，消防防火管理制度。

（4）制定安全技术措施。管理离不开技术，安全技术措施是指为预防伤亡事故和职业危害而采取的安全技术措施和组织措施。企业要积极改进施工生产工艺和操作方法，改善劳动条件，减轻劳动强度，消除危险因素，保证安全生产。

（5）安全教育。安全教育是贯彻安全生产方针，防止伤亡事故和职业病，实现安全生产的基础，只有全体职工增强了安全意识，掌握了安全技术知识，增强了自我防护能力，才能实现安全生产。

（6）安全检查。安全检查是揭示和消除事故隐患、交流经验、促进安全生产的重要手段和有效措施。对查出的事故隐患，有关部门要签发隐患整改通知单，限期整改。凡隐患整改不及时的要给予一定的经济处罚。安全检查的主要内容是“五查”，即查思想、查管理、查隐患、查整改、查事故处理。日常施工过程中，重点是查隐患，内容包括作业现场是否符合安全生产要求，检查人员深入作业现场，检查工程主、辅材的存放，施工人员的劳动条件、防护设施状况，个人劳动防护用品的使用是否符合规定。

（7）工伤事故的管理。工伤事故的管理主要包括：伤亡事故的报告登记，调查处理和伤亡事故的统计分析。对事故处理应坚持“四不放过”的原则，即事故原因没有查清不放过、事故责任者没有严肃处理不放过、广大职工没有受到教育不放过、防范措施没有落实不放过。

以 GK 铁路新疆段工程为例，该工程位于新疆维吾尔自治区东南部，地处新疆巴音郭楞蒙古族自治州境内。新疆段线路东起青海省茫崖石棉矿，进入新疆境内线路穿越阿尔金山，先后经过巴什考供、米兰、若羌、铁干里克、尉犁，西抵库尔勒市（DK1213+500＝南疆线 DK456+894），正线长度约 708.15km。铁路等级：国铁Ⅰ级。正线数目：单线。设计行车速度：120km/h。

该工程为保证既有线施工安全，规定既有线安全施工的作业、防护严格按照原铁道部《铁路营业线施工安全管理办法》（铁运〔2012〕280 号）、中国铁路总公司《铁路营业线施工安全管理办法补充规定》（铁总运〔2014〕180 号）、《乌鲁木齐铁路局铁路营业线施工安全管理实施细则》和《铁路工程基本作业施工安全技术规程》（TB 10301—2009）、《铁路路基工程施工安全技术规程》（TB1 0302—2009）、《铁路桥涵工程施工安全技术规程》（TB 10303—2009）、《铁路隧道工程施工安全技术规程》（TB 10304—2009）、《铁路轨道工程施工安全技术规程》（TB 10305—2009）的有关规定组织施工，并作好应急预案。

（1）牢固树立“行车不施工，施工不行车”和“安全第一”的思想。既有线上的一切施工项目必须纳入施工“天窗”，严禁无计划、超计划、超范围施工，坚持开通前后的“双签认”制度。

（2）既有桥涵改建施工严格按照设计采取有效的线路加固方案，加强施工过程中对线路加固设备和线路的巡检工作，及时处理存在的问题。

（3）严格执行铁路总公司、铁路局的有关规定，认真做好施工防护，正确设置各种防护牌，配备合格的防护设备和称职的防护人员。

（4）既有线改造和线路拨接施工要科学组织，合理安排，配置足够的施工资源，制定应急预案和措施，加强业务和安全培训工作，未经培训合格人员不得上线作业，按规定配置现场施工负责人的级别。

(5) 加强线路的整道作业，加强线路的静、动态验收，严把列车放行关，线路开通前必须经大机整道作业，严格执行列车梯级提速程序，第一趟不得放行旅客列车。坚持"双签认"制度。

(6) 站改施工必须加强各专业结合部的安全检查、试验联调、验收工作，严格执行规定的责任分工和程序逐级加强对各环节的安全监控工作。

(7) 严格把控路料途卸安全，加强路料途卸完毕后对限界、车门关闭等关键环节的安全检查，确认符合安全后放准放行列车。

(8) 加强铺轨机、架桥机等起重设备的安全管理工作，必须按铁路总公司有关规定办齐各种许可证，加强设备的日常巡检、维护工作，严禁设备带病作业和上线。

(9) 严格安全逐级负责制和责任追究制度，杜绝"两违"和恶性事故的发生。

(二) 危险源辨识

根据危险源在事故发生发展中的作用把危险源分为两大类：第一类危险源和第二类危险源。

(1) 第一类危险源

第一类危险源是事故发生的物理本质，一般地说，系统具有的能量越大，存在的危险物质越多，则其潜在的危险性和危害性也就越大。例如，日常施工中机械和车辆的动能，各类辐射能等。

(2) 第二类危险源

第二类危险源主要体现在设备故障或缺陷(物的不安全状态)、人为失误(人的不安全行为)和管理缺陷等方面。

① 人的行为构成物的不安全状态。人的原因是指由于判断错误引起的误操作。归纳起来表现为：忽视和违反安全操作规程、误动作、精神不集中、疲劳、身体有缺陷等。

② 物的不安全因素随劳动过程中物质条件的存在而存在。物质条件的不可靠性和不安全性是形成事故的潜在危险，如设备装置结构不良，材料强度不够，零部件磨损或老化；防护装置缺陷或失灵；防护用具、卫生用品的缺陷或缺乏等。

③ 生产环境条件的不安全状态。一般是指施工现场布置不合理，工作场所不文明，材料、构件、工器具、设备堆放零乱，无安全通道；工作环境的照明、通风不适等。

④ 管理缺陷，主要包括：技术缺陷，操作方法存在问题；对工人教育不够；劳动组织不合理；对施工现场的工作缺乏检查指导措施；没有安全操作规程或执行不严，对安全隐患整改不力。

(三) 危险源的控制

在从事危险作业的地方，应尽可能在付诸实施之前找出预防、改正及扑救措施，将隐患消除或控制危险因素。危险源预先分析应包括准备、审查和结果汇总 3 个阶段。

(1) 准备阶段

对施工现场进行分析之前，需收集设备、材料、作业环境等相关资料。借鉴类似的经验来弥补分析系统资料的不足。

（2）审查阶段

通过对施工组织方案设计、主要工艺流程和设备的安全审查，辨识其中的主要危险因素。通常，应按照预先编制好的安全检查表逐项进行审查，其审查的主要内容有以下几个方面。

① 有关安全设备、物质间的交接面。如物质间的相互反应、火灾爆炸的发生及传播、控制系统等。

② 对设备、物质有影响的环境因素。如雨水、高(低)温、潮湿、震动等。

③ 运行、试验、维修和应急程序。如人为失误后果的严重性、操作者的任务、设备布置及通道情况、人员防护等。

④ 辅助设施。如物质、产品储存、试验设备、人员训练等。

⑤ 相关安全装备。如安全防护设施、多余设备、灭火系统、安全监控系统、个人防护设备等。

根据审查结果，确定系统中的主要危险因素，研究其产生原因和可能发生的事故。根据事故原因的重要性和事故后果严重程度，确定危险因素等级。

Ⅰ级：安全的。暂时不能发生事故，可以忽略。

Ⅱ级：临界的。有导致事故的可能性，事故处于临界状态，可能造成人员伤亡和财产损失，应采取措施予以控制。

Ⅲ级：危险的。可能导致事故发生，造成人员伤亡或财产损失，必须采取措施进行控制。

Ⅳ级：灾难的。会导致事故发生，造成人员严重伤亡或财产巨大损失，必须立即设法消除。

针对识别的主要危险因素，可以通过修改设计，加强安全措施来消除或予以控制，从而达到系统安全的目的。

（3）结果汇总阶段

按照检查表格汇总分析结果，这其中包括主要事故及其产生原因、可能的后果、危险性级别以及采取的相应的措施等。

（四）安全事故的预防措施

分析事故的各种成因，技术原因、教育原因及管理原因是构成事故的最重要的原因。防范事故，必须采取相应的预防措施。一般地讲，防止人为事故，要同时采取技术措施、教育措施、管理措施，即通常所说的“3E”对策。这是防止事故发生的三根支柱，也是防范事故的良方。

（1）技术措施。要从编制施工组织审计开始，同时编制安全技术措施方案，针对每个施工工序中的危险点，特别对设备、设施和操作方法要有针对性地制定防护措施。

（2）教育措施。安全教育要从现场的实际出发，开展三级安全教育、专业技术培训、换岗教育、复工再教育。通过安全教育，不断增强广大职工的安全意识和自我防护能力。

（3）管理措施。必须建立与现场施工生产有密切联系的安全管理保证体系，搞好危险作业和危险场所的安全监护，建立事故档案及安全管理台账，经常进行检查、分析、评比。

二、铁路建设工程安全管理信息化

铁路建设要实现项目施工安全的信息化管理，使施工现场的安全管理工作从传统低效的人工管理向现代高效的计算机信息化管理转变，制度化、程序化和规范化的信息管理尤为重要，这样可以保证和提高安全信息处理的时效性和准确性，保证铁路建设安全管理真正实现科学化和现代化。具体来说，本系统应具备以下功能：

（1）用户管理功能。用户管理包含了级别、基本信息、权限、角色的管理。系统配置系统管理员权限，系统管理员可以访问整个系统的所有资源和内容，同时由系统管理员来设置各系统用户可以访问的权限范围。

（2）文档管理功能。铁路建设工程的施工安全管理过程中，各参建单位在日常的工作中有大量的文档资料形成。这些数据不但要存档、备案，还要报送不同的参建单位和安全管理有关部门，文档的保存和传输就显得很有必要，所以，系统应具有文档管理功能。

（3）安全信息管理功能。系统可以对大量采集的数据进行整理、归档、统计、修改、浏览、打印等操作，也可以对数据进行导入导出和备份操作，保证数据的可靠性和可恢复性，为管理人员提供快速、便捷、高效的服务。

（4）数据共享功能。铁路建设项目信息化管理数据是基础，通过本系统使有用的数据和信息在各参建单位之间及时充分共享，可以及时了解工程安全状况，实现管理的及时性和正确性。

（5）辅助决策功能。在铁路建设工程安全管理的过程中，会产生大量相关的数据，系统对这些数据进行统计、分析，可以自动生成对工程有用的信息，帮助决策者进行管理，提高安全管理的科学性和有效性。

（一）系统总体设计

1. 系统总体结构

为了有效控制铁路建设工程安全施工，实现安全管理目标，掌握铁路全线建设情况，实现铁路建设工程的信息化管理，铁路建设工程安全管理信息系统应包括安全教育管理、安全检查、安全技术管理、风险及安全事故管理、安全综合分析、系统管理等 6 个功能模块。系统总体结构如图 5-21 所示。

2. 系统体系结构

（1）系统软件体系

铁路建设工程安全管理信息系统应用模式采用 Web 架构，基于 Web 架构的应用具有非常显著的优点，可以归纳为四个容易：易于使用，易于管理，易于开发，易于扩展。它具有统一的，友好的，生动的用户界面；具有统一的、自动的下载安装功能，进行 Web 使用的培训是非常简单易学的，它易于对系统进行管理以及应用的更新和升级，便于对程序版本的控制和修改。易于开发更是 Web 应用的特点之一；Web 应用非常易于扩展，主要表现在应用系统的扩展和应用范围的扩展，基于页面和组件方式使得 Web 应用很容易扩展或组合成功能更强的系统，而它又是基于 Internet/Intranet 平台上的，继承了 Internet/Intranet 的分布性和伸展性。系统采用 Web 架构可以和其他采用相同架构的系统很好地集成。系统软件体系结构如图 5-22 所示。

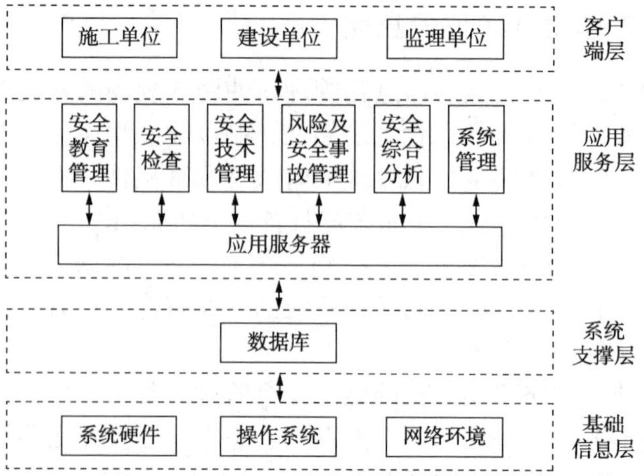

图 5-21　系统总体结构图

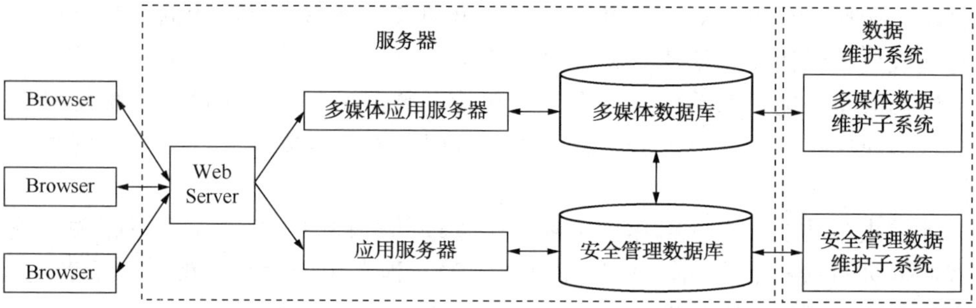

图 5-22　系统软件体系结构图

（2）系统硬件体系

系统在硬件环境上要与建设单位总体信息化所规划和建设的硬件环境相适应，其中网络环境是依托现有办公网络，服务器和客户端均接入办公网络，系统总体运行在建设单位办公网上，服务器和客户端等硬件环境也要与单位总体信息化所规划和建设的硬件环境相适应，服务器在满足系统性能和一段较长时间业务增加需要的前提下，可充分考虑与其他系统共用现有服务器，新购置服务器也要考虑满足系统性能和一段较长时间内业务增加的需要，客户端尽可能利用现有硬件环境。系统硬件体系结构如图 5-23 所示。

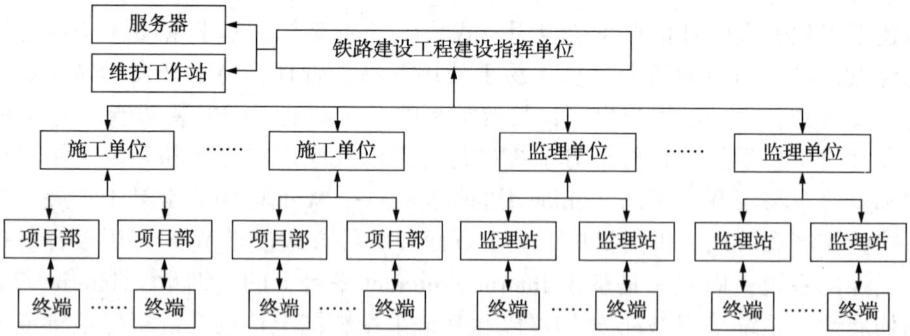

图 5-23　系统硬件体系结构图

（二）系统功能设计

1. 系统功能结构

铁路建设工程安全管理信息系统结合各个参建单位的实际需要，构建了 3 个层面：单位工程层面、标段层面、建设指挥部层面；面向 4 种用户：建设指挥部、施工单位、监理单位、设计单位。

根据业务需求，系统划分为安全教育管理、安全检查、安全技术管理、风险及安全事故管理、安全综合分析、系统管理 6 个功能模块，系统功能结构如图 5-24 所示。

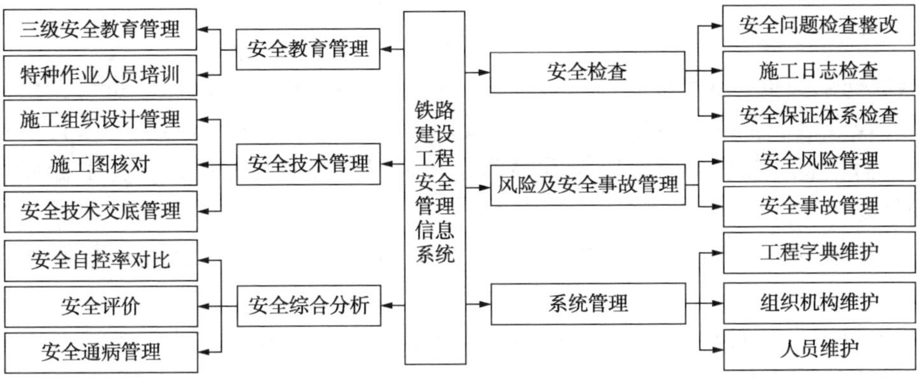

图 5-24　系统功能结构图

2. 系统功能描述

（1）安全教育培训模块。安全教育培训管理模块包括了各施工标段三级安全教育管理、特种作业人员安全培训管理。

① 三级安全教育：各施工标段做好施工人员的统计工作，组织施工人员参加三级安全教育，做好教育记录并上传记录；建设单位参与三级安全教育，并和监理单位做好对施工单位三级安全教育的监督检查。实现三级安全教育登记表的上传、统计和查询。其中建设和监理单位可以查看所有标段三级安全教育的信息，施工标段只能查看本标段的三级安全教育信息。

② 各施工标段统计本标段的特种作业人员，做好记录上报指挥部备案，建设单位和监理单位监督检查特种作业人员的教育培训管理和资质管理。实现特种作业人员安全培训登记表的上传、统计和查询。其中建设和监理单位可以查看所有标段特种作业人员培训的信息，施工标段只能查看本标段特种作业人员培训信息。

（2）安全检查模块。安全检查模块是整个系统的核心模块，包括安全问题检查及处理，对相关单位施工日志、安全保证体系、安全保证措施等的检查。

① 安全问题检查处理：通过安全问题检查，由统计积累的数据形成安全问题库，使安全问题转化为有用的知识和经验。建设、监理单位在检查中发现的安全问题，施工单位要按要求及时进行整改，并对整改情况进行反馈。监理单位对安全问题整改情况进行追踪和复查，如果整改合格，则予以销号。对于经过追踪复查仍不达标的问题要重新纳入安全问题库进行再次整改，实现安全问题“检查-上报-整改-复查”的闭环管理，系统安全问题处理流程如图 5-25 所示。

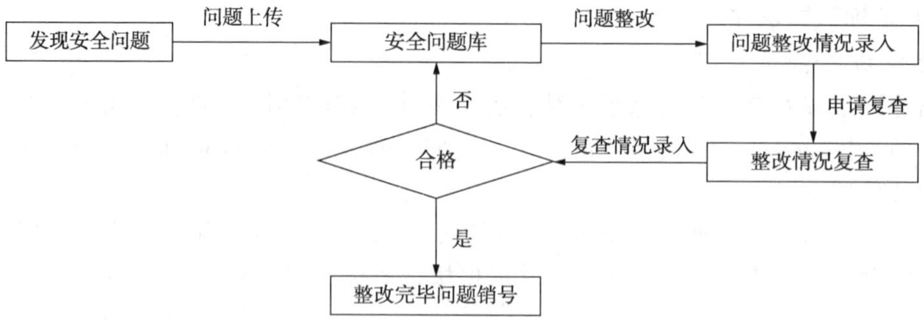

图 5-25　安全问题处理流程图

② 其他安全检查：实现各施工标段对施工日志和本单位安全保证体系与安全保证措施的上传，建设、监理单位对本单位的安全保证体系、安全保证措施的上传。其中建设单位可以查看所有信息，监理单位可以查看本单位和施工标段的所有信息，施工标段只能查看本标段的信息。

（3）施工安全技术管理模块。该模块包括施工组织设计管理、施工图核对和安全技术交底管理。

① 施工组织设计管理：主要实现建设单位指导性施工组织设计方案的上传，施工标段实施性施工组织设计方案的上传。建设、监理单位可以查看所有信息，施工标段可以查看指导性施工组织设计方案，可以对本标段的实施性施工组织设计方案进行查询和维护。

② 施工图核对：实现建设单位对施工图数据和施工图会审纪要的上传，施工标段查看本标段的施工图数据和施工图会审纪要。

③ 安全技术交底管理：实现安全技术交底按年度、月度、标段和标段项目部的统计。各施工标段对本标段安全技术交底的维护和查询，建设、监理单位可以查看所有安全技术交底信息。

（4）风险及安全事故管理模块。该模块主要包括安全风险管理和安全事故管理。

① 安全风险管理：各施工标段每月对本标段危险源进行辨识和评价，形成危险源辨识和评价表，上报指挥部，指挥部根据危险源风险等级，提出整改要求，确定本月监控重点，实现对安全风险的上传、统计和查询。

② 安全事故管理：对安全事故实现流程化管理，利于追踪和处理安全事故，形成安全事故库。实现对安全事故报告、安全事故调查处理结果的维护和查询。同时可以按不同的角度对安全事故进行统计分析，如安全生产事故按标段统计、安全生产事故按事故等级统计、安全生产事故按事故类别统计和安全生产事故按年度统计。

（5）安全综合分析模块。该模块主要包括安全自控率对比、安全评价和安全通病管理。

① 安全自控率对比：通过建设单位、监理单位的安全检查和施工单位的安全自查，利用安全自控率对比模型，实现各标段的安全自控率对比图和标段项目部安全自控率对比图。

② 安全评价：通过各单位对安全问题的检查，制定了扣分标准，并以此标准为依据，实现标段按年度、月度安全评价对比图和各标段项目部按年度、月度安全评价对比图。

③ 安全通病管理：以《铁路工程基本作业施工安全技术规程》（TB 10301—2020）、《铁路路基工程施工安全技术规程》（TB 10302—2020）、《铁路桥涵工程施工安全技术规程》（TB 10303—2020）、《铁路隧道工程施工安全技术规程》（TB 10304—2020）、《铁路轨道工程施工安全技术规程》（TB 10305—2020）为依据，将不同工程和不同时间容易违反的安全条例作为安全通病。通过安全问题的上传，实现安全通病违反情况列表分析，点击安全通病，可以查看详细信息，包括违规单位、违规时间和违规工程信息。

（6）系统管理模块。系统管理模块主要包括权限设置和字典维护。实现对用户的权限管理，通过对不同的单位和个人赋予不同的权限，可以使管理人员进行针对性的操作，提高系统的使用效率。对工程数据字典、组织机构数据字典、人员数据字典等进行维护，保证工程信息和组织人员数据的统一。

（三）数据库设计

数据库是按一定的结构组织在一起的相关数据的集合。铁路建设工程安全管理信息系统数据库中保存了大量日常业务数据。

铁路建设工程安全管理信息系统所需数据主要包括单位工程数据、参建单位组织与人员数据和各安全管理业务模块相关的数据。系统数据库设计主要包括单位工程数据表设计、参建单位组织与人员数据表设计、安全管理业务模块数据表设计。

（1）单位工程数据表

铁路建设工程中的大多数数据都和单位工程有着密切的联系，单位工程数据表的设计是系统数据库设计最基本的工作。单位工程数据表应包含单位工程最基本的属性，字段设计如表 5-2 所示。

表 5-2　单位工程数据表结构

字段名	数据类型	长　度	字段名	数据类型	长　度
单位工程编号	文本	8	终点里程	数值	10
名称	文本	100	长度	数值	10
线名	文本	20	标段编号	文本	6
行别	文本	4	项目部编号	文本	5
起点里程	数值	10	监理公司编号	文本	6
中心里程	数值	10			

（2）参建单位组织与人员数据表

由于铁路建设参建单位多，各单位的组织和管理方式又不相同，参建单位组织与人员数据表采用 OBS 来设计。OBS，即组织分解结构，是将工作包与相关部门或单位分层次、有条理地联系起来的一种项目组织安排图形，是项目管理中一个在组织范围内分解各层次人员的方法。

组织与人员数据表应包含组织与人员最基本的属性，包括组织编号、组织名称、操作权限、权限范围，人员编号、人员姓名、登录账号、登录密码、人员权限、权限范围等。组织数据表和人员数据表如表 5-3、表 5-4 所示。

表 5-3　组织数据表结构

字段名	数据类型	长　度	字段名	数据类型	长　度
组织编号	文本	8	组织职能描述	文本	500
组织名称	文本	50	组织权限	文本	100
组织类型编号	文本	2	权限范围	文本	200
组织排序	文本	10			

表 5-4　人员数据表结构

字段名	数据类型	长　度	字段名	数据类型	长　度
人员编号	文本	13	登录密码	文本	20
组织编号	文本	8	人员职能描述	文本	500
姓名	文本	20	人员权限文本	文本	100
登录账号	文本	20	权限范围	文本	200

(3) 业务模块数据表

业务模块中数据类型和数量较多，其中安全检查记录是系统的核心数据。这些数据既包含了工程信息，也包含了人员信息，关系到系统多个功能的实现，如安全自控率对比、安全评价、安全通病管理等。安全检查记录数据表设计如表 5-5 所示。

表 5-5　安全检查记录表结构

字段名	数据类型	长度	允空	字段名	数据类型	长度	允空
记录编号	文本	13	N	整改日期	文本	20	Y
录入时间	文本	20	N	整改录入人	文本	20	N
录入人	文本	20	N	受检标段编号	文本	6	Y
检查单位	文本	50	N	受检项目部编号	文本	8	Y
检查人	文本	20	N	请求复查	文本	6	Y
检查时间	文本	20	N	是否扣分	文本	6	Y
受检单位工程	文本	6	N	复查意见	文本	3000	Y
起点里程	数值	10	Y	复查人	文本	20	Y
终点里程	数值	10	Y	复查日期	文本	20	Y
简单描述	文本	3000	N	复查是否合格	文本	6	Y
问题图片	文本	11	Y	违反的安全条例	文本	200	Y
处理意见	文本	3000	N	其他安全问题	文本	2000	Y
整改要求	文本	3000	N		文本		Y
整改期限	文本	20	N				

三、铁路建设工程安全管理信息系统应用实例

上述成果作为铁路建设项目管理信息系统的一部分，于 2010 年 3 月在 HW 电气化铁路建设工程中正式应用。

HW 电气化铁路建设工程主要针对兰新铁路红柳河至乌西段，位于新疆维吾尔自治区

境内，地处我国西部地区久负盛名的河西走廊西段、哈密、吐鲁番盆地北缘，为欧亚大陆桥的重要组成部分，沿线经过哈密、鄯善、吐鲁番及乌鲁木齐等重镇，电气化改造工程全长 652. 098km。

铁路建设工程安全管理信息系统作为整个铁路建设项目管理信息系统的重要组成部分，结合了各参建单位安全管理的实际情况和需要，体现了铁路建设工程标准化管理的思想。系统实现了施工安全“检查-上报-整改-复查”的闭环管理，通过收集、整理和统计分析施工过程中产生的大量数据，形成了安全问题库、安通病库、安全事故库；通过施工安全自控率对比分析，安全评价等，为铁路设管理中的安全管理工作提供辅助决策支持。

（一）安全教育管理模块

安全教育培训是铁路建设工程安全管理的重要工作，通过对施工人员的三级安全教育和特种人员的培训，使他们能认识工程情况，把握工作重点，了解工程的危险性和防治措施。该子系统主要包括施工人员三级安全教育管理、特种作业人员安全培训管理。全教育管理部分页面如图 5-26、图 5-27 所示。

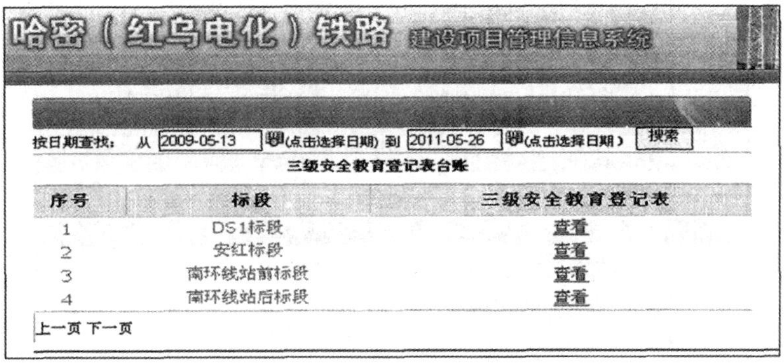

图 5-26　三级安全教育登记表

图 5-27　特种作业人员培训管理台账

（二）安全检查模块

安全检查是铁路建设工程安全管理的重要手段，运用施工安全闭环管理的思想，实现了施工安全的“检查-上报-整改-复查”的闭环管理。作为系统核心的安全检查子系统，通过录入检查结构和安全问题，全程跟踪掌握安全问题的整改落实情况，确保安全措施落到实处。该子系统的部分页面如图 5-28、图 5-29、图 5-30、图 5-31 所示。

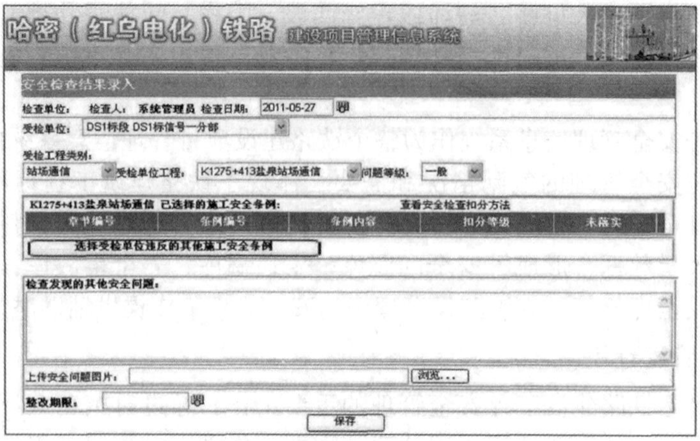

图 5-28　安全检查结果录入页面

点击“选择受检单位违反的其他施工安全条例”，弹出安全条例查询对话框，选中条例，点击“确定”即可提交。

图 5-29　安全条例查询页面

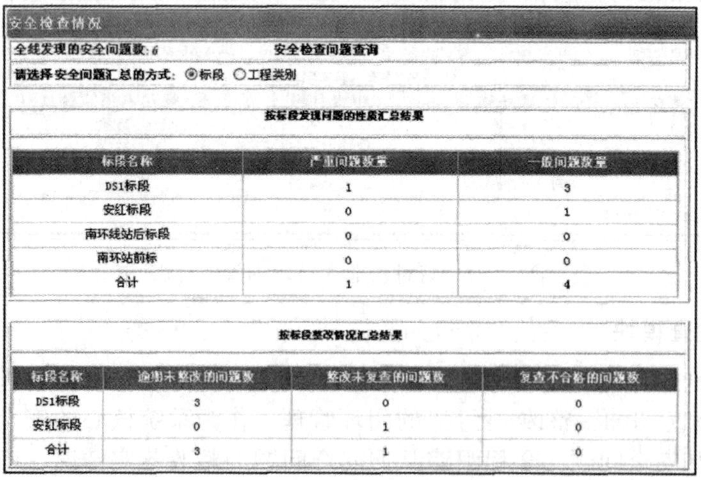

图 5-30　安全检查问题汇总页面

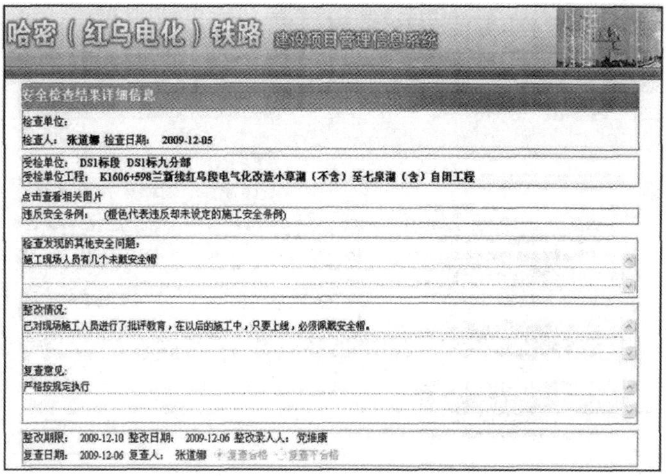

图 5-31　安全问题详细情况

（三）安全技术管理模块

安全技术管理子系统主要包括施工组织设计管理、施工图审核和安全技术交底，部分页面如图 5-32、图 5-33、图 5-34 所示。

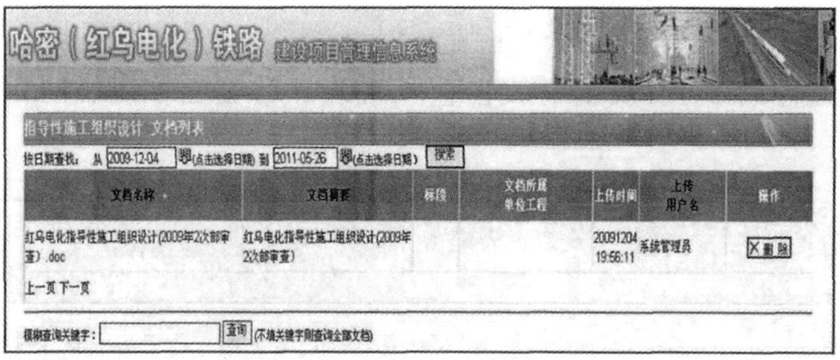

图 5-32　施工组织设计查询

图 5-33　施工图核对查询页面

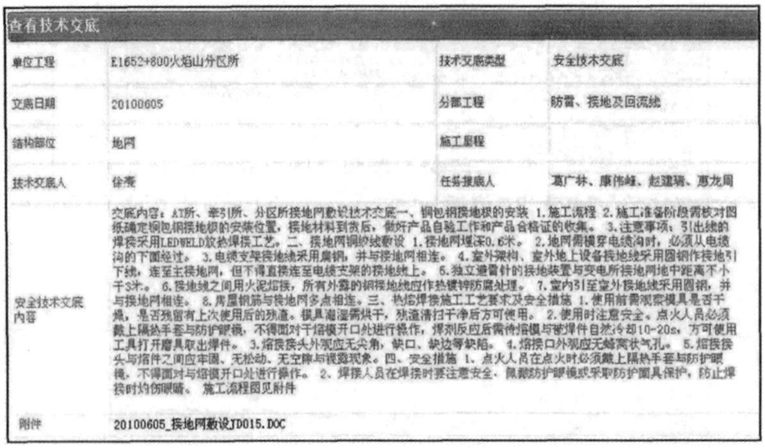

查看技术交底

单位工程	E1652+800火焰山分区所	技术交底类型	安全技术交底
交底日期	20100605	分部工程	防雷、接地及回流线
结构部位	地网	施工里程	
技术交底人	徐骞	任务接底人	高广林、康伟峰、赵建瑞、惠龙周
安全技术交底内容	交底内容：AT所、牵引所、分区所接地网敷设技术交底一、铜包钢接地极的安装 1.施工流程 2.施工准备阶段需核对图纸确定铜包钢接地极的安装位置，接地材料到货后，做好产品自验工作和产品合格证的收集。 3.注意事项：引出线的焊接采用LEDWELD放热焊接工艺。二、接地网铜绞线敷设 1.接地网埋深0.6米。 2.地网需横穿电缆沟时，必须从电缆沟的下面经过。 3.电缆支架接地线采用扁钢，并与接地网相连。 4.室外架构、室外地上设备接地线采用圆钢作接地引下线，连至主接地网，但不得直接连至电缆支架的接地线上。 5.独立避雷针的接地装置与变电所接地网地中距离不小于3米。 6.接地线之间用火泥熔接，所有外露的钢接地线应作热镀锌防腐处理。 7.室内引至室外接地线采用圆钢，并与接地网相连。 8.房屋钢筋与接地网多点相连。三、热熔焊接施工工艺要求及安全措施 1.使用前需观察模具是否干燥，是否残留有上次使用后的残渣。模具潮湿需烘干，残渣清扫干净后方可使用。 2.使用时注意安全。点火人员必须戴上隔热手套与防护眼镜，不得面对干熔模开口处进行操作，焊剂反应后需待熔模与被焊件自然冷却10-20s，方可使用工具打开磨具取出焊件。 3.熔接接头外观应无尖角，缺口、缺边等缺陷。 4.熔接口外观应无蜂窝状气孔。 5.熔接接头与熔件之间应牢固、无松动、无空隙与裸露现象。四、安全措施 1、点火人员在点火时必须戴上隔热手套与防护眼镜，不得面对与熔模开口处进行操作。 2、焊接人员在焊接时要注意安全，佩戴防护眼镜或采取防护面具保护，防止焊接时灼伤眼睛。 施工流程图见附件		
附件	20100605_接地网敷设JD015.DOC		

图 5-34　安全技术交底页面

(四) 风险及安全事故管理模块

该子系统包括了危险源辨识及风险评价台账管理、安全事故调查与处理管理等。通过对工程施工危险源的辨识和评价，列出风险较高的危险因素，制定安全专项方案，防患于未然。该子系统还实现了安全事故的流程化管理，通过对安全事故信息的上报、统计和分析，形成安全事故库，全过程追踪安全事故，保证安全事故得到及时有效的解决，防止类似安全事故的再次发生。风险及安全事故管理子系统部分页面如图 5-35、图 5-36、图 5-37 所示。

哈密（红乌电化）铁路 建设项目管理信息系统

按日期查找：从 2009-05-13 (点击选择日期) 到 2011-05-26 (点击选择日期) 搜索

标段危险源辨识及风险评价表

序号	标段号	时间	详细信息
1	DS1标段	2009.06	查看
2	安红标段	2009.06	查看
3	南环线站前标段	2009.06	查看
4	南环线站后标段	2009.06	查看

上一页 下一页

图 5-35　危险源辨识与风险评价表页面

时间： 至 标段名称： 搜索

标段安全生产事故按等级统计表

序号	标段名称	一般事故数	较大事故数	重大事故数	特别重大事故数	事故总数
1	DS1标段	0	0	0	0	0
2	安红标段	0	0	0	0	0
3	南环线站后标段	1	0	0	0	0
4	南环线站前标段	0	0	0	0	1
	合计	1	0	0	0	1

图 5-36　安全事故统计页面

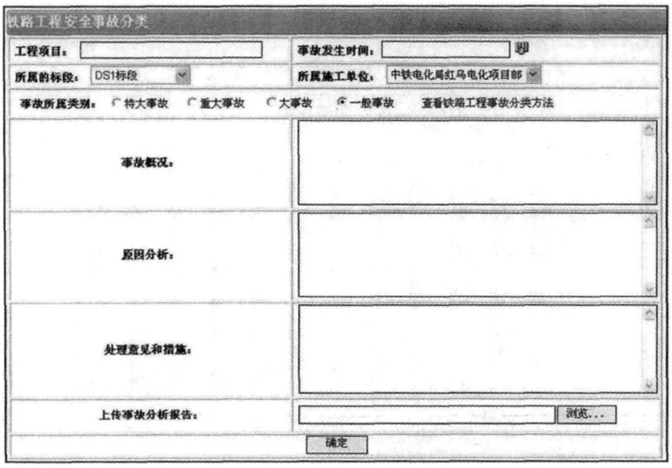

图 5-37　安全事故上报页面

（五）安全综合分析模块

在全线范围内对施工单位安全生产条件进行科学的评价，可以实现施工单位安全生产工作的标准化，促进施工单位安全管理水平的提高。安全评价子系统以铁路建设工程安全评比的办法和准则为依据，客观反映施工单位的安全状况。该子系统在默认的情况下反映各施工单位开累安全得分，也可以选择具体的年度或月度评比，还可以选择单个标段的安全得分情况。利用旅工过程产生的安全管理数据，生成安全自控率，客观反映各标段的安全自控情况，并形成安全通病库，对多发和屡发的安全问题在全线范围进行通报，使各单位查找不足，积极整改，将安全措施真正落实到日常的施工中，安全综合分析页面如图 5-38、标段详细得分如图 5-39 所示。

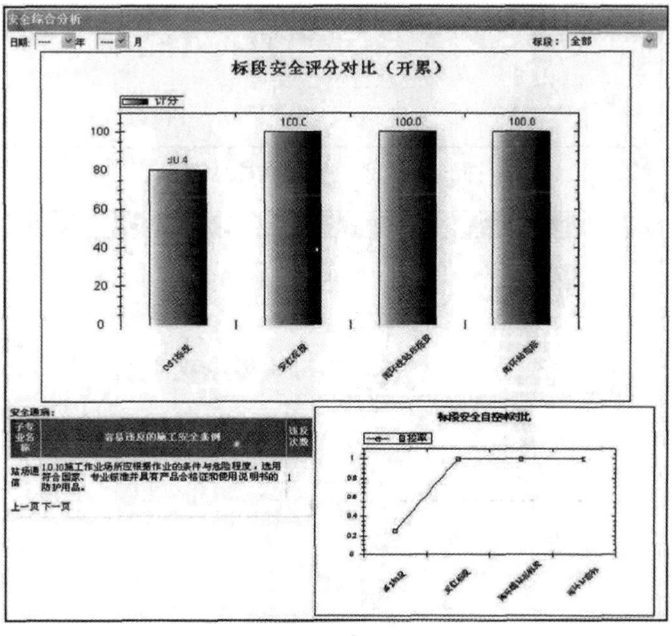

图 5-38　安全综合分析页面

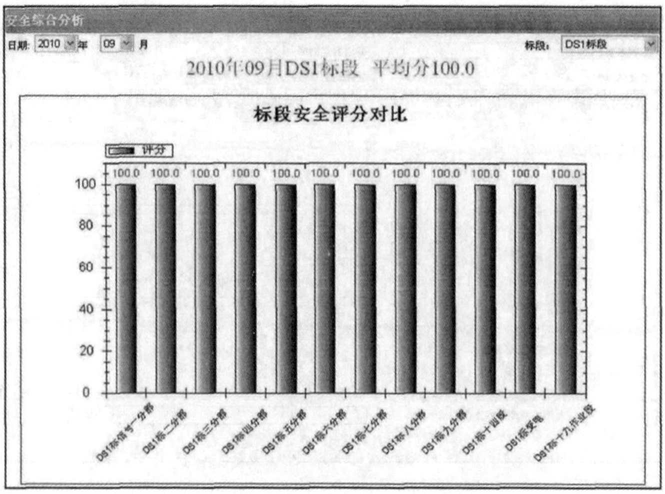

图 5-39　标段安全评分对比页面

（六）系统管理模块

系统管理主要包括系统字典维护、组织机构管理和人员管理。机构和人员管理主要包括角色的设置和权限的划分。系统统一配置一个系统管理员权限，系统管理员可以访问系统的所有资源和内容，并由系统管理员对机构和系统用户进行维护，包括访问权限和操作权限。系统管理部分页面如图 5-40、图 5-41、图 5-42 所示。

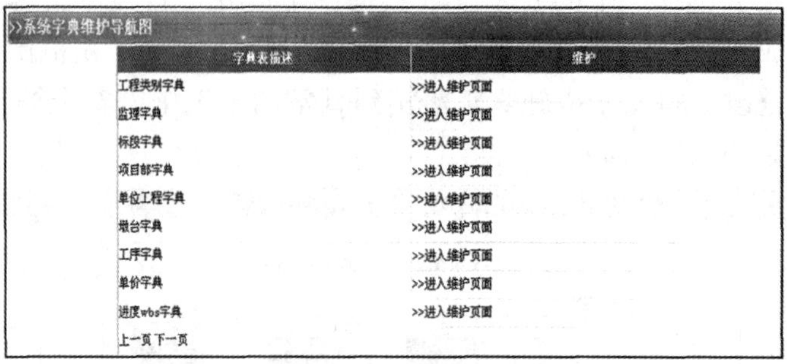

图 5-40　系统字典维护页面

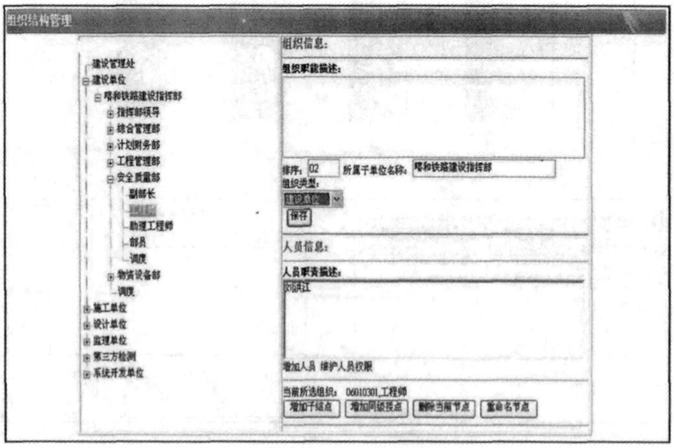

图 5-41　系统人员维护页面

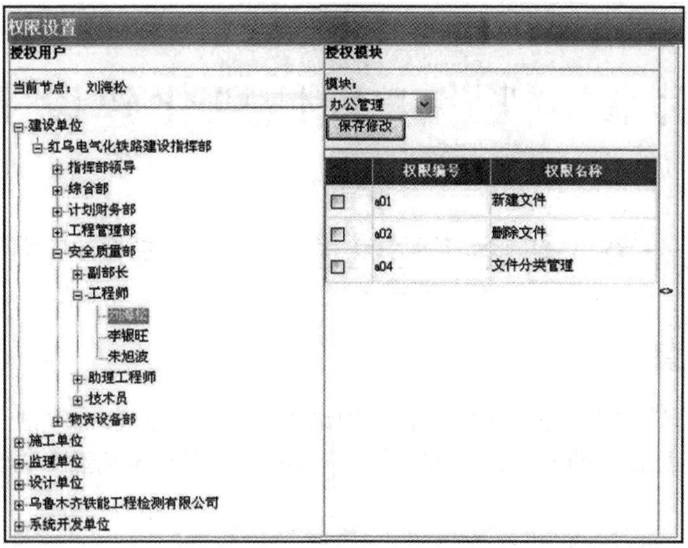

图 5-42　系统权限设置页面

第六章　铁路工程信息化建设实施

第一节　铁路工程信息化软件与系统设计

一、现状背景

工程建设管理专业软件是现代项目管理理论思想与现代信息技术融合创新的结果。管理思想的发展与信息技术的发展是互成因果的环路，实践证明信息技术已在管理层面扮演越来越重要的角色。

（一）工程管理理论现状背景

工程管理，自古有之。但与过去相比，一方面，随着科学技术和社会的发展，建设领域专业技术取得了长足的进步，专业分工日趋细化，改变了人类工程活动和工程管理的方式；另一方面，人们就人和自然关系的认识，从“征服自然”转变为“人和自然和谐相处”。传统的工程管理理论和知识体系已不能满足现代工程管理实践的需要，有必要重构现代工程管理理论体系并梳理相应的知识体系。

传统的工程管理研究主要集中在两方面：一是将工程视为一个基本投资单位，基于投资科学范式研究建设工程立项决策；二是基于系统科学范式研究工程实施过程管理，把工程实施过程视为一种独特的一次性任务或过程，把工程活动作为基本分析单位，具有代表性的成果是项目管理知识体系。

20 世纪 80 年代中期，美国项目管理学会 PMI（Project Management Institute）和国际项目管理协会 IPMA（International Project Management Association，IPMA）先后提出了项目管理知识体系 PMBOK 的理论和知识框架。PMBOK 把项目全生命周期的概念和管理过程引入传统的工程项目管理学，为建立项目全生命周期的信息处理模型提供了理论框架。

20 世纪 90 年代中期，在德国产生了项目控制论思想。项目控制论的核心是提出项目信息处理的战略结构和模型，它与传统工程控制思想不同，强调基于项目信息处理的项目总控（Project Controlling）模型。项目总控模型既是一种项目信息处理的战略结构，也是信息化条件下项目管理的组织模型和管理流程。项目总控模型由德国 Peter Greiner 教授等人提出并在德国统一后的铁路改造和慕尼黑国际机场建设项目中成功应用。项目控制论既是现代信息技术在工程建设项目中的应用和创新，反过来也为企业级项目管理信息系统及集成项目管理软件的产生提供了理论基础。与项目总控思想的起源时期一样，在美国工程管理实践中产生了项目协同思想。项目协同的核心思想是：工程项目中供方与需方的关系不应该建立在传统的工程计量和合同条款基础上，而应该建立在项目建设各方共同的核心价值基础之上。基于这些核心价值基础，业主与承包商之间，承包商与分包商之间，项目建设方与政府监管部门之间等所有项目干系人（也表达为项目利益相关者）之间的主导关系不是基于

FDIC 条款的竞争关系而是基于共同价值基础的协同关系(也表达为伙伴关系)。项目协同思想为项目建设中企业与企业之间的合作确定了新的价值理念，也为建立统一的项目信息管理平台提供了全新的思想方法。

20 世纪末 21 世纪初美国项目管理学会(Project Management Institute，PMI)推出的 OPM3(Organizational Project Management Maturity Model，OPM3)，将项目管理理论提升到企业管理高度，为企业级项目管理软件系统和集成管理系统提供了理论支持。OPM3 为组织提供了一个可测量、比较、改进项目管理能力的方法和工具。“组织项目管理”是指通过项目将知识、技能、工具和技术应用于组织和项目活动来达到组织目标。它和项目管理的区别在于“组织”扩展了项目管理的范围，它不仅仅包括单一项目的成功交付，还包括项目组合管理(Program Management)和项目投资组合管理(Portfolio Management)。可以这样说，单个的项目管理是战术水平的，而组织项目管理则是上升到了战略高度，从这个角度来讲，组织项目管理在高度竞争的商务环境中是一种战略优势。

进入 21 世纪以来，项目管理受到了前所未有的重视。有多方面的原因促成项目管理令人关注的今天，及其充满前景的明天。其中主要的原因在于：项目管理在运筹与协同方面的方式方法恰好填充了其他管理体系或管理系统在这方面的相对弱项；PMI 的 PMBOK 或 IPMA 的 ICB 理论体系日臻完善，并在全球范围内展开几近商业性质的普及推广；建设工程全寿命周期管理、项目总控、虚拟建设等关于项目管理和工程建设项目管理的研究，项目管理软件功能及演绎理论能力的不断提高，使项目管理从理论走向实际实施进而发挥效益成为现实；引导企业管理风向标的跨国公司纷纷开始在企业中采用项目管理技术，形成企业项目管理的局面。

(二) 信息技术现状背景

与项目管理理论发展并驾齐驱的是信息技术革命以前所未有的速度进行深化，主要表现为互联网、大型数据库、通信卫星、光导纤维组成的现代信息技术革命。现代信息技术和互联网大大提高了信息快速、可靠、安全地搜集、识别、提取、变换、存储、传递、处理、检索、检测、分析和利用的能力。现代信息技术特别是互联网和数据库技术的发展，为项目管理软件和项目管理信息系统发展，甚至对改变管理思想起着不可估量的作用。

硬件的发展遵循摩尔定律，即计算机硬件性能每 18 个月增加一倍，而软件技术的发展更快。项目管理软件也是如此，以 Primavera 的 P3 为例，其从 1983 年发布第一版至今已经进行了 10 多次升级，但由于 P3 核心构架开发较早，因此其功能应用起来存在诸多不便，如数据安全、字段字符限制、采用文件型数据库等等，极大地限制了 P3 的进一步功能扩展和应用，在这种情况下 Primavera 公司在总结 P3 应用的基础上，结合项目管理理论和软件技术的发展开发了全新概念的企业级工程建设项目管理软件 P3E/C。项目管理软件的主流技术与管理思想一样，也经历了多个发展时期：界面技术从 DOS 字符界面，到 Windows 图形界面，直至今天的 Browser 浏览器界面；平台体系结构也从单机单用户发展到文件/服务器(F/S)体系，再到客户机/服务器(C/S)体系和浏览器/服务器(B/S)体系，使用范围也从单机到局域网再到可通过互联网进行信息交互和远程控制。从目前看，网络版项目管理软件已经成为主流趋势，其主要有两种结构：一是 C/S 结构；二是 B/S 结构。

国内信息技术近几年也有长足发展，随着大型项目工程的上马，带动了项目管理软件的开发研制，并取得了一定的效果。上述 Primavera P3 是国外应用比较成功的一款软件，而国内应用比较广泛的工程项目管理系统有中国长江三峡工程开发总公司的 TGPMIS、梦龙公司的工程项目管理软件平台、广联达公司的造价管理系统和施工项目成本管理系统、同济大学开发的 PMIS 软件等。铁路建设工程项目管理系统主要有中国铁路总公司天津定额所针对铁路建设的概预算编制系统、北京交通大学轨道交通控制与安全国家重点实验室开发的精伊霍铁路建设项目管理信息系统、中国铁路总公司信息中心开发的武广客运专线铁路建设项目管理信息系统以及在此基础上发展而来的面向全路的“铁路建设项目管理信息系统”(RCPMIS)。

梦龙项目管理软件是极具代表性的项目管理平台，其中的组件或技术被其他系统直接或间接采用。梦龙项目管理软件是一种以网络计划技术为核心的管理方法，是在华罗庚先生推广的统筹法和优选法基础上开发的。它基于梦龙 Link Project 项目管理平台，采用软件插槽式结构，以进度控制模块为核心，包含成本控制、质量控制、组织协调以及合同、文档、人事、物资、内部定额管理等多个软件模块，基本涵盖了项目管理的九大知识体系。在项目进度控制中利用双代号网络计划技术施工进度前锋线进行项目进度控制，实现了进度的有效控制。

梦龙项目管理软件在国内很多工程建设中发挥了重要的作用，如长江三峡工程建设等，得到了较好的评价。其中梦龙项目管理中的九大知识体系，各体系都可以独立成为一个小系统，用户可以根据自己的需求定制功能模块，与人员权限设置实现了有效的结合。但是，梦龙项目管理软件每个模块独立，没有从根本上将铁路建设的各个模块融合在一起，各种信息不能共享使用；尽管采用了较为先进的网络计划技术，能够实时反映施工进度的发展，进行动态的调整计划，但在计划编制、计划调整、工期预测、进度数据采集方面没有切实从用户的简单方便实用性角度出发，造成施工单位工作量增大，不能有效体现铁路建设项目信息系统的优点。

精伊霍铁路建设项目管理信息系统主要针对铁路局新建铁路而开发。系统采用 Internet 网络技术、数据库(Oracle)技术、WEB-GIS 技术、三维虚拟现实技术以及 B/S 网络体系结构，整合了涉及铁路工程建设、设计、咨询、监理、施工、主要物料供应商等单位的施工动态相关信息和建设工程管理的相关空间信息，实现了与施工现场实时同步的进度控制、质量控制、安全控制和投资控制等建设工程的信息管理功能。精伊霍铁路建设项目管理信息系统在乌鲁木齐铁路局精伊霍铁路线已经运行两年多，并且在乌鲁木齐铁路局奎北建设指挥部和南疆吐库二线指挥部都得到了推广应用。

武广客运专线铁路建设信息系统主要针对客运专线建设而开发，系统基于三峡高科的 TGPMS 并集成 P3，满足工程项目管理需求，并且采用梦龙 Link Work 平台实现办公管理，在此基础上进行二次开发。系统整合了铁路建设工程中的成本管理、进度管理、质量管理、合同管理等模块，为客运专线的建设提供辅助决策支持。武广客运专线建设项目管理信息系统已经在全路客运专线建设中得到推广。

铁路建设项目管理信息系统(RCPMIS 系统)同样由中国铁路总公司组织开发，是武广客运专线铁路建设信息系统的推广和应用，是应用现代项目管理理念和信息技术，以中国铁路总公司和建设单位为主要服务对象，为铁路建设项目的实施提供支持的人机交互系统，是推进我国铁路建设管理现代化的重要工具和手段。RCPMIS 系统主要针对大中型铁路建设项目工程实施阶段的建设管理，服务对象以中国铁路总公司和建设单位为主，延伸至承担项目建设任务的设计、咨询、监理和施工等承建单位，服务范围覆盖全国由中国铁路总公司出资（含合资）建设的大中型铁路建设项目。

然而，以上管理软件作为通用型项目管理软件，虽然可以很好地解决项目管理中的常见的管理问题，实现工程建设安全管理、质量管理、进度管理和成本管理的任务，但是在面对各路局施工中遇到的特殊性工程问题和差异性管理需求时，无法得到良好的应用。因此，需要结合建设工程管理的差异性需要，研究对应问题的信息化解决方案，开发相应的建设工程项目管理信息系统。

二、工程建设信息化管理软件的发展

计算机辅助工程项目管理的应用经历了一个长期的发展过程。国际上的发展大体如图 6-1 所示。20 世纪 70 年代，计算机开始在工程项目管理中投入使用。最初出现的是以解决某一问题为目的的单项程序，如财务、材料、进度等。随着信息技术的发展，这些单向程序开始逐步集合形成程序系统，而发展成为项目管理信息系统（Project Management Information System，PMIS）。20 世纪 80 年代末 90 年代初，为增强国际大型建设项目复杂系统建设中业主方的决策与控制能力，在应用 PMIS 的基础上，出现了项目总控信息系统（Project Controlling Information System，PCIS）。比较典型的案例就是总投资超过 250 亿马克的德国统一后的全国铁路改造工程。20 世纪 90 年代末以来，随着互联网的广泛应用，以美国为首的发达国家开始在政府投资项目上大量应用项目信息门户（Project Information Portal，PIP），实现各项目参与方之间基于互联网的信息交流与协同工作。21 世纪以来出现了 PMIS +PCIS+Portal 的集成管理信息系统。

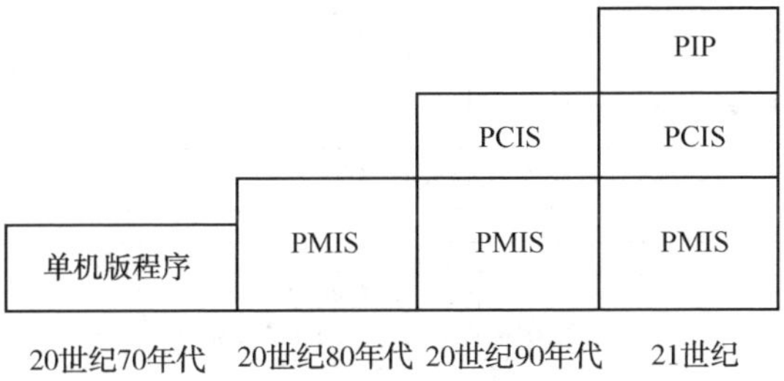

图 6-1　工程项目信息化管理的发展过程分析

需要指出的是，整个发展过程虽然体现不出不同时期出现的不同应用，但并不是说后来的系统完全替代了过去的系统，而是对应用的范围进行了扩充或深化。因此，今天我们可能会看到同时具有 PCIS 和 PIP 功能作用的 PMIS，或者看到具有 PMIS 和 PCIS 功能作用的 PIP。

（一）工程项目管理信息系统

工程项目管理信息系统（PMIS）是指通过对项目管理专业业务的流程电子化、格式标准化及记录和文档信息的集中化管理，提高工程管理团队的工作质量和效率。

PMIS 随着项目管理理论实践和信息技术的发展应运而生，在互联网技术产生前已得以应用，为项目某一方（业主、设计方、承包商、供货商和咨询机构等）的项目管理工作，提供相应的信息处理结果和依据，为实现项目管理的目标控制而服务，是工程项目管理人员进行信息管理的必要手段。PMIS 与企业管理信息系统（MIS）有明显的区别。MIS 服务于企业的人、财、物、产、供、销等的管理，进行信息的搜集、传输、加工、存储、更新和维护，以人事管理、财务管理、设备管理等为目标，支持企业高层决策、中层控制、基层运作的集成化的人机系统。PMIS 中采用的方法即项目管理的方法，主要是运用动态控制原理，对项目管理的投资、进度和质量方面的实际值与计划值相比较，找出偏差，分析原因，采取措施从而达到控制效果。因此 PMIS 主要包括项目投资控制、进度控制、质量控制、合同管理和系统维护等功能模块。

PMIS 信息系统软件主要专注于进度控制、投资控制、合同管理、招标管理、文档管理和信息沟通等某一个或较少的方面，如 Primavera 公司的投资与合同管理软件 Expedition，进度控制软件 P3E/C、上海普华公司的文档和沟通管理软件 PowerCom、微软的 Project、梦龙软件等，这之中有些软件如 P3E/C 和 Project 具备一些集成功能，以此为基础的升级版本逐渐发展成了集成型项目管理软件（系统），目前 Primavera 公司推出的 P6、微软公司的 Project2007 已经发展成为企业级项目管理软件。

（二）工程项目控制信息系统

工程项目总控制信息系统（Project Controlling Information System，PCIS）是通过信息分析与处理技术，对项目各阶段的信息进行搜集、整理、汇总与加工，提供宏观性的、高度综合的概要性工程进展报告，为项目的决策层提供决策支持。

控制在现代企业管理中有举足轻重的地位，其主要任务是进行信息的提取、加工和面向决策的浓缩。作为控制的重要手段，源于会计系统的各种比率（ratios）在企业控制中发挥着巨大作用。财务管理中的各种比率代表着高度浓缩的供决策的信息。作为公司的控制中心，PCIS 的主要任务是借助先进的计算机信息技术及通信技术进行信息的加工，提供公司领导层赖以决策的依据。

图 6-2 是项目总控制信息系统示意图。

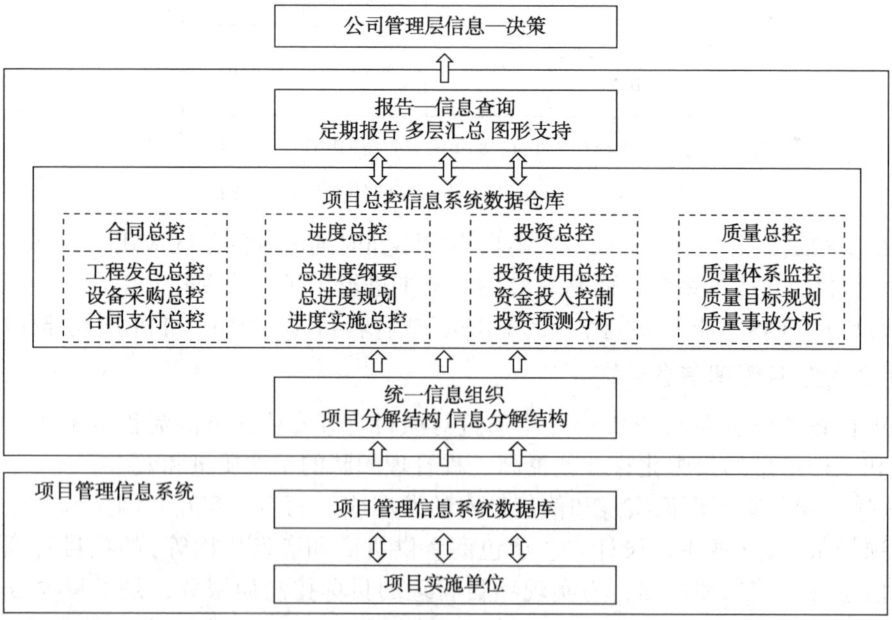

图 6-2　项目总控信息系统示意图

当项目特别大或者面临的是项目群的管理时，管理组织的层次比较多，往往采用 PCIS 供一般管理层进行工程项目管理，通过 PCIS 让最高决策层对由众多子项目组成的复杂系统工程进行宏观检查、跟踪和控制。

工程项目总控信息系统的最重要信息来源是执行实际业务管理工作的项目管理信息系统。此外也可以从业主方其他的业务系统如进度、财务等系统获取信息，甚至可以从政府有关部门、工程监理、设计单位、施工单位、供货单位和咨询单位等项目参与方采集信息。

（三）工程项目管理信息门户

工程项目信息门户（PIP）是指在对项目实施全过程中项目各参与方产生的信息和知识进行集中式存储和管理的基础上，为项目各参与方在 Internet 平台上提供的一个获取个性化（按需索取）项目信息的单一入口。它是基于互联网的一个开放性工作平台，为项目各参与方提供项目信息共享、信息交流和协同工作的环境。项目信息门户主要提供项目文档管理、项目信息交流、项目协同工作以及工作流程管理等四个方面的基本功能。其中，文档管理是项目信息门户的主要功能之一，也是项目信息门户运行的基础。有关研究资料表明，工程项目信息的 80%~90%是非结构化的项目文档。因此利用项目信息门户对工程项目的信息进行管理是完全能够实现的。

PIP 的含义可以从以下几点理解：

（1）PIP 的服务对象是工程项目，而不是某个组织。PIP 首先要求项目组织扁平化，工作流程的设计围绕“增值活动”，而不是管理职能。尽管 PIP 平台可能是由项目的某个参与方来提供，但平台是为项目服务的，它面向所有的项目组织。所有参与方在这个平台上组成一个信息环（Information Loop），完成对项目信息的采集、分配、跟踪、反馈和更新。项目建设过程中，信息归属于项目，但是在项目完成后，信息归属于组织。所以，项目信息的生命周期不等同于项目自身的生命周期，在项目结束后，它们可以转化为组织的知识资本，以供企业在未来项目的决策中参考。

（2）PIP 的服务功能是项目信息的分享，而不仅仅是信息发布。PIP 是项目组织利用 Internet 平台和相关技术（如应用服务包）来分享信息、解释信息的过程。PIP 目前的应用主要是以文档为基本对象，把项目信息存储在多个相互关联的数据库中，从而形成项目信息库（Repository）。信息的集中存储的机制方便了信息的有效管理，为信息分享和解释提供了基本保证。由于 Internet 采用了动态资源调用技术，信息沟通过程（如文档的创建、修改、查找、查看、建议、评论、呈交、转交、请求、通知、讨论、会议等）全部属于实时（Real-time）操作，所有的信息对象只有一个最新的版本，因此项目各参与方能够随时随地获得项目的最新信息。应用 PIP 的最大好处不仅仅在于节约了信息沟通的成本，而是获得了一个“信息分享和解释”的环境。通过这样一种环境，工程师能更好地表达业主需求；设计方给施工方的施工图不再仅仅是“指令”，而是经过协作后的项目建设的解决方案；业主能够在一个地方管理所有的项目，准确地获得项目的预算报告和实际成本，也能够及时查看到任何一个潜在的变更；而项目管理方能够随时监测所有的项目数据，包括投资完成情况、进度完成情况、工程事故单等。

（3）PIP 的应用环境是一个公平、高效的环境。PIP 异构了多种操作系统，并整合了多种信息沟通方式。比如，快速路径法施工对设计方、施工方和供货商之间的合作提出了更高的要求。一扇门窗从设计、施工、采购到安装的全过程中，需要频繁地修改、讨论和确认，这些活动都可以在 Internet 上完成。从这个角度讲，PIP 不仅仅是一个信息沟通环境，还是一个项目协作(Project Collaboration)环境。

(四) 集成项目管理系统

铁路工程项目是由若干要素组成的。在一个项目的实施过程中，各要素(成本、工期、质量等)彼此密切相关，任何一方发生变化都将会引起其他方面相应的变化，并将会直接或间接地对项目产生影响。为消除这些影响，对项目各活动进行有效的管理和控制，就需要对项目各要素进行集成管理。

项目集成管理的目标是保障一个项目各方面的工作能够有机地协调和配合，它的内容包括为达到甚至超过项目相关利益者的期望去协调各方面的目标、要求和计划安排最佳(或满意)的项目行动方案，以及集成控制项目的变更和协调项目各方面工作等内容。项目集成管理从本质上说就是从全局观点出发，以项目专项管理的协调与整合为主要内容而开展的一种综合性管理活动。集成管理系统主要体现在以下几个方面：

(1) 全寿命周期的集成。建设项目的生命期，从构思的产生到项目投入使用，按主要工作活动内容，一般可以分为四个阶段，即前期决策阶段、设计/计划阶段、施工阶段和运行阶段。建立信息系统，按照项目管理理念，以计划为龙头，实现建设项目全生命周期各阶段过程的一体化，使各阶段有效衔接，减少阶段界面之间的能量损失。

(2) 组织、过程、责任体系的集成。建设项目本身是由建设参与方、利益相关方围绕着业主方的项目管理形成以合同为约束、以法律为准绳的虚拟组织。建立统一的信息系统，实现虚拟组织内部规范的、有序的信息沟通、信息共享。同时，各参与方还应设法将项目的信息系统与企业的信息系统融合起来，实现项目流程与企业业务流程的协同。

(3) 目标的集成。按照《项目管理知识体系》PMBOK 的理论，9 个知识领域(项目集成管理、项目范围管理、项目时间管理、项目成本管理、项目质量管理、项目人力资源管理、项目沟通管理、项目风险管理和项目采购管理)的核心在于项目集成管理，通过集成统筹实现各目标。项目管理知识体系(PMBOK)应用到国内建设项目即是以计划为龙头，实现“四控、四管”的目标。建立信息系统，可以实现在计划统筹和协调下的目标与过程的集成。

(4) 信息化集成。信息化集成指业务信息管理系统 PMIS、项目总控信息系统 PCIS、项目信息门户 Portal 的集成。

三、铁路工程建设管理数字化信息平台

目前，各铁路工程建设单位都开发有一套或几套功能不同、独立运行的信息系统，但各系统之间不能信息共享、资源协调。管理的局部最优不等同于整体最优，如果能够将各部门之间不同用途的、分离的信息系统整合在一个信息平台之下，成为信息平台的子系统，实现子系统之间的信息传递，资源共享，那么各个子系统所组成的新系统将会产生更大的效益。

高铁建设管理数字化集成信息平台根据应用的需求，将硬件平台、网络设备、系统软件、工具软件及相应的应用软件等集成为具有优良性价比的计算机系统，以解决跨平台问题、跨语言问题、跨操作系统问题、跨协议问题、跨版本问题，为高铁建设项目决策提供

科学依据和智力支持，为实现高铁建设项目的动态管理和及时监控提供平台，其重要性不言而喻。ETL 技术(Extract，Transform，Cleansing，Loading)和 PIP 技术都可以实现铁路工程建设管理数字化信息平台，下面分别对这两项技术进行介绍。

(一) ETL 技术

ETL 技术是构建数据仓库一种常用的技术手段，主要包括数据抽取(Data extract)、数据转换(Data transform)数据清洗(Data cleansing)以及数据加载(Data loading)四部分。数据抽取是数据源接口，包括原始数据接口和外部数据接口，数据源接口从业务系统中抽取数据，为数据仓库输入数据；数据转换包含对来自多个生产系统的数据源的处理，保证数据按要求装进数据仓库；数据清洗的目的是确保数据集中的所有数值是一致地、被正确记录地处理；数据加载负责将数据按照物理数据模型定义的表结构装入数据仓库，包括清空数据域、填充空格、有效性检查等。

铁路工程建设指挥部总是希望能随时随地访问到任何他们需要的信息，这就要求有一个体系结构来容纳各种格式的内部数据和外部数据。例如设计方案数据、施工进度数据、建立控制数据、风险控制数据等等。这些数据因为来源不同，具有大量、分散和不清洁的特点，不能为数据仓库直接使用，而对所有的数据的分析、采掘活动也必须建立在一个数据清洁、结构良好的数据仓库的基础之上。ETL 技术要支持此种类型数据库的构建就需要具备以下几点功能。

(1) 解决数据分散问题

对于铁路工程建设业主来说，数据主要有多个方面的来源：施工单位信息、设计单位信息、监理单位信息等，也就是说大量的数据分散在不同的系统中，铁路工程建设的信息也分散在不同的系统中。如果只对某个系统的数据进行分析，以作为决策支持的依据，显然有信息不全面、分析不准确的缺点。ETL 可以解决这些问题。根据业主决策的需求，数据仓库将决策分析用的数据集中在一起。

(2) 解决数据不清洁的问题

分散的数据也带来了数据不清洁的问题。同一个工程建设项目的信息在不同系统中的数据不一致。而且有些数据可能是不真实的。另外，分散的业务系统中的数据是面向业务的，而不是面向决策的。ETL 模块解决了数据不清洁问题，并将数据转换为决策分析所需要的类型。通过对分散数据的集中、清洁和转换，数据仓库中存储着清洁、一致、全面和面向决策的数据。这些数据为了方便用户的分析与查询，设计成多维模型结构。

(3) 方便铁路工程建设各单位构筑数据中心

数据仓库是面向整个工程项目建设的数据应用，而针对各个单位的信息应用是构筑数据中心。数据中心的数据是按部门从数据仓库中抽取，并进行加工处理。数据中心构筑工具，就是提供从数据仓库自动进行数据的抽出、变换功能，具有 ETL 功能，可以大幅提高运行效率。

(二) PIP 技术

铁路工程建设管理数字化集成信息平台具有一个很显著的特点，即信息技术有分有合。所谓分，是指信息技术在业主方、施工方、设计方等企业单位内的应用是相对独立的。企业单位作为市场经济中运作的基本单位而存在，为了提高企业自身的核心竞争力，获得更快的发展速度和更大的发展空间，信息技术的应用与优化势在必行。但在信息技术的应用上，不能只是满足于信息技术在各企业单位局部点线式的应用，而是要着眼于围绕企业内部工作流程，建立一个适合企业自身特点的、满足企业当前和长期需要的企业层面上的信息系统。所谓合，就是指业主方、施工方、设计方等相对独立的企业会因为一个共同的项目走到一起来，集中各方的人力物力共同完成同一个项目。这在客观上要求面向项目本身的集成式管理协调，信息技术面向项目的应用便导致了类似 PIP 系统的出现。显然，PIP 系统是基于业主方、施工方、设计方等各参与方更高层次的集中协调，是完全面向管理层的。现代管理学认为管理就是基于一致信息资源的标准的业务流程的集合。具体到 PIP 系统的应用，就是运作在项目信息一致基础上的工作流程系统。PIP 系统中定义的工作流程必然是高层次抽象的，是宏观上的，只能是以工作流程的触发、控制和结束而存在，其具体的实施必然是下放到设计方、施工方、监理方等参与方内部实现。也就是说各参与方企业的系统有一部分是设计成开放的面向 PIP 系统的。

PIP 系统一般主要被规划为一个相对独立动态网站的形式，所提供的功能都以 Web 服务器上应用程序的形式进行实现。真正的铁路工程建设项目协同合作和铁路工程建设工作流程管理功能客观上要求 PIP 系统与铁路工程建设项目各个参与方的系统进行集成。通过这种系统集成式的 PIP 系统，许多结构化的铁路工程建设工作流程可以在相关的项目参与方之间进行自动处理。比如信息请求、变更要求、索赔提交等等，并且可以对铁路工程建设工作的处理状况随时进行跟踪和统计。

PIP 技术实现难题是在铁路工程项目信息分类和编码的标准制定以及整个系统的设计上。在支持机机交互的应用层面集成实现上，关键信息技术首推 Web 服务技术。Web 服务是一种 Internet 环境中分布式组件的开发技术，也是一种完全建立在 XML 和 SOAP 等标准协议或规范上的应用程序，可以被任意的系统和开发语言所支持。而且一个 Web 服务能够和其他 Web 服务集成，构成功能更强的新 Web 服务。由此可见，Web 服务技术可以非常方便快捷地实现高铁建设项目各个参与方的系统间的应用程序集成，通过 Web 服务重组高铁建设项目应用和业务流程，就可以便捷地构建基于 PIP 系统的铁路工程建设管理数字化集成信息平台。

四、铁路工程建设信息化系统设计

（一）系统设计目标与原则

铁路工程建设项目管理信息系统的研究，是在坚持统一领导、统一规划、统一标准、统一资源、统一管理的“五统一”基础上，以铁路工程建设项目管理信息系统建设为核心，坚持典型引路，大力推进铁路建设信息化，在建设品牌工程，有效控制投资和预防腐败，促进建设和运营管理结合，实施“走出去”战略等方面取得显著成效，建立一个功能强大的铁路项目管理信息指挥中心。目标是开发出运行于网络环境，具有完整的系统框架的建设项目管理信息系统，使各参建方的工程管理工作规范化、系统化和程序化。

系统设计的目标，是以“先进、实用、简便、全覆盖”为原则，以项目管理理论与方法为基础，以建设调度为龙头，以信息管理系统为平台，以业主、设计、监理和施工单位等为服务对象，建成基于网络平台的建设项目信息管理与决策辅助系统，为铁路工程建设项目施工阶段的各有关部门或单位、相关的参与人员提供必需的、准确的、及时的信息，从而实现管理信息的视频化、数字化、智能化、系统化，实现建设项目管理全过程、全方位信息化控制与管理的战略目标，以支持建设单位高效率、高质量地对铁路工程建设项目进行全面管理。

系统设计为实现上述目标，兼顾系统开放性、可扩展性和安全性，则需要遵循先进性、实用性、简便性、覆盖性等四个方面的原则。

（1）先进性：系统设计在利用成熟技术的同时，必须考虑系统的先进性，采用先进的设计思想、先进的硬件设备及先进的开发工具。例如采用 Windows Server 2003 操作系统，整合 GPRS 网络和互联网络，以 MVC 模式设计，以 ASP. NET 平台和 AJAX 技术开发。

（2）实用性：系统设计应尽量选择成熟实用的技术，使得整个系统有一个安全、稳定的运行环境；同时，系统设计应以现场问题的解决为导向，建立系统设计人员与现场工作人员的沟通平台，保证系统能够反映现场问题，解决现场问题。系统以现场实际问题为出发点，针对各个问题，建立相应的子模块，有针对性地进行问题管理，确保系统开发的实用性。

（3）简便性：系统设计尽量反映用户处理问题的实际需要和个人习惯，有针对性地辅助用户完成日常管理工作，而不是设计完整且强大的功能，使得用户必须在经过专业培训之后才能使用系统和进行日常管理工作。系统设计中对用户界面接口进行精心设计，确保操作简易直观，切合工程管理人员的实际处理思路；同时采用工程分解的方法，将建设工程中的各类管理问题进行分类，采用模块化的设计方法，以适应不同管理人员的需要；利用模块化的开发方法，利用 HTML 定义业务逻辑，利用 CSS 定义样式外观，使各模块之间达到界面统一化，操作类似化，用户只要熟练掌握了一个模块的应用，就可以触类旁通，掌握其他模块的使用。

（4）覆盖性：系统设计应以工程管理中的各类问题为研究对象，以解决铁路建设工程管理中的各类特殊问题为目标，使得信息化管理的应用可以覆盖整条线路上的各个工序。

（二）系统主要功能需求

由于铁路建设工程本身的复杂性、工程类别的多样性以及企业用户角色的层次性，为满足用户的需求，该工程信息管理系统必须建设成为一个包含“工程、安全、质量、投资、环保、科技创新”的多层次、多专业、全覆盖的工程项目管理信息系统。系统在逻辑层面应满足以下需求。

（1）系统符合铁路工程建设项目管理模式，将项目划分为若干合同标段进行管理。有效地将建设单位、施工单位、监理单位关联起来构成组织结构树，方便各级单位的人员管理。

（2）系统满足建设单位、施工单位、监理单位需要，作为一个多层次，多方面的管理系统，参建各方在一个统一的信息管理平台下，依据数据责任体系和权限，共享工程建设信息资源。

（3）系统采用既简单又实用的工程结构分解体系，将建设项目划分为标段、单位工程、分部工程、分项工程以及工程实体的结构部位，对隐蔽工程图片的上报做到精细化的管理。

（4）系统在设计过程中要充分考虑各参建单位用户水平的差异，努力做到功能操作简便，菜单项名目清晰、简洁、可操作性强。

（5）权限统一授权，授权灵活，能按部门、用户、角色进行授权，分级管理，分级授权，建立清晰的数据责任体系。

铁路建设工程中涉及各个方面的问题，需要建设单位、监理单位、施工单位各方面的参与。为满足各参建单位日常管理的需要，系统在功能层面应实现以下需求。

（1）安全、质量、进度、投资等看板信息的维护、查看与展示，基于智能短信平台的短信预警。

（2）重大安全质量风险源的远程视频监控和管理，支持各参建方参与的远程视频会议。

（3）混凝土搅拌站的动态监控、统计分析与短信预警。

（4）在监控图上能够动态显示重大风险源，并根据风险源属性进行智能预警。

（5）实现隐蔽工程图片的上传，支持高分辨率的大尺寸图片，支持图片的缩放查看。

（6）建立安全质量问题库，实现问题整改的闭环管理，支持对填报情况的审核，支持问题照片和问题整改照片的上传与显示。

（7）各类监理计划的填报和审核，派工单的派发与接收。

（8）工艺试验的填报、统计与导出，工序签认的上报与管理。

（9）大型设备的台账与管理，设备状态、数量的统计。

（10）甲供、甲控、自购物资台账管理，甲供物资的供应与结算管理，甲供物资的台账管理。

（11）隧道工程中超前地质预报的填报和围岩收敛、拱顶沉降监测数据的填报。

（12）标准化评定中评定标准的维护，评定活动的建立和评分，记录各考评对象的成绩和扣分原因。

（13）沉降观测的数据导入和异常台账的维护，数据异常的警报。

（14）安质效考评中多对的考评设计，被考评人的总结填报，成绩的统计和导出。

（15）人员的档案管理、人员的变动管理、人员的培训管理和人员的质量统计。

（16）建立基础字典，用于维护各功能模块中涉及的基础数据。

（17）系统管理功能，用于管理员分配权限，添加新用户，修改用户密码等。

目前，中国铁路总公司 RCPMIS 系统在高铁建设项目管理中得到了广泛应用，高铁建设工程各参建单位及时将工程中的各类信息分类录入，成功解决了高铁建设项目管理中的调度管理、设计管理、合同管理、验工计价、质量管理、安全管理和监理管理等问题，实现了信息化、系统化和规范化的管理，使得上级主管部门可以更加及时地掌控工程进展情况。

同时，高铁建设单位办公管理系统在建设单位内部也得到了广泛的应用，建立了企业内部的信息发布平台，通过督查督办、短信平台、档案查询、合理化建议等模块，实现了工作流程的自动化和知识管理的自动化，实现了协同办公，提高了企业整体反应速度和管理能力。

因此，为了运用信息化管理手段，实现建设工程管理的视频化、数字化、智能化和系统化，建立全过程、全覆盖的信息平台，给参建各方提供大量可以共享的数据，大幅度提高各职能部门的办公效率，实现纵横联通、信息互动的协同办公的综合管理体系，达到现场管理标准化、规范化、信息化的目的，铁路建设工程项目管理信息系统的研发，应在集成中国铁路总公司 RCPMIS 和高铁建设单位办公管理系统的基础上，进一步满足高铁建设工程项目管理的信息化需求。该系统可以包括工程管理子系统、视频管理子系统、工程问题库管理子系统、集成看板子系统和混凝土搅拌站管理子系统，实现风险监控信息化管理、问题整改信息化管理、工程质量信息化管理、形象进度信息化管理和集成看板信息化管理等功能。

（三）系统主要研制技术

1. 系统运行模式

管理信息系统在我国的发展历史不长，但是系统运行模式先后经历了主机/终端模式、文件服务器/客户工作站模式、客户机/服务器模式(Client/Server，C/S)、浏览器/服务器模式(Browser/Server，B/S)，随着网络技术和数据库技术的发展，基于网络平台的管理信息系统已成为信息系统发展的必然趋势。本节将对客户机/服务器模式(C/S)及浏览器/服务器模式(B/S)作简要的介绍和比较。

(1) 客户机/服务器模式(C/S)

在 C/S 模式下，应用系统被一分为二，前台客户机完成用户的交互任务，后台服务器负责数据管理，从而在主机模式和文件服务器模式之间找到了平衡，其结构模型见图 6-3。

如图 6-3 所示，C/S 模式下服务器与所有的客户端机器直接相连，数据库放置在服务器端，客户端机器提出访问数据库的请求，由服务器响应这些请求，对后台数据库进行操作，按要求将查询结果返回给客户端，而服务器要对客户的访问权限进行审查，对数据库进行保护等，客户端的任务是负责人机交互，所以需要安装相应的客户端程序，一般相对复杂，增加了网络管理的难度。

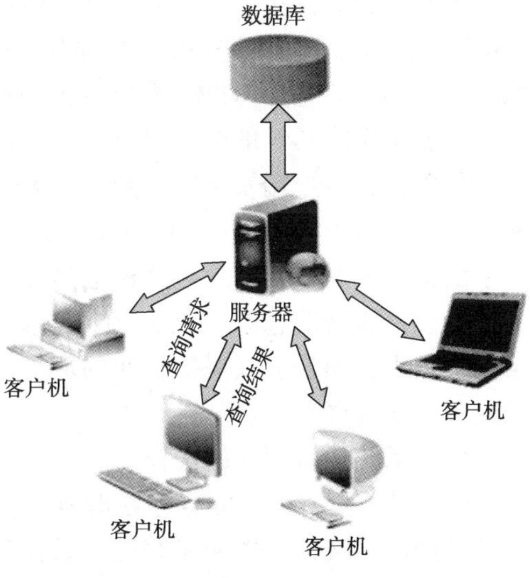

图 6-3 客户机/服务器模式结构图

C/S 模式是基于局域网 LAN 环境下的，具有较强的数据操纵和事务处理能力，对数据的安全性和完整性要求较高，但因特网的快速发展、组织规模的扩大化和分布的分散化等因素使 C/S 模式的缺点更加明显，如：封闭性、开发成本较高、兼容性差、扩展性差、维护麻烦、升级困难、用户界面使用复杂等，这些极大地阻碍了企业信息化的步伐。针对这些问题，基于互联网的 B/S 模式提供了更为有效的解决方案。

(2) 浏览器/服务器模式(B/S)

图 6-4 为浏览器/服务器模式结构图。在浏览器/服务器模式(B/S)下，客户端只需要安装统一的浏览器软件，就可以直接访问服务器。服务器被分为应用服务器和数据服务器，从而形成了客户端/应用服务器/数据服务器的三层结构。互联网的应用是以网络为中心，基于 TCP/IP 协议和 HTTP 协议，改变了传统 C/S 模式下客户端/服务器的二层结构。

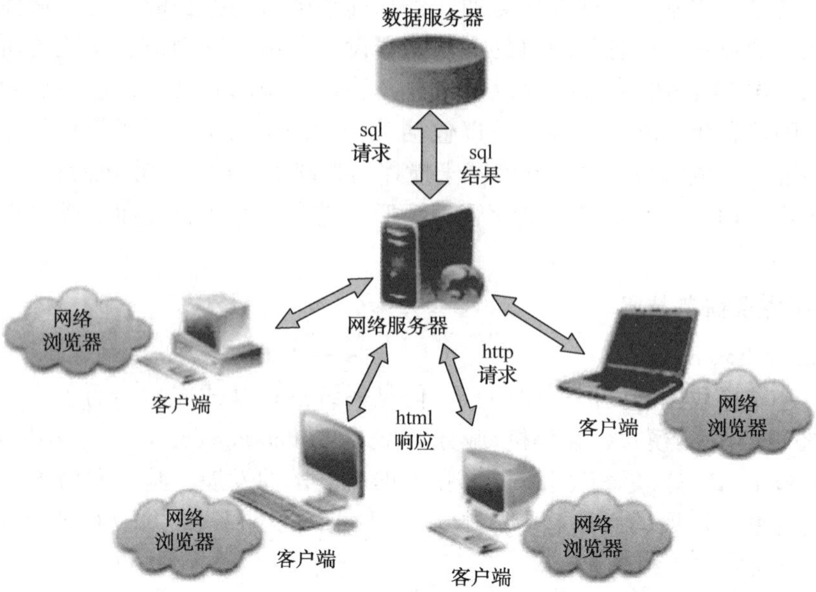

图 6-4　浏览器/服务器模式结构图

如图 6-4 所示，客户端安装统一的网络浏览器，通过浏览器发出访问网络的 HTTP 请求，由网络服务器接受客户的请求，然后通过一定的数据库接口访问后台的数据库服务器（DBMS），由数据库服务器处理查询请求，将数据加工结果返回给网络服务器，然后由网络服务器将结果转化为 HTML 文档及各种脚本传回客户端的浏览器。

B/S 模式把 C/S 的肥客户机/瘦服务器的结构变为瘦客户机/肥服务器，大大减轻了客户端的负担，客户端软件简化到只需要安装通用的浏览器软件，简单易行，极大地方便了网络管理。由于基于 TCP/IP 协议和 HTTP 协议很好地解决了跨平台性，使不同的机型、操作系统都能相互兼容。无疑这种 B/S 模式将成为主流模式，事实表明也的确如此。在 B/S 结构下开发管理信息系统最大的特点是开放性和通用性，它不仅易于维护、开发成本低、培训费用少，而且可以保护企业的原有投资，更具有扩展性好、移植性强、最大限度地实现资源共享等诸多优点。

（3）系统运行模式的选择

C/S 模式具有较强的事务处理能力，比较适合组织内部快速的信息处理，而 B/S 模式具有较好的网络扩张性和兼容性，易操作，易扩展升级，提供专业的应用服务，其在线服务模式是未来项目管理软件的发展方向。

考虑基于网络平台的铁路工程建设信息化管理系统涉及异地、多方的操作，并且各方的计算机硬件、软件平台都不尽相同，又必须随时方便地使用系统，而 B/S 模式的开放性和可移植性强，无疑可满足此要求。各方内部组织需要相对独立的管理信息系统，而不影响整个系统的运行。另外，服务器端开发以及必要时在客户端进行的系统开发所用的 ASP 语言 JAVA 语言，都是技术成熟、流传广泛、开发者易于学习和掌握的。经过综合对比研究，可采用 B/S 模式为主的软件开发模式，绝大部分用户通过浏览器登录服务器，即可利用浏览器提供的界面完成大部分的日常工作需要。对于一些功能全面、业务复杂、需要专业操作的工作，则采用 C/S 模式进行软件开发。利用 C/S 模式中客户端相对强大的计算功能，辅助用户完成日常工作的需要。

对于局域办公网络下的即时通信、远程视频监控系统和视频会议系统，采用了 C/S 模式开发，用户利用桌面软件作为客户端，通过正确的网络地址和用户名密码登录到远程服务器，可以全面细致地对远程服务器进行控制。而对于日常的局域网办公、铁路工程建设管理以及建设工程施工管理，考虑到用户比较分散，且流动性大，对移动办公的需求高，则采用 B/S 模式，用户只需要利用浏览器登录到后台服务器，即可以通过网页界面完成大部分的工作。图 6-5 为基于 C/S 模式的桌面即时通信软件。用户登录后，可以与运行在局域网内的服务器进行连接，进而与局域网内其他办公人员交流信息、传递文件以及进行协同办公，打开“快捷”标签下的软件频道，利用其中的快捷方式，可以快速打开网页登录到各个管理系统中进行管理工作。

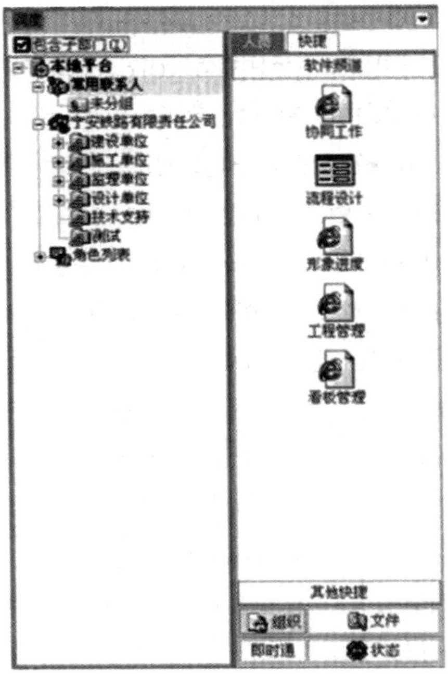

图 6-5　即时通信软件

2. 系统平台结构

根据前面对 C/S 和 B/S 运行模式的分析，本系统采用的平台结构如图 6-6 所示。由于对业主、设计单位、监理单位、施工单位的高端需求，系统开发专门的客户端软件，用户可以直接访问系统数据库，也可以通过网页浏览器来读写信息。而其他用户（社会公众和材料供应商等）只需要通过客户端浏览器即可访问 WEB 服务器，由于系统开发符合 WEB 标准，支持当前大部分的主流浏览器，包括 Internet Explorer、Mozilla Firefox、Google Chrome 和 Opera 等。WEB 服务器与数据服务器可以位于同一台计算机上，也可以位于不同的主机上，两者之间的互联可通过网络编程语言实现。

基于网络平台的管理信息系统最大的优势就是支持多个用户通过互联网对系统进行并发访问和事务处理。要保证系统安全有序运行，必须对用户进行管理。本系统中，对用户的管理主要是对用户权限的管理。即针对数据存取的权限，将用户操作权限分为录入、浏览、修改、删除四种，这些主要通过数据库的几个表来控制：系统用户表、系统用户登录表、角色表、登录用户 & 角色关联表、功能表、角色 & 功能关联表。

在管理系统中，一个用户可以有多个角色，每个角色可以有多个权限，权限判断一般具有优先级。比如，修改的权限大于浏览的权限。可以根据实际情况对用户进行权限的定义，或者对其权限进行删除、修改等。业主作为工程项目实际上或名义上的拥有者，是建立管理信息数据库的主导者，可作为系统的默认管理员。另外，系统根据使用权限和管理职能的不同，建立了三级网络，即建设单位、施工单位指挥部、项目分部（架子队），建设单位、监理单位监理站、监理组，建设单位、设计单位指挥部、现场组，对职能进行明确分工，对责任进行明确界定，保障了系统的安全高效有序运行。通过与施工单位、监理单位和企业员工的协同合作实现全面实时的信息化管理。

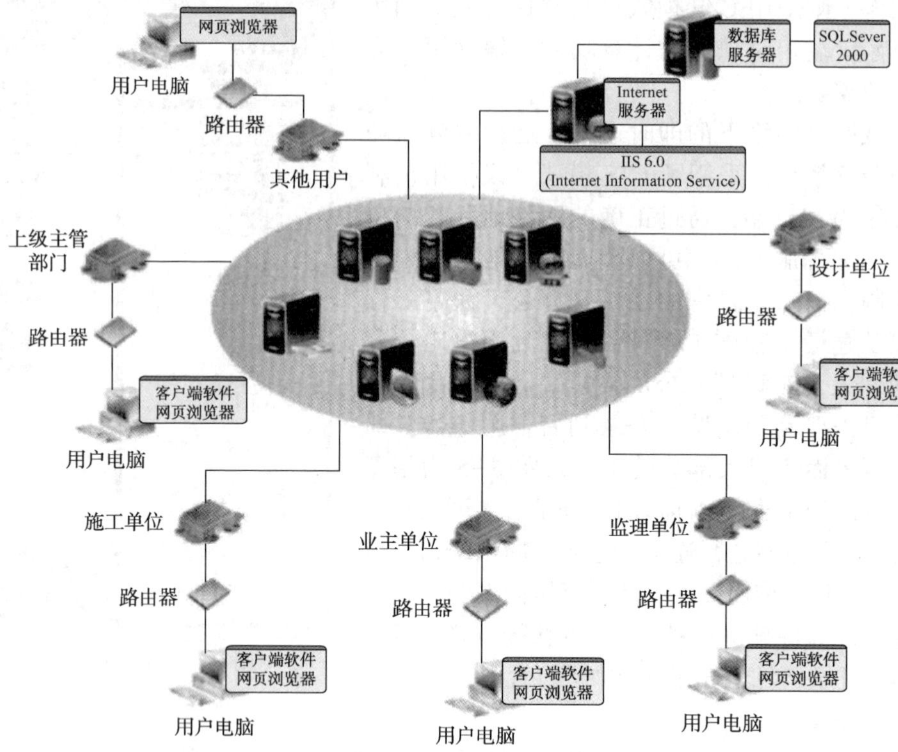

图 6-6　系统平台结构图

3. 系统开发技术

系统采用 ASP. NET 技术框架，编程语言采用 C#、Ajax 和 JavaScript 语言，利用 Visual Studio 2008 版本的可视化开发工具，在 Windows Server 2003 操作系统下进行开发调试，采用 MSSQL Server 2008 作为数据库，用于数据的存储，采用 B/S 模式作为系统运行模式，基于 IIS 6. 0/7. 0 进行 WEB 服务器的软件开发和系统发布，有效保证了系统的先进性、实用性、简便性、全面性、安全性和可扩展性。

ASP. NET 是 Microsoft. NET 的一部分，不仅仅是作为 Active Server Page(ASP)的下一个版本，ASP. NET 还提供了一个统一的 WEB 开发模型，其中包括开发人员生成企业级 WEB 应用程序所需的各种服务，其语法在很大程度上与 ASP 兼容，同时它还提供一种新的编程模型和结构，可生成伸缩性和稳定性更好的应用程序，并提供更好的安全保护，可以通过在现有 ASP 应用程序中逐渐添加 ASP. NET 功能，随时增强 ASP 应用程序的功能。作为基于 . NET 的环境，开发人员可以用任何与 . NET 兼容的语言(包括 Visual Basic. NET、C#和 JScript. NET)创作应用程序。另外，任何 ASP. NET 应用程序都可以使用整个 . NET Framework，可方便地获得这些技术的优点，其中包括托管的公共语言运行库环境、类型安全、继承等。

另外，ASP. NET 可以无缝地与 WYSIWYGHTML 编辑器和其他编程工具(包括 Microsoft Visual Studio. NET)一起工作。这不仅使得 WEB 开发更加方便，而且还能提供这些工具的所有优点，包括开发人员可以用来将服务器控件拖放到 WEB 页的 GUI 控件和完全集成的调试支持。采用 ASP. NET 易于写出结构清晰的代码、代码易于重用和共享、可用编译类语言编写等等，目的是让程序员更容易开发出 WEB 应用，满足计算向 WEB 转移的战略需要。

ASP. NET 还提供了 MVC 的开发模式，MVC 的核心是将开发框架区分为模型(Model)、视图(View)和控制器(Controller)，促进了清晰的逻辑分离，具备高度的可测试性、可扩展性和可插拔性。ASP. NETMVC 包含了强大的 URL 映射组件和 HTML Helper 类，可以使用很干净的 URL 和前端页面代码来创建 WEB 应用。

系统采用了 C#语言配合 ASP. NET 进行 WEB 开发，C#作为一种先进的面向对象语言，可以使开发人员快速地建立大范围的基于 Microsoft 网络平台的应用，并且提供大量的开发工具和服务帮助开发人员开发关于计算和通信的各种应用。由于 C#是一种面向对象的开发语言，所以 C#可以大范围地适用于高层商业应用和底层系统的开发，基于 C#构造的各种组件可以方便地转变成基于 WEB 的应用，并且能够通过 Internet 被各种系统或者其他开发语言所开发的应用程序调用。

另外系统采用了 AJAX 技术增进客户端执行能力以提高服务器响应速度，AJAX 为(Asynchronous Java Script and XML，异步的 JavaScript 与 XML 技术)一种广泛应用在浏览器中的网页开发技术，是多项技术的综合应用：运用 XHTML+CSS 来表达资信；运用 JavaScript 操作 DOM(Document Object Model)执行动态效果；运用 XML 和 XSLT 进行资料交换及操作；运用 XML HTTP Request 为 Agent 与网页服务器进行异步资料交换。AJAX 应用可以仅向服务器发送并取回必需的数据，它使用 SOAP 或其他一些基于 XML 的页面服务接口(接口)，并在客户端采用 JavaScript 处理来自服务器的回应，使得在服务器和浏览器之间交换的数据大量减少(大约只有原来的 5%)，用户可以明显感觉到服务器响应速度的提升，同时由于很多的处理工作可以在发出请求的客户端机器上完成，所以 WEB 服务器的处理时间也减少了。ASP. NET 完美支持 AJAX，即可以采用 ASP. NETAJAX(Atlas)技术实现 AJAX 功能，也可以使用 AJAX. NET 实现 AJAX 开发。系统中通过采用 AJAX 技术，大大减少了客户端与服务器的数据传输量，提高了服务器的响应速度，并利用 AJAX 技术，实现了对于安全风险点的动态定位功能。

4. 系统安全设计

为了保障系统正常运行，需要做好系统的安全防范，包括数据库的安全、病毒防范等工作。其中以数据库安全尤为重要。此处综合运用了数据库备份维护、数据库访问权限控制、应用系统操作权限控制等多种手段来保障系统的安全运行。

保障数据库安全的一个最重要的措施就是数据库备份，其他还要加强对数据库管理员口令、系统用户口令的控制等。备份指的是把数据保存到其他介质里。当系统出错时，备份系统可以把系统恢复到备份时的状态。这种备份方法可以防止逻辑错误，因为备份介质和系统是分开的，错误不会复制到存储的介质里。这意味着只要保存足够长的历史数据，就可以恢复正确的数据。

SQL Server 数据库系统提供了完善的数据库维护策略，包括定期对数据库进行备份、校验、日志维护等，只要做好数据库维护计划就可以了。此外还需要定期将备份数据复制到永久存储介质上。

（四）系统架构组成

1. 系统架构

铁路建设工程项目信息化管理的应用，按照职能的不同，划分为六个层次进行管理，分别为保障层、平台层、系统层、目标层、责任层和效果层。每一层由下一层的实现提供支持，同时又为上一层提供服务。以NA高速铁路建设工程信息化管理为例，其系统架构可以总结为“一、二、三、四、五、六”系统架构。如图6-7所示。

由图6-7可知，一是指建立一个组织机构为信息化建设提供保障，即成立铁路建设信息化管理推进小组对管理系统进行统一领导、管理和规划。二是指利用两个网络系统作为系统开发的平台，两个平台即基于互联网的信息系统平台和基于局域网的OA办公网平台，利用互联网信息系统平台，建立各工程参建单位和上级主管部门的衔接，利用OA办公平台进行企业内部管理。三是指基于三个管理系统实现信息化管理的功能。三个系统即中国铁路总公司建设管理信息系统、铁路工程建设管理信息系统和建设单位办公管理系统。四是指实现四大类信息化管理功能，作为系统开发的目标，即问题整改信息化管理、风险监控信息化管理、工程质量信息化管理和形象进度信息化管理。五是指由五个管理部门分担信息化管理责任，对系统实行专业管理，将三个系统中的101个模块分别落实到安全质量、工程、物资设备、综合管理、计划财务等五个部门，由具体专业工程师分工负责。六是指实现“六位一体”的管理目标：即实现安全、质量、工期、投资、环保和科技创新等六项控制目标。

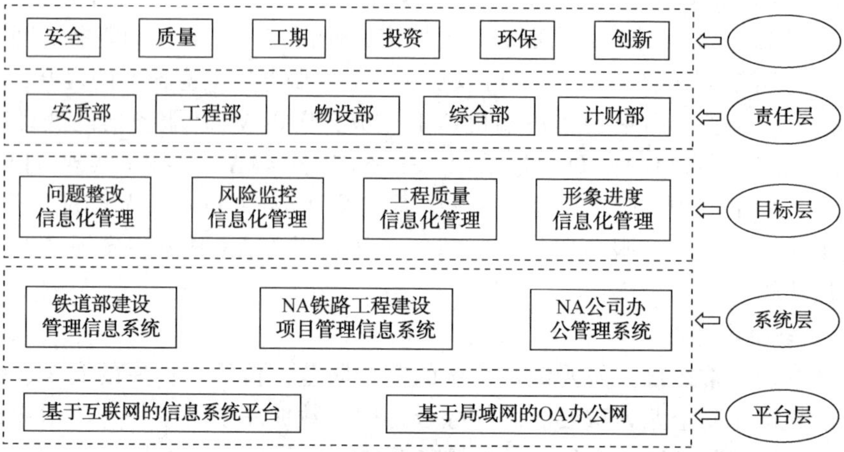

图6-7　NA高速铁路建设工程信息化管理集成平台的系统架构

在图6-7中，NA高速铁路工程建设项目管理信息系统作为系统架构的主体。在横向上，与中国铁路总公司建设管理信息系统和建设单位办公管理系统互为补充，共同实现工程项目的安全管理、质量管理、进度管理和成本管理等目标，针对工程建设中的专项问题进行信息化管理，满足工程建设差异性需求；在纵向上，NA高速铁路工程建设项目管理信息系统作为独立的管理信息系统，为各级部门提供信息化管理的服务和技术支持，在信息系统的使用和管理中，通过分级管理的方式对管理单位进行分级，以保证管理秩序，提高管理效率。

在 NA 高速铁路工程建设信息化管理中，信息系统采用三级层次网络组织结构进行管理，其目标是明确职能、细化责任。其手段是通过建设单位、施工单位、监理单位等的协同合作实现全面、实时、动态的信息化管理。信息化管理的三级网络层次结构如图 6-8 所示，其中，以业主为中心，通过对施工单位指挥部、监理单位监理站和设计单位指挥部的管理，进而实现对现场的大量项目分部、监理组和设计单位现场组的管理，通过三级网络层次结构，使得每一级的管理规模都比较适中，既降低了管理的复杂度，又能够保证各单位的及时沟通，提高管理效率。

图 6-8　建设单位信息化管理的三级网络层次结构

2. 子系统组成

根据上述系统设计目标与原则、系统功能需求和系统研制技术，可以构建铁路工程建设项目管理信息系统。该系统集成了中国铁路总公司的建设管理信息系统（Railway Construction Project Management Information System，RCPMIS）和企业内部办公的局域网信息系统。其中，中国铁路总公司的 RCPM1S 系统主要服务于上级行政管理部门，及时、形象地反映建设单位开展的各项工作，动态形成各类管理报表和进度分析，使得上级主管部门更方便地了解各项工作的进展情况。而企业内部局域网办公信息系统运行于局域网内，主要服务于系统内部管理，建立企业内部信息发布平台，实现工作流程的自动化、知识管理自动化及协同办公，提高整体的反应速度和决策能力。RCPMIS 系统和局域网办公系统共同搭建了企业和铁路工程建设项目信息化管理的基础平台，为铁路建设工程项目管理信息系统的应用实施提供保障，使得企业内部办公效率与铁路建设工程项目管理水平同步提升，相互匹配，避免了信息化应用中出现制约整个系统效率的发挥的运行瓶颈问题。

铁路建设工程项目管理信息系统中各子系统的分解，一方面要综合考虑各子系统构建目标的性质、用户管理和数据库维护等多方面因素，实现以最佳方式解决高铁工程建设管理实际问题。另一方面，各子系统要具有较强针对性，既能够相互独立运行，又可以相互补充完善，有利于充分利用分布式的网络环境，保证整个系统安全高效地运行。据此，铁路建设工程项目管理信息系统形成了工程管理子系统、工程问题库管理子系统、看板管理子系统、混凝土搅拌站管理子系统、视频管理子系统、路基形象进度管理子系统和局域网 OA 办公子系统等七大子系统，能够对工程安全、质量、进度、投资、环保和科技创新进行全方位的管理，实现促进铁路建设管理工作的制度化、标准化、规范化的目的，建立一个涵盖建设单位、设计单位、监理单位、施工单位在内的统一管理平台，形成一个各层次紧密联系的信息交互体系。

（1）工程管理子系统

工程管理子系统包括安全风险、隐蔽工程、问题整改、监理计划、设备管理、岩溶注浆、工序签认、工艺试验、物资管理、隧道工程、标准化评定、沉降观测、安质效考评等功能模块，涉及对工程质量、安全、人员、设备、物资、监理等多方面的管理，旨在加强基于管理和控制的智能化综合决策支持建设，提高决策的时效性和科学性。

（2）工程问题库管理子系统

工程问题库管理子系统包括系统管理、问题上报、问题处理、问题查询、考核查询和个人设置等模块。该子系统一方面利用多媒体数据库技术构建隐蔽工程图片资料库和问题整改图片对比库，利用数码影像设备采集工程图片，利用 SQL Server 数据库进行存储和维护，实现了安全质量问题的电子化记录、信息化传输和网络化发布。另一方面，该子系统采用网络问题流转方式，通过网络平台规范建设过程中的问题管理，及时整改和消除施工中存在的安全质量隐患和问题，防止惯性问题及质量通病的反复出现，保持施工安全质量及文明施工常态化、规范化，实现问题上报、接收、下转、整改、审核、复核、销号全过程的信息化管理。

（3）看板管理子系统

看板管理子系统将工厂车间生产管理的看板管理方法引入铁路建设工程施工管理中，利用网络管理平台、电子显示设备和智能短信预警进行动态、直观、及时、主动的铁路建设工程智能化看板管理，达到铁路建设工程安全、质量、进度、投资、环保和科技创新“六位一体”的管理目标。看板管理子系统由安全看板、质量看板、工期看板、投资看板、环保看板、创新看板、施工计划、监督计划和廉政建设等模块组成，由建设单位和施工单位按照看板等级进行分工，对看板信息进行梳理维护。分管工程师将相应看板信息上报到看板管理系统中，系统采用蓝、黄橙、红色进行看板预警，并自动发短信通知有关负责人，同时可在电子大屏幕实时显示看板信息。

（4）混凝土搅拌站管理子系统

混凝土搅拌站管理子系统通过搅拌站数据采集单元、GPRS 远程信息传输单元和网络数据存储分析实现对混凝土搅拌站数据进行实时采集、在线监控和智能预警，采用了 J2EE 技术架构和 MVC 模式进行开发，利用了 iTOP 业务基础平台，可运行于 Windows、Linux、Mac OS 多种操作系统，开创了基于平台面向业务开发软件的新模式，实现对混凝土搅拌过程中的配合比、搅拌时间、材料用量等有关信息采集、统计、分析和图表显示，实现了对混凝土搅拌站所有生产活动信息、痕迹的全天候实时监控，解决混凝土施工的过程管理信息的真实性和反馈响应及时性问题。

（5）视频管理子系统

视频管理子系统包括视频监控分系统和视频会议分系统。

视频监控分系统采用了第三代视频监控系统的解决方案，采用数字摄像机录像，通过 IP 网络组网，利用 H.264 视频编码方案进行视频编码和传输，通过数字摄像机和互联网监控平台，实现了对隧道、桥梁和制梁厂等关键施工部位、工序及重大风险源的 24 小时监控，做到各种施工过程有据可查，实现了铁路建设工程项目全方面、全覆盖、逐公里、逐项平推检查的全信息化、全过程化、网络化视频监控。

视频会议分系统利用电信运营商的视频会议服务器实现，用户只需安装摄像头，就可以进行视频会议。视频会议分系统开通了适合施工标准的视频会议平台，系统设立一个主会场，六个标段各设置一个分会场，各会场通过登录电信公司的视频会议服务器参加会议。

各建设指挥部负责本单位视频系统的维护、运用，保证与路局视频会议系统畅通。确保建设、施工、监理、设计参建四方能随时随地召开视频会议，及时解决现场急需解决各类问题，提高工作效率，节约时间和成本。

(6) 路基形象进度管理子系统

路基形象进度管理功能从属于 RCPMIS 系统。但为了更好地服务上级主管部门，结合铁路建设工程的特点，在 RCPMIS 系统中原有的路基形象进度管理功能上拓展了桥梁、隧道形象进度管理模块，自主开发了路基形象进度管理子系统，从而实现了对铁路线全段建设工程的进度管理，并实现了对路基施工工程的台账统计。路基形象进度管理子系统中的数据信息由施工单位负责采集、输入和维护，施工单位根据现场情况制作路基形象模板，定期填报路基施工台账，并对形象进度进行维护，建设单位可以对路基形象进度进行查看和管理，实现了路基工程不同填筑工序的分段、分层表示，可以按各分段内分层完成情况，形象地显示路基工程施工进度。

(7) 局域网 OA 办公子系统

局域网 OA 办公子系统采用 Windows Server 2003 操作系统，采用 C#编程语言，以 HS6.0 进行软件开发和系统发布，因此保持了很好的统一性和灵活性，既可以作为独立的应用运行，必要时也可以方便地进行系统整合，以便提供统一界面，方便用户使用管理。

3. 功能模块组成

从功能角度划分，铁路建设工程项目管理信息系统由集成看板、安全风险、影像档案、工程问题、质量标准、视频服务、工程报表、监理管理等八大功能模块组成，实现看板自动警示、安全风险源动态监控、隐蔽工程影像化管理、工程问题库闭环管理、质量标准化管理、监理管理、远程视频监控、局域网视频会议和形象进度管理等功能，构建了覆盖建设、施工、监理和设计单位的三级网络管理平台。这八大功能模块与上述工程管理子系统、视频管理子系统、工程问题库管理子系统、混凝土搅拌站管理子系统和看板管理子系统等六个子系统的对应关系如图 6-9 所示。

铁路建设工程项目管理信息系统八大模块以工程项目管理为目标，直接服务于现场施工过程中多专业、多方面的信息化管理。系统主要由建设单位负责管理，并面向各参建单位，达到问题整改及时、视频交互同步、风险管理可控、质量控制标准、进度展示直观。

(1) 集成看板管理模块

由各建设指挥部将Ⅰ类安全风险源、Ⅰ类质量风险源、关键工期节点、投资控制风险点、环保风险、科技创新各阶段时间节点填报到看板管理系统中，系统自动分析临近程度，进行预警，并自动发短信通知有关负责人，督促对相关风险源采取有效的控制措施、完善。

(2) 安全风险管理模块

各建设指挥部梳理管内所有Ⅰ类、Ⅱ类、Ⅲ类安全风险源，及时上传到安全风险源子模块中，并根据工程进展及时进行动态更新，实现建设单位、监理单位、施工单位及其他有关人员共同对风险源进行监控。

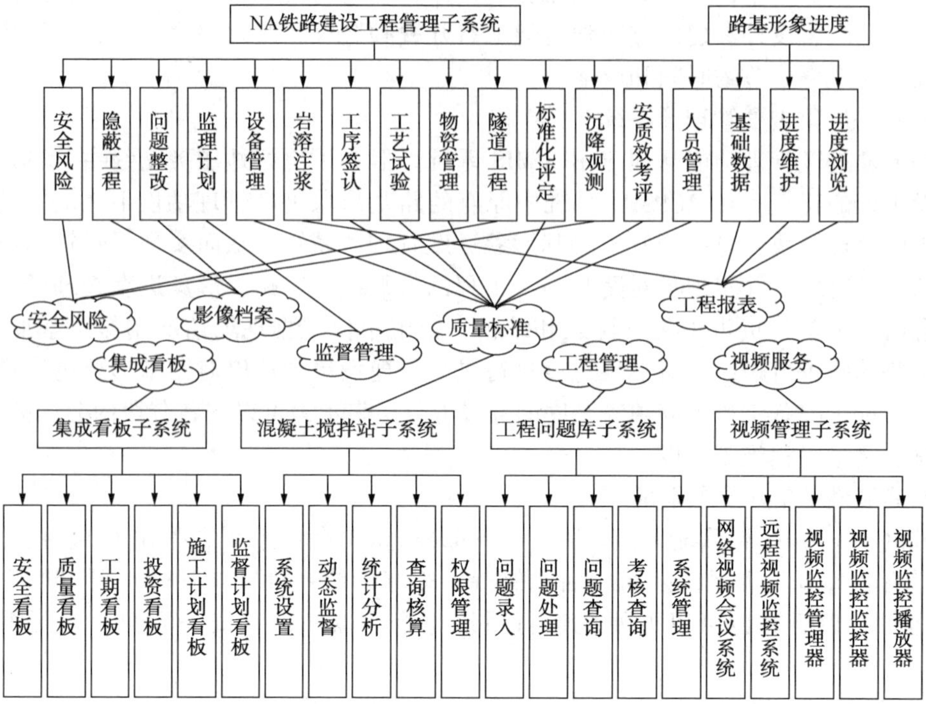

图 6-9　项目管理信息系统功能模块组成

（3）影像档案管理模块

① 问题照片子模块。各监理单位在施工监督过程中拍摄的问题照片，及时上传到问题照片子模块中，并在规定的时间内将问题整改照片上传到问题照片子模块中，实现现场发现的问题闭环管理。

② 隐蔽工程照片子模块。各监理单位在每道隐蔽工程转序前，按照隐蔽工程影像化的要求，对关键点、关键部位进行拍照，及时上传到隐蔽工程照片子模块，实现只要能上网，就能通过信息平台共同对隐蔽工程进行监控。

（4）工程问题管理模块

建立工程安全质量问题库，相关单位及时将检查发现的各类问题录入子模块中，通过网上动态跟踪，确保问题整改的效果，达到闭环管理目标。

（5）质量标准管理模块

利用工艺试验、工序签认、标准化评定等方法，对施工过程中各工序质量进行动态监控，并利用混凝土搅拌站信息化管理系统，动态监控混凝土搅拌站运行，自动分析运行误差并报警，有效保证了搅拌质量，控制了工程成本。

① 人员管理子模块。参建各单位将本单位管理人员的电话、学历、职称、执业资格证书、照片等信息，上传到人员管理子模块，参建各单位将本单位特种操作人员的操作证书、照片等信息，上传到人员管理子模块，动态掌握现场人员情况。

② 设备管理子模块。各监理单位将进场的大型机械设备各种证书及验收报告上传到大机管理子模块中，建设指挥部、监理等人员能够动态掌握现场大型机械进场情况。

③ 材料管理子模块。各监理单位将主要进场材料的数量、规格、验收报告上传到材料管理子模块中，建设指挥部、监理等人员能够动态掌握现场材料进场情况。

(6) 视频服务管理模块

建设单位根据现场实际情况，对隧道、桥梁等关键工点安装网络视频摄像头，制定相应的《视频监控管理办法》，实行定人、定时巡视监控，并对发现的问题进行闭环管理。建设单位、监理单位、施工单位的其他有关人员，只要能上网就能实现共同对现场进行监控。

建立局域网视频会议系统，各建设指挥部负责维护、运用，保证与路局视频会议系统畅通。

(7) 工程报表管理模块

① 工程周报子模块。各建设指挥部负责，每周将工程进度、工程小结录入系统中，实现报表资源共享。

② 形象进度子模块。各建设指挥部按照规定的时间节点，将施工进度上传到形象进度子模块中，系统自动绘制形象进度图。

(8) 监理管理模块

① 监理计划子模块。各监理单位相关人员根据工程进展情况，编制月、周、日计划及派工单，按照文件要求的时间节点及时上报到监理计划子模块中。实现监理工程师、监理组长、总监的派工单和日计划、周计划、月计划网上上报，网上审核功能，建设指挥部能够动态掌握监理人员计划情况。

② 监理实施子模块。利用该模块，各监理单位将监理规划、监理实施细则、监理月报、监理周报，上传到对应子模块中，并且动态维护监理实施细则，有关人员能够随时查阅。

（五）系统数据结构设计

1. 项目分解

为了指导和保证建设工程项目顺利实施，需要针对项目的具体情况编制覆盖项目管理各项工作的综合性的、完整的、全面的总体计划。而按照工程的特性对项目进行结构分解，是保证计划能够顺利实施的前提。为此，本信息系统开发采用 EPS、PBS 的方式对工程项目进行分解，以实现工程项目的信息化管理。

EPS 结构(企业项目结构)是在系统中建立虚拟组织机构，将建设单位结构按照项目分解。一个项目又可分为若干个标段，一个标段又由一个或多个施工单位承建，按照建设单位、项目、标段和施工单位的顺序进行分解，就形成了系统的 EPS 结构。为了方便建设单位对承建单位的管理，EPS 将项目结构分解到合同单元(施工单位)，以合同单元为单位对其进行管理。以 NA 高速铁路建设工程为例，全线共分为六个标段，每个标段由一个施工单位承建，完成 EPS 划分后，就可以对不同的施工单位进行统一管理。

PBS 结构即项目分解结构，它是在 EPS 结构的基础上，对合同单元进一步分解，分解的程度定为建设管理需要的最小粒度，这个最小粒度在一般工程中分解到单位工程，重点工程分解到工作单元。若分解太细，会造成两方面的问题，一是增大了工程建设管理的难度，加大了管理工作量；二是数据共享性降低，不能适用于所有的子系统。依据建设管理的最小粒度定义结构分解基准，能够保证各个客专工程和各个子系统对此基准的共享。比如，每个合同单元(施工单位)负责了多个专业的工程施工，包括隧道、路基、桥梁、涵洞等，而每个标段内各施工单位又负责了多个隧道工程，则每个隧道工程即可以视为一个单位工程。

2. 基础字典

基础字典是系统设计的重要环节，是系统中重复用到的工程数据的数据库字段的集合。基础字典的设计应该符合数据库设计中字段的设计规则，便于建立数据库结构和进行代码维护，因此基础字典应满足一致性和完整性的要求。通过对基础数据进行统一规划和管理，建立了基础字典用于维护各模块的基础数据。基础字典模块主要内容包括了安全风险中的安全风险等级维护；各模块通用的标段维护；工艺试验中试桩、试验内容的维护；工序管理中的工序类别和关键工序名称维护；物资管理中的供应商和物资品名维护；隧道工程中各标段隧道名称维护。

以工序类别的基础字典定义为例，其中定义了工序签认模块和标准化评定模块中的各工序，用于对施工现场各工序进行签认管理，对各施工单位的施工水平进行标准化评定。通过系统定义以后，可以对路基、桥梁、涵洞、隧道、预制箱梁、架梁、房建工程、无站台柱雨棚、站场设备、预制轨道板、无砟轨道等工序进行信息化签认管理，并对营业线施工、梁厂、板厂、搅拌站、预制厂、材料加工厂、实验室和库房等进行标准化评定。

3. 数据库设计

数据库设计的目的是对于一个给定的应用环境，构造最优的数据库模式，建立数据库及其应用系统，使之能够有效地存储数据，满足各种用户的应用需求。数据库设计的优劣将直接影响信息系统的质量和运行效果，如果相同属性的数据被定义在不同的表中，就会存在过多的冗余数据，这就意味着要占用更多的物理空间，同时也会给数据的维护和一致性检查带来问题。当某个属性发生变化时，冗余数据会导致对多个表进行修改。如果有一个表不幸被忽略了，那么就可能导致数据的不一致性。因此，在对数据库表结构的设计过程将尽量减少数据冗余。

系统开发采用关系型数据库进行设计，设计中对于系统数据库的功能进行逻辑分割，避免了数据的冗余，根据系统整体结构将数据库的部分逻辑结构分为人员信息表、工程信息表和风险信息表。

人员信息表包括 7 张子表，分别为系统用户表、系统用户登录表、日志表、角色表、登录用户 & 角色关联表、功能表、角色 & 功能关联表，人员信息表用于实现用户的权限分级控制，实现了按不同的业务职能对用户进行权限控制，既满足了系统运行需要和用户使用需求，又保证了系统安全性。

工程信息表包括参数表和参数值表两张子表，如表 6-1、表 6-2 所示。

风险信息表包括了 4 张子表，分别为标段表、风险等级表、风险坐标表和风险点坐标表。风险信息表记录风险源完整的空间属性和时间属性以及风险源动态显示、管理所需的大部分信息，保证了风险源位置的动态定位和显示。

铁路工程建设信息化管理系统设计是系统开发的重要环节。它决定了信息化系统的基本构成和结构骨架，决定信息化系统开发思路和难度，因此系统设计在信息化管理建设中的重要性不言而喻。

表 6-1　参数表(表名 Para)

字段名称		类型	内容	备注
Para_ID	内部 ID	Int		
Para_Sys	所属系统	Int		
Para_Name	参数名称	varchar2(128)		
Para_CNN	中文名称	varchar2(128)		
Para_Type	分类名称	varchar2(128)		
Para_Visible	可见性	Int	0 可见，1 隐藏	
Para_Single	是否单值	Int	0 多值，1 单值	
Para_Value	单值的值	varchar2(4000)		
Para_CV	单值的中文值	varchar2(4000)		
ParaMemo	备注	varchar2(4000)		

表 6-2　参数值表(表名 ParaV)

1	PV_ID	内部 ID	Int
2	Para_ID	参数 ID	Int
3	PV_ Value	值	varchar2(128)
4	PV_CV	中文值	varchar2(1000)
5	PV_Memo	备注	varchar2(4000)

(1) 系统功能需求是系统需求分析的重要组成部分，明确了系统设计的功能特点，决定了系统功能指向。

(2) 根据需求选择适宜的研制技术对于在满足功能需求的同时，降低设计难度，增强系统的可扩展性意义非凡。将 B/S 模式和 C/S 模型组合应用到系统开发中充分利用了两者的优势，极大地提升了系统性能。

(3) 系统结构化设计是系统设计的重要手段，在铁路工程建设信息化系统开发中，首先要明确子系统组成，以及子系统中每个模块要实现的功能，做到功能划分清楚，模块设计合理。

第二节　基于 BIM 的铁路建设项目数字化协同管理

一、基本技术

(一) BIM 技术

现有业务系统的研发都是基于几何数据模型，主要通过 DWG、DXF、IGES 等图形信息交换标准进行数据共享和交换，而这种方式仅包含了构件的几何信息，相关的结构、材料、成本、施工进度等工程信息需要通过中间件来进行传递，要真正实现铁路建设项目全过程管理和协同管理，必须研究新的信息模型理论和数据交换模型，在几何数据模型基础上建立面向全过程的工程信息模型，并能基于统一标准进行数据的转换、传递和共享。BIM(建筑信息建模)技术的出现为 BLM 的实施提供了有力的支撑和全面的支持。BIM 可以看作 BLM 的技术实施核心，它使得项目各寿命期的信息得到有效的组织和追踪，保证信息传递的过程中不至于发生信息丢失和损坏，减少信息歧义。

一个完善的信息模型能够连接工程建设各个阶段的不同信息、数据、知识和资源，可对工程的各个构件进行完整的描述，可为工程建设各参建方使用，并在此模型基础上建立协同工作平台。BIM 具有单一数据源，可解决各硬件系统和各应用系统间的异构性问题和全局共享问题，并支持建设项目管理的动态过程控制。BIM 具有以下特征：

(1) 完备性：除了对工程构件进行一般 CAD 软件绘制的三维几何信息，还包括对象的功能结构、材质性能、说明备注等设计信息；施工的质量、进度、成本、工序、人财物资源配备等施工信息；安全性能、耐久性能等维护信息；还包括各个构件之间的逻辑关系等。

(2) 关联性：模型对象是相互关联的，如果对象发生了更改，则与它关联的其他对象将自动更新，保持模型的健壮性和完整性。

(3) 一致性：模型在建筑寿命期各个阶段所表述的信息是一致的，并且通过简单扩展和修改，该模型能随着工程进展进行自演化以适应当前阶段。

BIM 技术主要包括三个标准，包括：

(1) IFC 标准：是建筑产品数据表达与交换的国际标准，支持建筑工程项目全过程的数据共享和数据转换。IFC 标准在纵向上可进行全过程数据管理，在横向上对各应用子系统间的数据通信进行支撑。所有与建筑有关的信息都可以通过基于 IFC 的建筑信息模型在建筑行业不同专业和部门之间进行信息交互(如图 6-10)。

(2) IDM 标准：定义了建设工程全过程管理中各个阶段所需的信息及其与整个建筑信息模型之间的关系。例如，铁路设计院在对隧道进行设计时建立隧道的建筑信息模型，施工单位在施工时根据设计院提供的隧道各项设计信息进行正确的施工。IDM 标准的应用可以使建筑信息的交换自动完成并进行核查，如上述案例，设计院可以通过程序，使计算机根据 IDM 标准中定义的施工阶段所需的建设信息，自动核查施工单位是否已提供相关信息和是否按照设计进行施工。

(3) IFD 标准：定义了 IFC 模型所包含各类信息、术语的识别和翻译，其功能是对 IFC 标准的补充和完善(如图 6-11)。

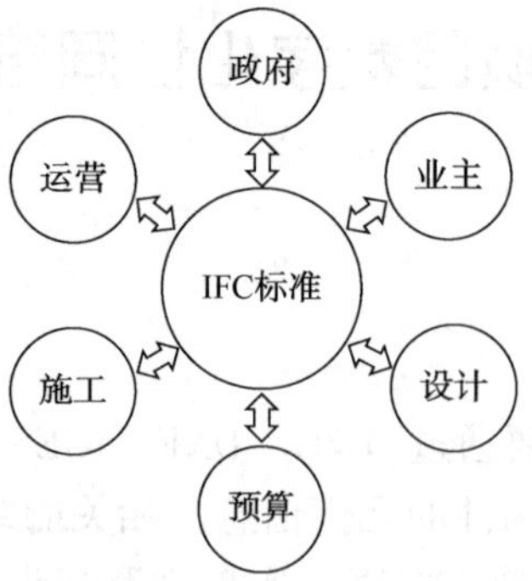

图 6-10　IFC 标准角色

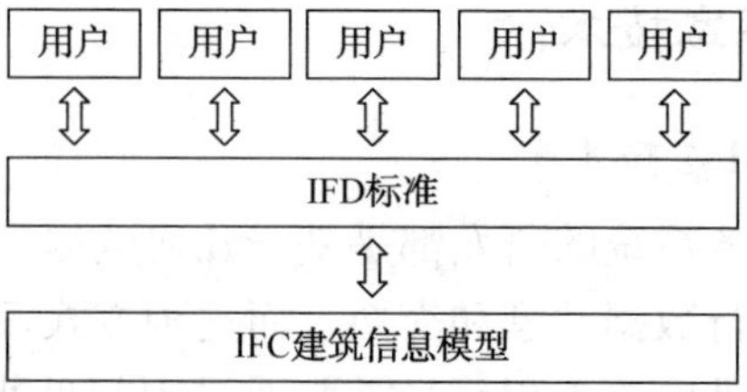

图 6-11　IFD 标准角色

以上特性和标准使得 BIM 能够满足铁路建设项目数字化协同管理体系构建的要求。成功的 BIM 应用必将使得铁路建设缩短工期、节约成本、提高质量，通过科学的数据集成模型，使各利益相关者实现管理同步，减少错误的发生，进而提高整个行业的生产力。

(二) 面向对象技术

面向对象(Object Oriented)是当前最主要的软件开发方法之一，在程序设计和开发、数据库应用、网络结构、应用架构、人工智能等方面都有着广泛的应用。面向对象是用计算机语言对现实世界进行表述和抽象的方法，是软件开发技术发展到一定程度的产物。面向对象技术的基本思想是通过对复杂问题进行分割，对现实世界的客体进行数据结构和行为模拟，以接近现实思维的方法建立对象模型。面向对象技术强调系统能直接映射问题域，要求把问题域中的客体本质特征抽象为系统中的对象，从而在计算机中还原事物的本来面貌。

面向对象的分析设计方法有如下特点：(1)对问题域之中客观存在的客体进行映射，以对象作为系统基本构成单位和问题域中事物的抽象表述。(2)客体的可用数据表述的静态特征可用对象的属性表示，客体的行为可用对象的操作表示。(3)对客体进行分类，具有相同属性和操作的归为一类，类是对这些对象的抽象表述，对象是其类的实例。(4)将客体的属性和操作捆绑在一起，放置在类中，类将所有属性和操作进行隐藏，外界对客体内部属性和操作的访问只能通过接口实现，所以类具有封装性。(5)通过对客体间差异的认知，可归纳出一般类与特殊类，一般类的各种属性和操作可由特殊类继承。(6)复杂的对象可由简单对象进行聚合，作为其一部分。(7)对象间可以通过消息进行动态关联。(8)通过关联可表达对象间的静态关系。

面向对象系统设计过程中在于识别类、属性、操作和关联。包括以下步骤：(1)获取用户需求。(2)识别对象和类。(3)定义类的属性和操作。(4)建立对象模型，识别类的关联。面向对象的动态和静态建模可用图形化的软件建模语言 UML(Unified Modeling Language，统一建模语言)实现，包括类图、包图、用例图、协作图、活动图、序列图等 9 种图形和通用、扩展两种机制。

采用面向对象软件方法，结合数据库系统，是构建 BIM 模型的最佳技术平台之一。在基于 BIM 的铁路建设项目数字化管理实践中，可以把铁路建设的工程构件抽象定义为各种“类”，工程构件的属性(如几何信息、成本信息、性能数据、进度信息等)即为“类”的属性，对工程构件的行为即为“类”的方法(函数)。在对某个“类”进行实例化(具体对象的生成过程)后，可得到某个工程构件在计算机系统中的抽象表现形式，并可以通过属性赋值或调用方法来模拟工程构件的具体行为(如改变工程构件的长度或颜色、标识当前进度完成情况等)。对于工程建设中复杂的“类”，可以由几个简单“类”进行聚合，如“桥梁类”可由“墩台类”“桥面系类”等共同组成。

二、基于 BIM 的铁路建设项目数字化管理平台构建

铁路建设项目数字化管理平台的构建是一项复杂的系统工程，涉及铁路建设项目全过程的有效协同管理，而 BIM 便是实现有效创建信息、管理信息和共享信息的关键。数字化管理平台构建步骤如图 6-12 所示。

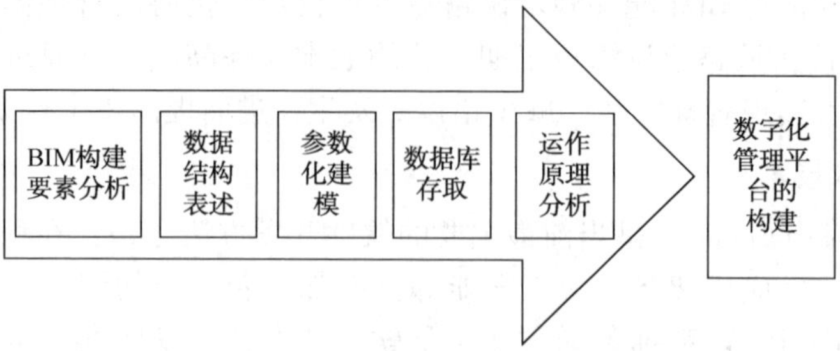

图 6-12　数字化管理平台构建步骤

（一）基于 BIM 的铁路建设项目数字化管理平台模型架构

1. 模型构建要素

基于 BIM 的数字化管理平台可支持铁路建设项目全过程的数据管理，通过科学的数据集成模型，使数据能进行有序的组织和有效的追踪，使各利益相关者实现管理同步，减少错误的发生，进而提高整个行业的生产力。要实现此目标，必须建立面向铁路建设寿命期各应用的 BIM 信息的集成平台，包括与此相关的 BIM 数据的存储与访问机制，从而对各寿命期的工程数据进行有效集成。BIM 的构建要满足以下要素，如图 6-13 所示。

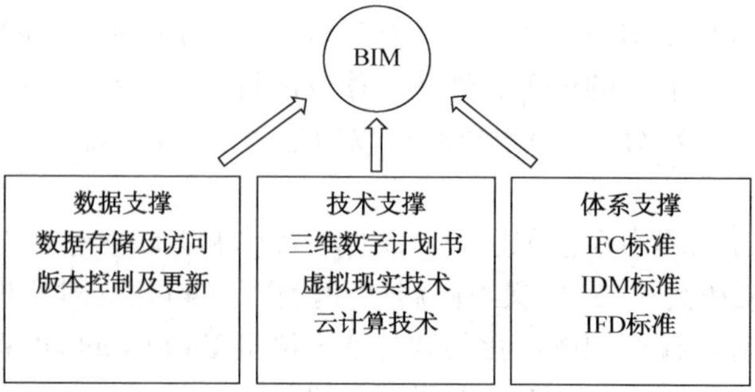

图 6-13　BIM 构建要素

（1）BIM 数据支撑指数据的存储及访问技术

铁路建设项目数据结构复杂、数据关联强、数据量非常大，既包括结构化关系模型和对象模型数据，也包括非结构化的文件数据。这些数据一般符合 IFC 标准进行表示，目前通用的方式是通过 STEP 文件、ifcXML 数据文件来进行存储，但信息资源的管理需利用大量 IFC 数据，数据文件管理方式效率极为低下，必须选用数据库存储方式以满足管理需要。

（2）BIM 技术支撑是指三维数字技术、虚拟现实技术、云计算技术等技术保障

三维数字技术能基于 3D 模型的构建方式发挥 BIM 的信息集成可视化的优势；虚拟现实技术能实现虚拟建造，并能利用 BIM 模型对建设工程中的施工过程、人、物体以及各种信息进行虚拟仿真，增加各参与方的综合决策、控制与优化能力；云计算技术能使庞大的 BIM 系统提供轻量级的服务，从而减少用户的使用成本，节约投资。

（3）BIM 体系支撑指 BIM 数据交换标准

BIM 的交互性是其重要特性，而交互性的实现条件是对数据信息和其关联关系的标准化表述和标识，使数据交互双方对数据的语义理解和内涵达成一致。IFC 标准是建筑产品数

据表达与交换的国际标准，支持建筑工程全过程中的数据共享与转换和横向上各应用系统之间的数据交换；IDM 标准(ISO TC59 SC13)定义了建设工程全过程中各个阶段所需的信息及其与整个建筑信息模型之间的关系；IFD 标准(ISO 12006-3)定义了 IFC 模型所包含各类信息、术语的识别和翻译，其功能是对 IFC 标准的补充和完善；此外，还有定义 IFC 文件格式的 STEP File 标准(ISO 10303-21)、定义标准的数据访问接口的 SDAI 标准(ISO 10303-22)等。

2. 基于 BIM 的铁路建设项目数字化管理平台模型架构设计

由前文可知，基于 BIM 的铁路建设项目数字化管理平台模型要具备数据支撑、体系支撑和技术支撑，在几何数据模型基础之上建立全过程的工程信息模型，且能基于统一标准进行数据处理，完善的信息模型可将工程建设各阶段的不同信息、数据、知识和资源进行连接，可对各个构件进行完整的属性描述，可为工程建设各参建方使用，并在此模型基础上建立铁路建设项目数字化管理平台。基于 BIM 的铁路建设项目数字化管理平台模型架构包括核心层、模型层和服务层，如图 6-14 所示。

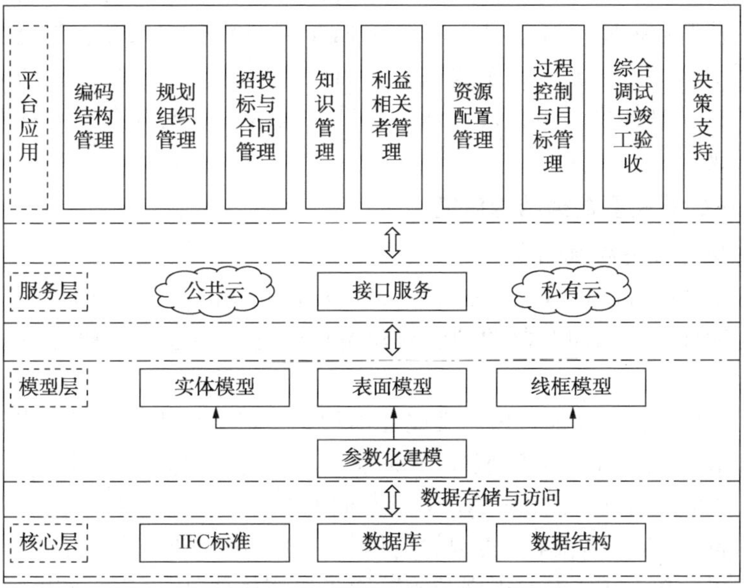

图 6-14 平台模型架构

(1) 核心层

核心层包括 IFC 标准、数据结构和数据库。信息标准化是实现 BIM 的基础，IFC 标准具有大量的实体类型，各实体类型间互相关联，可采用面向对象方法进行构建，将实体与类进行映射，实体的实例是信息共享和交换的载体，而 IFC 中的其他类型可作为属性值在实例中体现，从而形成基本的数据结构。BIM 实体的实例是基于对象模型的结构化的 BIM 数据，通过对象模型与关系模型的映射关系，可实现从对象模型到关系模型间的转换，从而可利用 DB2、ORACLE、SQL Server 等企业级关系数据库进行管理和存储。

(2) 模型层

模型层通过基于 Auto CAD 平台的参数化建模形成结构物的实体模型、表面模型、线框模型等，不同模型应用于不同的范围和领域，如实体模型适合设计阶段的结构物实体设计，但用于虚拟建造则过于复杂而不适用，用表面模型较为合适。此外，模型层封装了一些底层的方法和操作，如数据库的存取、增加、删除等数据管理操作和 IFC 文档的解析方法等。

（3）服务层

服务层的设计基于软件设计模式中的 Facade 模式，数字化平台的各个应用子系统/模块与 BIM 的大量模型间是复杂的多对多关系，必须通过接口服务进行分离，使得应用子系统/模块无须关注 BIM 模型的运算细节和相互关系，将系统中原有的复杂业务逻辑提取到一个统一的接口，简化应用端对 BIM 模型的访问。接口服务也可为其他非系统内应用程序提供信息接口，如财务管理系统、碰撞检测系统、能耗分析系统、风险评价系统等。此外，服务层采用 SaaS（软件即服务）理念，在基于分布式的云端部署 BIM 模型，使得用户通过因特网可以获得云计算提供的 BIM 服务，支持项目各参与方分布式的协同工作模式。

在上述 BIM 架构中，BIM 的数据积累、模型创建、接口提供实质上是为数字化平台的各项应用进行数据提供和集成的过程。面向对象数据模型和面向关系数据模型的映射，有效解决了通过关系型数据库对基于 IFC 标准的 BIM 模型数据的保存、扩充和跟踪机制，并提供了 BIM 数据分布式和异构性的解决方案；面向应用的不同三维模型的创建和分布式的接口服务为 BIM 的实现提供了可行性。通过标准、技术、数据等支撑对各寿命期的工程数据进行了有效集成。

（二）基于 IFC 的模型数据结构研究

1. IFC 信息描述及关联机制

IFC 标准是由 IAI（International Alliance for Interoperability，国际协同工作联盟）发布的建筑产品数据表述标准，以面向对象的理念对建筑构件进行表述，本研究以 IFC 2×3 为基础进行研究。

IFC 标准模型由函数、规则、预定义属性集和类型定义组成，类型定义是 IFC 模型的核心部分，包括 Defined Type（定义类型）、Enumeration（枚举类型）、Select Types（选择类型）和 Entity Types（实体类型）。Entity Types 与面向对象中的类对应，其实例可包含 Defined Type、Enumeration、Select Types 及实例的引用等。IFC 对建筑产品的常用属性进行了预定义，即为预定义属性集。IFC 中的规则与函数用于对实体属性的值进行规范和限制，并用于对 IFC 模型进行验证。

IFC 标准从下而上分为资源层、核心层、交换层、领域层，下层不能引用上层的资源。资源层对用于描述信息的基本元素进行定义，如几何信息、价格信息、时间信息等，这些分散信息不具有整体结构，不能独立使用；核心层将资源层的分散信息进行组合，对现实世界的建筑结构信息进行描述；交换层用于解决数据交互问题；领域层对各领域的专项信息进行描述，包括施工管理、暖通空调、建筑等九个领域。

IfcRoot 类是 IFC 标准的主要实体（不含资源层实体）的抽象基类，它具有 GlobalID 的属性，该属性作为全局唯一标识符可独立用于数据交换。IfcObjectDefinion（对象实体）、IfcPropertyDefinition（属性实体）和 IfcRelationship（关系实体）三个类继承了 IfcRoot 类，如图 6-15 所示。

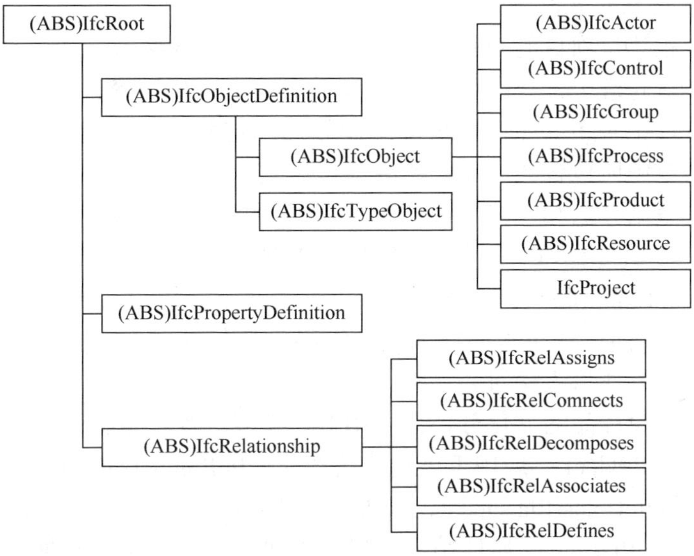

图 6-15 IFC 主要实体派生关系

IfcRelationship 派生为五类：IfcRelAssigns（表述实体间的指派关系）、IfcRelConnects（表述实体间基于条件的连接）、IfcRelDecomposes（表述实体间的分解关系）、IfcRelAssociates（对资源层实体的联合关系）、IfcTelDefines（表述实体间的定义关系），通过这些关系实体可实现 IFC 模型内各种复杂关系的描述。

IfcPropertyDefinition 用于描述属性和通过属性集的方式提供属性扩展机制。属性集可分为静态属性集和动态属性集，以实体形式定义并将属性作为实体显示属性的是静态属性集；动态属性集通过 IfcPropertySet 进行定义，它一般含有多个 IfcProperty 的实例且形成属性集。动态属性集又分为预定义和自定义属性集，预定义属性集如上文所述，属性名称以“Pset_”为前缀，自定义属性集是由使用者根据自身需求和行业特点建立的属性集合。属性集通过 IfcRelDefinedByProperties 实体将 IfcPropertySetDefinition 描述信息与 IfcObject 关联，且同一个属性可与多个实体进行关联。属性集为 IFC 实体提供了强大的信息扩展机制，使得用户不仅可根据需求选择采用哪些属性集对实体进行表述，并且可以定义新的属性集，对实体属性进行动态扩展以满足特定需求。

IfcObject 和 IfcTypeObject 是 IfcObjectDefinition 的派生类，IfcObject 分为七类，包括 IfcActor（角色）、IfcControl（控制）、IfcProject（项目）、IfcProcess（过程）、IfcGroup（组）、IfcResource（资源）和 IfcProduct（产品）；IfcTypeObject 用于对实体的类型进行表述，实体类型可分为动态和静态类型。静态类型主要以 IFC 实体的方式表述与类型名对应的实体，如门的类型、墙的类型、隧道类型等；动态类型按照是否包含几何数据分为两类，几何数据动态类型类似于绘图软件中的图元，该类型所表述的实体可共用此类型，当建立实例时可对定义的几何数据源进行直接引用，不仅节省空间且便于修改。类型实体通过 IfcRelDefinesByType 实体将类型信息与 IfcObject 进行关联，且同一类型可与多个实体进行关联。类型实体为 IFC 模型提供了表述实体共性的机制，具有动态定义、单一入口、可独立使用等特点。

2. 工程信息表达及扩展机制

一般而言，工程建设项目的产品指以永久性方式在建筑物或土木工程中结合生产的产品。在铁路建设项目管理中，产品体现为工程量清单中所列内容，在进度管理中即为实物完成进度，成本管理中采用依照铁路概算编制办法和定额的工程量清单计价法。因此，有必要基于工程量清单中所包含的产品来研究工程信息表达方法。

根据铁路概算编制办法和铁路工程定额中所包含的工程建设产品分类，本研究将分类简化成四大类以对应 IFC 标准，即建设实体构件类(如梁、桩、基础、墙、钢结构构件、门、窗、柱等)、施工建设临时产品类(包括土方、石方、模板、脚手架等)、功能附属构成类(如衬砌、垫层、面层、防水层、油漆、涂料、抹灰等)和其他类。其中，其他类的产品基本属于构筑物，不作深入探讨。

基于上述工程建设产品的简化分类，可用 IFC 模型对各产品进行信息表达。IFC 标准中 IfcObject 的派生类 IfcProduct 一般用于表达建筑产品，IfcProduct 包含两个关键的属性 IfcProductRepresentation 和 IfcObjectPlacement，IfcProductRepresentation 属性用于描述工程建设产品的几何数据，IfcObjectPlacement 属性用于描述工程建设产品的空间数据，故 IfcProduct 实体可描述建设项目中的建筑构件或工程机械及材料等具有几何、空间属性的产品。对于上述建设实体构件类与功能附属构成类的产品，可用图 6-16 中 IfcBuildingElement 进行表达。IfcBuildingElement 在 IFC 标准中用于描述建筑构件，它是一个抽象实体，不可直接实例化，但 IfcBuildingElement 有 20 个派生类，可用于表述具体建筑构件，如 IfcBeam 可表述梁，IfcWall 可表述墙、IfcMember 可表述钢结构构件、IfcFooting 可表述基础、IfcReinforcingElement 可表述钢筋、IfcPile 可表述桩等。功能附属构成类产品依附于上述实体构件，也可用 IfcBuildingElement 抽象基类进行表述，如其派生类中的 IfcBuildingElementPart 可表述衬棚或防水层，IfcCovering 可表述油漆、涂料、屋面、垫层等，IfcRoof 可表述屋架、屋面等。通过关系实体可实现功能附属构成类与实体构件类的关联，从而对建筑物的整体信息进行表述。

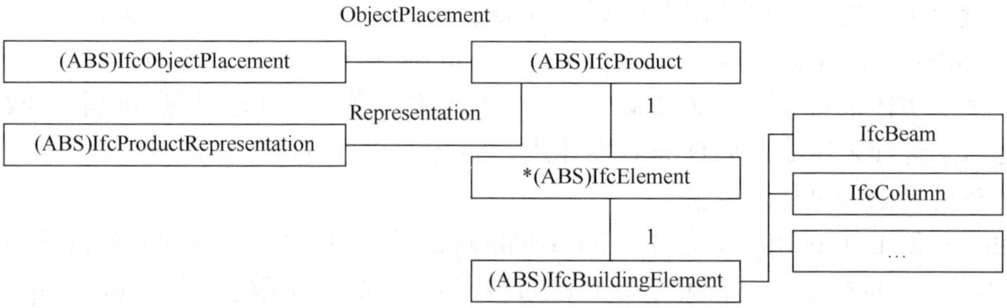

图 6-16　IfcProduct 实体

IFC 标准仅提供有限的实体类型，上述施工建设临时产品类并未提供具体实体进行表述。为了满足项目管理信息交换的需求，需将 IFC 实体描述进行扩展。基于 IFC 的扩展机制有两种方式，一是通过新增加实体定义进行扩展，二是基于 IfcProduct 的派生类 IfcProxy 进行扩展。新增实体定义扩展方式具有运行效率高、定义灵活、提供类型安全等优点，但其实现困难，需由专业团队进行建模完成，且版本兼容性不能保证，故采用 IfcProxy 进行实体类型的拓展。

如图 6-17 所示，IfcProxy 实体继承于 IfcProduct 实体，位于 IFC 核心层，该实体可实例化，拥有 ProxyType 和 Tag 两个关键属性。ProxyType 属性是枚举类型，通过 IfcObjectTypeEnum 枚举获取值，其值可为 NOTDEFINED（未定义）、ACTOR（角色）、GROUP（组）、PROCESS（过程）、RESOURCE（资源）、CONTROL（控制）、PRODUCT（产品）、PROJECT（项目），通过取值可确定 IfcProxy 实例的类型，当取值为 PRODUCT 时，IfcProxy 可继承 IfcProduct 中的 IfcProductRepresentation 和 IfcObjectPlacement 属性，实现对几何和空间的描述。Tag 属性存储实体标识，便于用户对此自定义类型的识别。

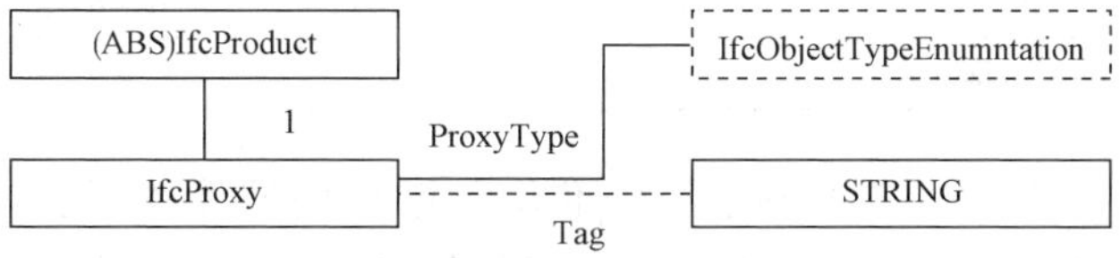

图 6-17　IfcProxy 实体

3. 面向对象的 BIM 数据结构设计

通过前文所述，根据 IFC 标准和 IfcProxy 扩展方式，可对铁路工程信息资源进行标准化表述，这种表述是基于概念层面的分析。在 BIM 的信息系统实践中，需要把基于 IFC 的工程建筑产品信息模型转换为数据结构，需要按照工程特征、工程建设规律、工程管理理论解决如何对工程建筑产品赋予属性的问题。

IFC 标准是以面向对象的理念对建筑构件进行表述，和传统方法相比，面向对象技术的应用有利于构建统一的建筑信息模型并把复杂问题简单化。因此，可以运用面向对象技术对建筑信息模型的数据结构进行构建，生成的 3D 模型对象可拥有灵活的动态属性值，为成本基线、进度计划、工程量清单等的生成以及空间、能源、光照等分析提供更好的数据基础。

面向对象的 IFC 模型表述方式是把铁路工程建设产品抽象定义为各种“类”，其属性（如几何信息、成本信息、性能数据、进度信息等）即为“类”的属性，其行为即为“类”的方法（函数）。在对某个“类”进行实例化（具体对象的生成过程）后，可得到某个工程构件在计算机系统中的抽象表现形式，并可以通过属性赋值或调用方法来模拟工程构件的具体行为（如改变工程构件的长度或颜色、标识当前进度完成情况等）。对于工程建设中复杂的“类”，可以由几个简单“类”进行聚合，如“桥梁类”可由“墩台类”、“桥面系类”等共同组成。

通过映射到面向对象程序语言，如 C++、C#、Java 等语言，可以对各个工程构件进行基于 IFC 标准的程序化描述，以下举例说明：

工程材料实体 IfcMaterialResource 位于 IFC 标准的领域层，其附属 IFC 属性集为材料资源信息属性集；材料采购单实体 IfcMaterialPurchaseRecord 基于 IfcProxy 扩展而来，利用属性 Supplier 关联到其供应方 IfcOrganization 实体和所属项目 IfcProject 实体，表 6-3 是材料采购单的 IFC 描述。

表 6-3　材料采购单的 IFC 描述

序号	IFC 实体	IFC 实体属性	属性类型	属性信息
1	IfcMaterialPurchaseRecord	GlobalId	文本类型	ID
2	IfcMaterialPurchaseRecord	RecordName	文本类型	记录名称
3	IfcMaterialPurchaseRecord	PurchaseDat	日期类型	采购日期

续表

序号	IFC 实体	IFC 实体属性	属性类型	属性信息
4	IfcMaterialPurchaseRecord	UnitPrice	单位类型	采购单价
5	IfcMaterialPurchaseRecord	Amount	单位类型	采购数量
6	IfcMaterialResource	MaterialId	文本类型	材料编号
7	IfcMaterialResource	Name	文本类型	材料名称
8	IfcProject	GlobalId	文本类型	项目编号
9	IfcOrganization	Name	文本类型	供应方名称

从上述分析可知，在完成基于 IFC 的标准化数据结构的建立后，各个建筑产品构件都建立了类、属性、方法，并进行互相的关联。下面将研究如何对这些建筑产品构件进行图形化的展现和基于数据库的管理。

（三）BIM 的参数化建模

1. BIM 几何建模及数据描述

建筑信息模型中的构件是以基于面向对象的数据结构表述真实世界的建筑产品构件，因此 BIM 的三维几何建模与传统的用于效果展现的三维模型，或在 2D 基础上靠拉伸操作实现三维展现的 2.5 维模型的建模存在本质上的区别。普通三维几何模型仅包含结构物的几何数据，由上文可知，BIM 的三维模型不仅包括几何属性，还包括进度、成本、质量、性能等信息以及工艺、工序等行为属性。从勘查设计到施工图设计再到建设施工，铁路建设各专业通过 BIM 模型获取所需信息，在此基础上完成自己的工作，把成果通过基于 IFC 标准的数据反馈到 BIM 模型中，传递和转移到下阶段供参考或使用，BIM 模型在整个建设项目寿命期都可充分利用，且数据交换皆基于统一标准，可操作性较强。

根据建成模型的不同，三维建模可分成实体建模、表面建模与线框建模。实体建模是用图形化的实体表述真实的客观世界，通过各种基本图元如圆柱体、长方体、圆环体等实体模型创建三维对象。此外，也可将平面对象绕轴旋转或沿线拉伸以得到实体模型。实体模型包括所有的几何拓扑信息，例如长、宽、体积、惯性矩等物理特性。表面建模对实体的各曲面和表面进行表述，将外表面分解为若干基本面素或组成面，然后进行拼接形成表面模型。表面模型关注于三维立体表面的完整定义，可通过图形渲染技术生成逼真的图像模型，对外观进行形象化的展示。线框建模是用线素来设计产品目标的棱线而构成三维模型，线框模型通过曲线、直线、圆弧等基本图元来表述设计产品的外形轮廓。BIM 的几何模型数据是贯穿于工程项目全过程的核心数据，项目寿命期的各个阶段创建和应用数据，包含了构件实体的空间位置、体积、拓扑关系等重要工程信息。但是，工程项目的各个阶段或各类应用对建模的需求是不同的，实体模型记录了最完整的几何信息，显示效果最好，但其处理需借助各种专业图形引擎和大量图形学算法实现，非常复杂，一般用于铁路工程初步设计和施工图设计方面效果较佳；表面模型的三维几何信息较为完整，可以提供比较好的显示效果，图形处理难度也较小，可广泛用于施工和运营阶段，如碰撞检测、虚拟建造、火灾模拟分析等，也可用于形象化的动态控制过程的展现，如形象进度图等；线框模型的几何信息不完整，显示效果不理想，但其构建简单，可用于结构计算分析。在设计过程中产生的实体模型可在各个阶段中根据应用需要进行转换，可通过对实体模型进行有限元法分析，可将其退化为线框模型和表面模型，也可以将其转换为 VRML 格式，通过基于互联网浏览器插件的方式进行展现，更为通用的方法是基于广泛使用并可实现二次开发的 Auto CAD 引擎进行 API 函数实现转换。

从数据结构来看，建筑产品构件对象的抽象基类 IfcProduct 的两个属性 Representation 和 ObjectPlacement 实现对几何和空间的描述。ObjectPlacement 定义建筑产品构件的坐标数据，Representation 定义建筑产品构件的几何模型数据。IfcProductRepresentation 类的 Representations 属性是列表类型，可以为构件提供几何模型数据，如描述一个构件的线框模型、表面模型和实体模型。

2. 参数化建模

在过去的十多年中，基于图形的 CAD 技术得到了极大的发展，建筑业广泛使用如 Auto CAD 此类软件进行设计，在构图的基础上可通过使用软件插件对 CAD 包的应用进行其他工程信息的扩充，如网络计划、概预算等。但其他工程信息并没有与最终图纸紧密关联，且无法根据需要自动调整，故 CAD 技术无法实现 BIM。随之出现的基于面向对象技术的 CAD，不仅包含建筑构件的几何数据，还包含了构件逻辑结构等非图形数据，极大地提高了绘图的效率。但这种方式其本质上仍是依赖于图形，无法对非图形信息进行一致性更改，使得人工调整的工作量非常大。

参数化建模的解决方案是通过关系数据库建立的行为模型来管理所需信息。所有构件实体都具有其客观世界的属性、行为和关联，数据库对构件实体的这些数据结构进行管理，使得三维模型能模拟客观世界的实体进行智能化运作。例如，在参数化的 BIM 模型中，如果铁路隧道施工的支护参数发生变化，要求相应的围岩等级也进行变更，同时相关的成本、进度、工艺等数据也随之进行自动调整。在模型上的操作基于单一数据源，所有构件实体的外在表现方式都与数据源相关，当在图形化界面中对构件进行修改时，构件的数据在数据库中进行自动更新(Update)。由此可见，BIM 的参数化模型可在图形化的编辑平台中，把构件模型的几何数据、工程信息、行为关联等属性通过数据库统一进行管理。

BIM 的参数化建模具有以下特点和优势：

(1) 为计算机辅助设计提供了直观有效的方法

参数化设计是对构件实体的特征值即属性进行操作，从而实现图形的编辑，在此基础上通过数据库的关联性管理可进行图形的交互式编辑，例如对站房的外墙坐标数据进行更改，内墙将自动延伸，站房面积也随之更改，相应的平面图、立面图及工程量清单也在数据库中进行更新。这就使得设计人员只需关注设计而无须把精力耗费在如何绘图中。

(2) 可基于注释进行交互式编辑

注释是图形和模型之间维持联系的重要元素，传统的 CAD 技术中注释仅仅是简单的文字，而参数化模型的注释是包含在 BIM 信息中的。如图表号和图号通过数据库在相应的图纸中保存，如门窗表中删除了一个窗，则图纸中对应的窗将被删除，且对应的剖面也会更新。又如传统 CAD 软件中 1∶1000 比例的图纸必须以 5 米作为文字高度来使得计算机上显示的文字是 5 毫米高度，而在参数化模型“了解”构件元素和图形注释之间的区别，无须对尺寸重新计算。

(3) 可进行图纸建档

参数化技术应用于整个 BIM 系统和其所有的外部表现方式，可用表达细致且逻辑严密的图形表述建筑的各部分，而各个图形或图纸通过数据库进行关联，形成一整套数字图纸。

目前基于参数化建模的软件较多，如 Grasshopper、Formz、Rhino、Autodesk Revit Architecture 等，其中 Autodesk Revit Architecture 是基于 Autodesk CAD 构建的 BIM 开发平台，提供可二次化开发并支持主流面向对象编码语言（如 C++、C#等）的 API，其成果可在 Autodesk CAD 软件中进行导入和导出。Autodesk Revit Architecture 还提供了导出 ODBC 数据库的接口，以获得如 SQL Server、DB2、ORACLE 等企业级数据库的支持。借助该软件，可进行实体建模和参数化设计，全面支持 BIM 构建。

（四）BIM 数据存储与访问研究

BIM 数据的管理是实现铁路建设项目全过程数字化管理的基础保证，是数据持久化保存和参数化三维建模的技术支撑。目前，一些研究者和软件公司研发了基于 BIM 的数据访问工具，能在一定程度上实现 BIM 数据的管理，但由于其源代码不开放，无法进行功能扩展，且这些工具仅支持某些开发语言和平台，并忽略了非结构化数据的持久化存储。本研究提出了能存储结构化和非结构化数据的 BIM 数据库的创建方法，采用微软 .NET 框架的 C#程序语言开发了 BIM 数据访问框架，该框架支持多平台多语言调用，且通过“Factory 模式”提供多种数据库接口，从而支持 BIM 的底层数据处理。

1. BIM 数据库的创建方法研究

BIM 数据库的创建需要满足非结构化和结构化的数据存储要求，结构化数据是指前文所述的基于 IFC 的数据结构的工程各项信息；非结构化数据指的是一些文档内容，如可行性研究文件、招投标文件、政策法规文档、视频文件等。如图 6-18 所示，结构化数据可通过 IFC 数据库进行存储，非结构化的文档通过文件数据库进行保存，而文档本身的属性即元数据在两者间建立关联，使得 IFC 数据库能通过 IFC 的关系实体 IfcRelAssociatesDocument 调用相关文档。

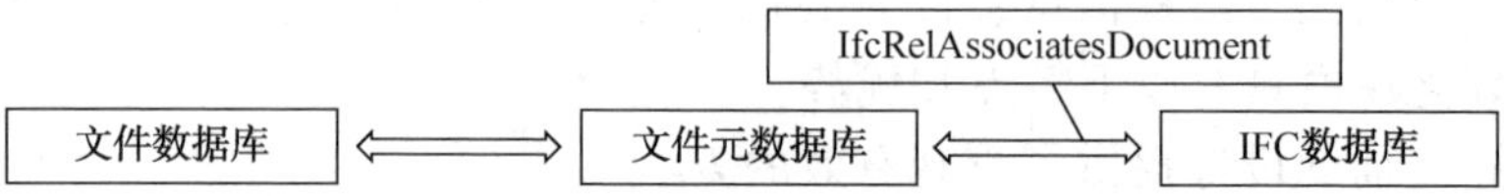

图 6-18 BIM 数据库的构成

文件元数据库的创建可参照 Windows 操作系统的目录管理方式，可建立虚拟的目录索引数据表及访问控制数据表，虚拟目录及访问控制使得文件可以按需分类。文件元数据的数据表可基于文件属性定义其字段，如用于标识文件的全局唯一标识符 GUID、文件创建人、保存位置、最近更新日期等。文件数据库可利用市场上较为成熟的系统如 Sqlite、Berkeley DB、Firebird 等进行创建。

IFC 数据库可通过面向对象数据库或关系数据库实现。由于 IFC 模型本身即是基于面向对象理念构建，故一般而言面向对象数据库的模式转换更为直接，但目前面向对象数据库的技术尚不成熟，数据模式及接口没有形成标准化，应用也不广泛。而关系数据库的模式转换虽然较为烦琐，但可通过数据结构映射的方式解决。黄忠东等学者也持有同样观点。故采用关系数据库进行 IFC 数据模型的存储。

关系数据库采用二维关系数据表进行数据存储，本研究以适合大型企业级信息系统平台的 ORACLE 为例，对 IFC 数据模型与 ORACLE 数据表建立数据类型和数据字段的映射。

IFC 实体类型的映射即为对数据表的映射，是 ORM(Object/Relation Mapping)方法论的具体实践。如图 6-19 所示，可为各个 IFC 实体建立数据表，表中的字段映射可根据实体的显示属性及类型按照上述映射规则构建，实体的实例以记录的形式在数据表中存储，通过集成 SQL(Structured Query Language，结构化查询语言)的数据访问框架可从数据表中读取 IFC 实体的实例数据，最后通过参数化建模转换为可视化的 BIM 模型。

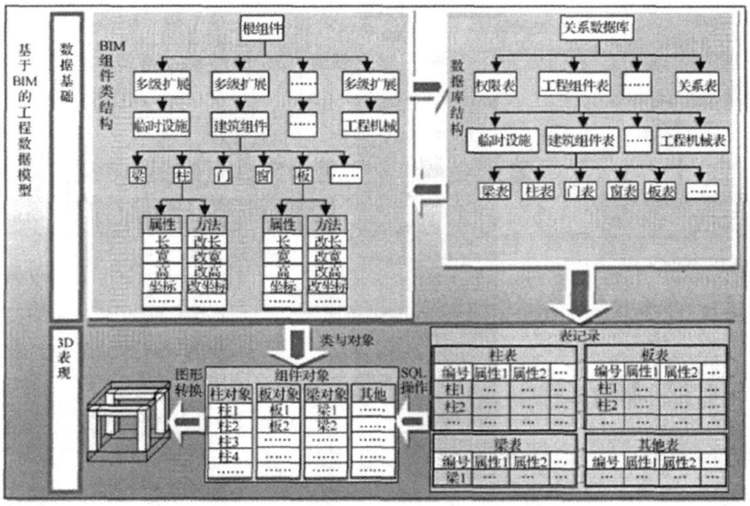

图 6-19 BIM 数据结构与数据表的映射

2. BIM 数据访问框架构建

为了构建一个健壮的 BIM 应用，应该基于软件分层架构设计中的 DAO(Data Access Object，数据访问对象)模式，将所有对数据的访问操作进行抽象封装，整合成为一个公共的 API 即数据访问框架。数据访问框架的接口定义了所有应用程序中所需和数据源进行交互的方法，并且可以不依赖于特定数据库实现此操作。典型的 DAO 模式实现包括：工厂类、DAO 接口、使用 DAO 接口的具体类和数据传递对象。其中工厂类是基于软件设计模式中的“fACtory 模式”，即为提供创建对象接口的模式；数据传递对象即为上述面向对象的 BIM 数据结构的程序描述。

本研究基于 C#程序语言开发了 BIM 数据访问框架，框架类图如图 6-20 所示，通过 IDBFactory 接口、RailwayBimDBFactory 类、PersistenceManager 类、QueryStatement 类、Configuration 类对数据访问进行实现。其工作原理是根据用户所使用数据库匹配的 SQL 查询语言，对传入数据访问框架的 BIM 数据对象的结构进行解析，通过调用不同的函数对解析的数据对象进行 SQL 语义封装，从而形成完整的并且匹配所选择数据库的 SQL 语言，最后将 SQL 语言提交数据库返回结果。具体运作机理如下：

(1) IDBFactory 接口

是基于“Factory”模式的典型 DAO 接口，规范了创建数据库连接的协议，包括创建数据连接、适配器、参数等，可通过实现这个接口提供不同数据库连接的创建。

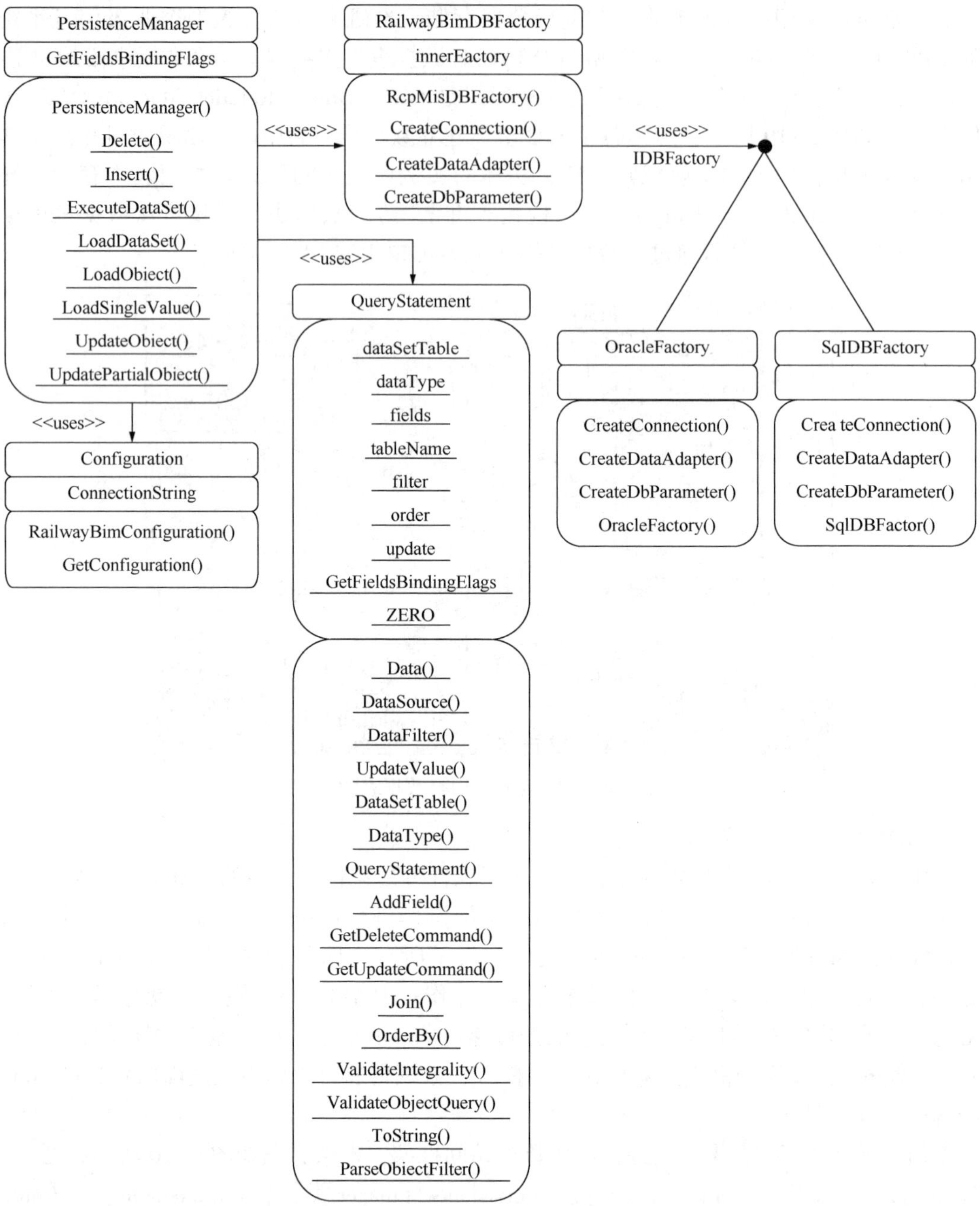

图 6-20　BIM 数据访问框架类图

（2）RailwayBimDBFactory 类

该类应用软件设计模式中的“Singleton”模式，创建了适合 BIM 系统的唯一的数据库连接，是对具体数据库的选择。

（3）QueryStatement 类

是数据访问框架的核心类，该类用于将传入的 BIM 数据对象解析为符合当前数据库 SQL 语义的语句。

（4）PersistenceManager 类

用于对 QueryStatement 类解析的 SQL 语句传递到数据库执行并返回执行结果。

（5）Configuration 类

用于对数据访问框架进行初始化参数设置，如数据连接字符串、程序配置项等。

该数据访问框架基于 ORM 方法和软件设计模式，封装了数据库的访问，实现了对数据表的增、删、改、查等操作，有效解决了通过关系型数据库对基于 IFC 标准的 BIM 模型数据的保存、扩充和跟踪机制，为数字化平台的各项应用进行数据提供和集成。

（五）铁路建设项目数字化管理平台运作原理

通过建立数字化管理平台的数据结构、参数化模型、数据持久化方法，实现了平台模型架构的底层构建。此处通过工程结构分解、统一编码管理、N 维管理模型、动态过程控制、虚拟现实、云计算等具体实现进一步阐述平台的运作原理，从而实现平台的具体构建。

1. 工程结构分解

铁路工程建设点多线长、技术标准高、施工难度大，要实现对项目有效管理，必须将工程项目准确形象地描述出来，这就需要对项目进行结构化分解。工程管理结构分解借鉴项目管理“上统下分、统分结合”的思想，“上”层结构是在全项目所有专业公共的基础结构，称为 EPS（Enterprise Project Structure，企业项目结构）和 PBS（Project Breakdown Structure，项目分解结构）的联合分解，一般分解到单位工程一级；“下”层结构是质量、进度、投资等管理要素在“上”层公共结构 EPS/PBS 基础上定义各自的 WBS（Work Breakdown Structure，工作分解结构），确保了整体系统具有统一的数据基准，体现了铁路工程建设精细化和统一管理的核心目标。

（1）建立项目分解公共结构 EPS/PBS

建立项目基本结构，即将项目进行 EPS，企业项目结构及 PBS 分解，以便项目目标能按 EPS/PBS 分解的结构层次细分。EPS 结构主要描述建设单位、项目、标段、承建单位层次结构，PBS 描述在该项目下各承建单位所承建各专业单位工程，对于重点工程 PBS 结构可以分解到工程结构部位。项目分解结构是项目范围内的公共基础结构，是整个系统使用的基本构架，供整个系统各子系统调用，以便各子系统能细分到不同控制对象（承建单位）。项目分解结构采用树状结构形象地展示，具体划分如图 6-21 所示。

为实现各层次自动查询和汇总，需要严格规范和规划项目结构基础编码，而项目结构树的展现可以相对灵活设置，例如在建设单位级，可以隐去国家铁路主管部门节点，而从建设单位级节点开始展示。在建设单位级系统层次，每个项目中的单位工程需要统一编码，在国家铁路主管部门级系统层次，各建设单位和建设项目（包括各客专、路局项目）需要统一编码，在建设单位级系统遵照统一编码进行设置。这样在全路范围内，通过项目编号和单位工程编号就可以准确定位每一个单位工程，为具体项目管理和国家铁路主管部门行业管理打下稳固的基石。

（2）在 EPS/PBS 公共结构下可以细分各专业工程结构

由于铁路建设项目单位工程建设涉及多专业协同工作，而各专业对建设项目的质量、进度、投资等管理要素具有不同的管理要求，故必须在公共结构 EPS/PBS 基础上定义各自的 WBS 结构，确保整个系统的数据基准统一，下面以质量管理为例说明。

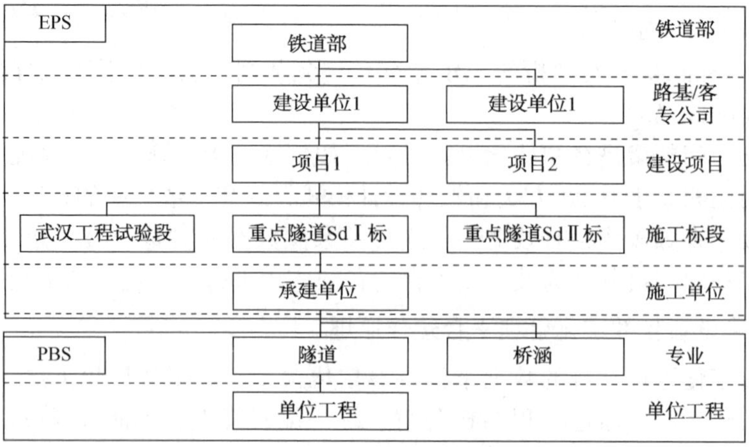

图 6-21　工程结构分解

质量管理结构在 EPS/PBS 分解结构下按照质量管理要求进行细分，可在单位工程下进行，如果单位工程在具有结构部位的情况下(如桥涵单位工程下具有结构部位墩台，隧道具有进口、出口、斜井等结构部位)，可在结构部位进行分解。在分解的过程中，单位工程(或结构部位)下的结构层次允许用户插入自定义的管理结构，在此结构下依据现场实际情况，根据铁路运行时速 350km/h 与 160km/h 所制定的不同质量规范的分解结构进行选择。一旦定义相应的时速标准分解结构，其下层的分解标准按照统一时速标准进行，其间禁止用户进行穿插不同时速下的分解结构。工程质量结构分解示例如图 6-22 所示。

将 WBS 结构与项目结构 EPS/PBS 对接起来，形成了质量管理专业完整的项目结构，实现质量专业精细化管理的同时，支持与其他专业在公共结构层面的数据对接。

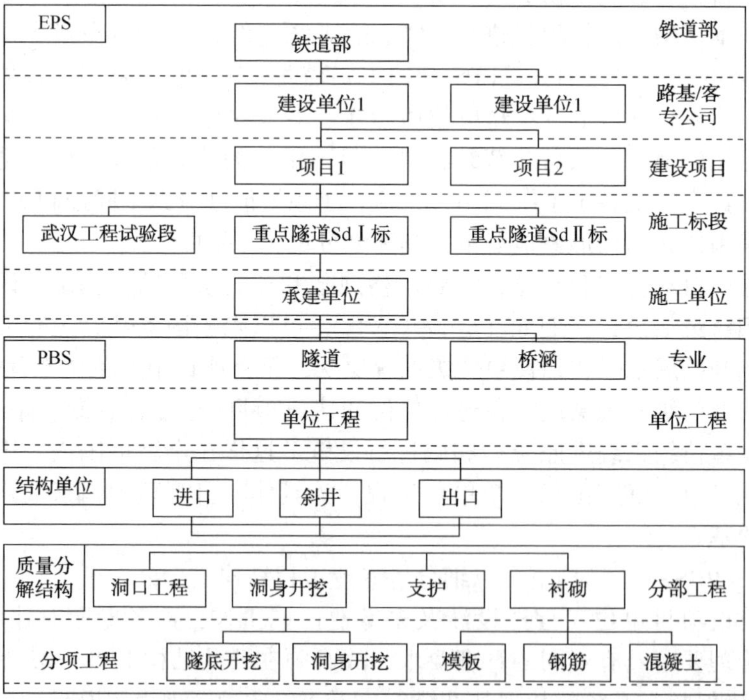

图 6-22　铁路建设工程质量分解结构

2. 统一编码管理

编码就是以数字或字符来表述各类客观实体，编码设计的问题是一个科学管理问题。设计好的编码方案是系统开发中一个关键问题，它可以使大量的计算机处理简单化。前面论述项目结构分解中也提到，设计出项目分解体系时，同时需要有科学系统的基础编码来支撑。下面讨论系统中关键基础编码方式。

数字化管理平台采用统一编码体系，遵循唯一性、规范化、系统化原则，编码按属性系统化分类，具备足够的容量包括规定范围内的所有对象，且分类具备一定的柔性，不至于在出现变更时破坏分类的结构。

(1) 企业项目结构编码(EPS)

企业结构编码 EPS 要体现出建设单位、建设项目、标段、施工单位等信息，按照层次结构法进行编码，如图 6-23 所示，以两位为一个层次，使用十二位号码(即六层)进行表示。这种层次结构编码简便易行，分类规则明确易于程序实现，同时有利于各层面查询和汇总。

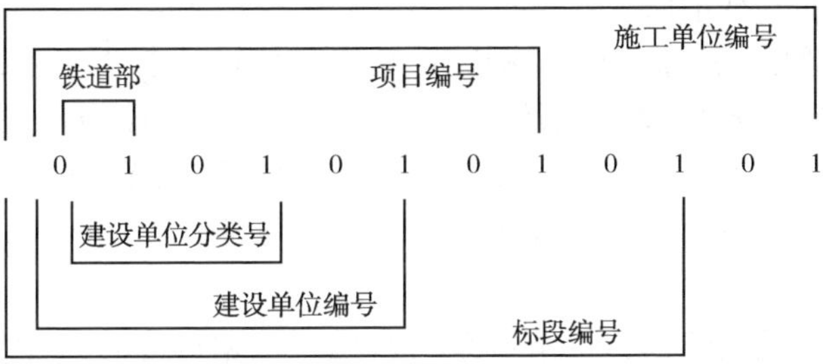

图 6-23 EPS 编码

其中：第 1~2 位编码表示是否国家铁路主管部门；第 3~4 位编码表示建设单位类别(铁路公司、客专、铁路局等)；第 5~6 位编码表示建设单位的编号；第 7~8 位编码表示项目的编号；第 9~10 位编码表不标段的编号；第 11~12 位编码表示施工单位的编号(同一标段内可能有多个施工单位)。

按照本原则对所有工程进行编码，前 8 位(即项目编码)是在全路范围内统一编码，后 4 位在项目中进行统一编码，编码必须唯一，不能重复。这里的每一层次采用 2 位数字编码，按照常规能够满足编码容量需要，即使发生某一层次容量不足，也可以用字母补充编码。

(2) 项目分解结构编码(PBS)

项目分解结构编码 PBS 以铁路概预算体系为依据，要体现专业(章)、节单位工程顺号等信息，如图 6-24 所示，同样以两位为一个层次。

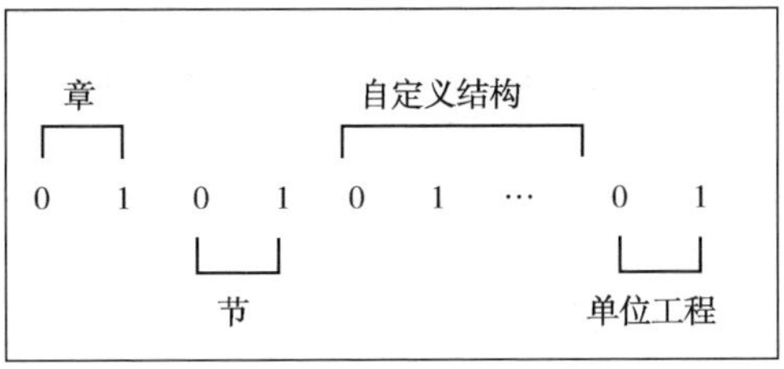

图 6-24 PBS 编码

编码以两位为一个层次，其中：第1~2位编码表示专业类别(章)；第3~4编码表示专业类别下的节；第5~倒数第3位是用户自定义码，两位为一个单元；最后两位表示单位工程的编码。

上述编码中，自定义结构层次可以根据需要设定层次数，一般以两位为一层，特殊情况下可扩充到三位。

(3) 工程分解结构(WBS)和工程结构体系基表

工程分解结构WBS是在EPS/PBS树上，再按照进度、质量、验工计价等业务管理需要进行细分，不同的子系统业务管理有不同的分解体系和原则。所以首先要建立好不同子系统使用的工程结构体系基表，在工作分解时，根据EPS/PBS编号中的章节专业信息和单位工程顺号，从工程结构体系基表中自动“联想”出该工程专业下的规范结构，用户勾选定义，由程序将专业、单位工程顺号和规范结构等按照一定规则拼接并编制代码，最终定义出具体工程分解结构。这样的分解定义方式操作简便，并且编码原则统一、码值规范，有效避免代码混乱造成的各种错误。

工程结构基表应该定义完整全面，涵盖铁路工程建设的各类工程结构属性，原则上不能随意更改，如随着铁路建设发展确认需要更改或补充，应该由铁路主管部门统一进行，以保证全路各项目数据框架标准统一，实现铁路主管部门行业管理。

以下举例说明各子模块的工程结构体系基表的编码规则：

① 工程进度结构编码

工程进度结构编码是以概预算章节体系为基础，根据进度管理中实物工程量报告的管理需要来进行分解和编码，前4位表示章节，后面的层次数可以根据需要确定。示例如图6-25所示。

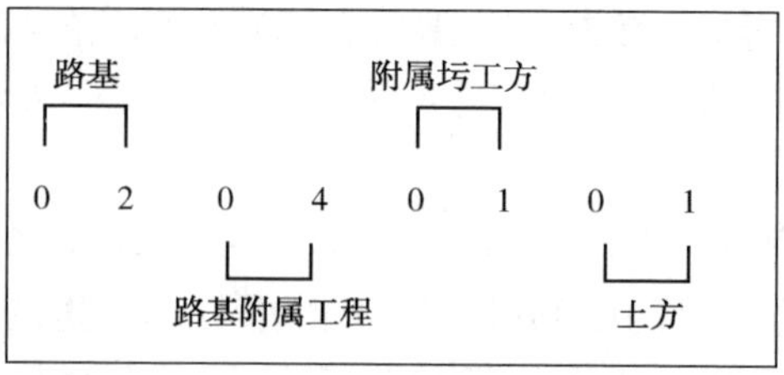

图6-25　工程进度结构编码示例

② 验工计价工程结构编码

验工计价工程结构编码也是以概预算章节体系为基础，根据工程验工计价管理需要来进行分解和编码，前4位表示章节，后面的层次数也可以根据需要确定。示例如图6-26所示。

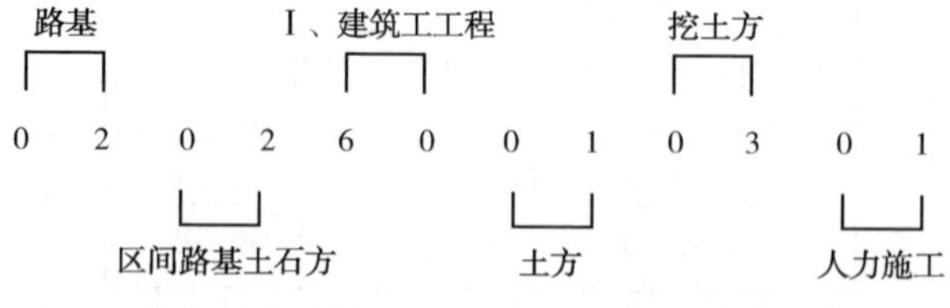

图6-26　验工计价工程结构编码示例

③ 质量工程结构编码

质量管理工程结构编码是以质量验标体系为基础，把工程结构按专业分解为单位工程、分部工程、分项工程、检验批。最深层次检验批的编码按照《客运专线工程质量验收暂行标准》进行。最后4位是用户自定义结构具体位数，视检验批的数量而定。示例如图6-27所示。

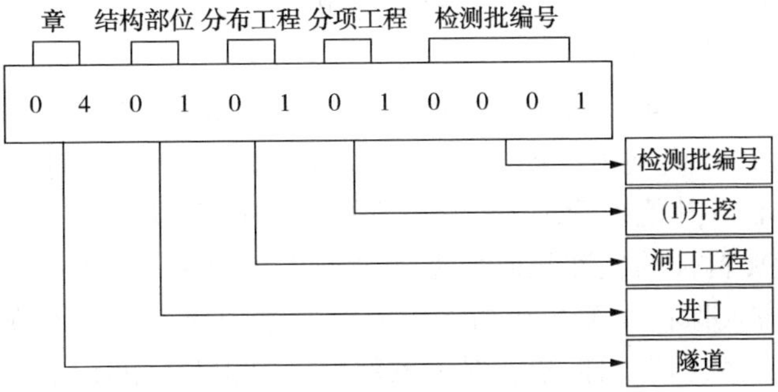

图6-27　质量检验批编码示例

以上所述各工作分解结构可以是通过树状结构展示，也可以是以数据列表格式展现，可以根据具体子系统业务特点确定。

④ 其他基础编码

前面只论述了几类数字化平台中最主要的系统编码，其他方面的一些基础编码，例如物资编码、合同编码、文件资料编码等也需要一一制定编码规则和编码，来保证平台应用具有稳固的基石。

3. N维管理模型

N维是指建设工程在各个寿命期表现出的各个方面，如进度维、成本维、质量维、安全维等。N维管理模型是建立在三维信息模型基础上实现多阶段和多专业数据共享的管理模型，通过信息技术和工程项目管理理论，把工程的多维进行集成化管理，是三维信息模型的延伸和拓展。

本研究在实现基于BIM的多维管理模型的过程中首先进行底层数据集成，然后把信息流输出到上层，如图6-28所示。

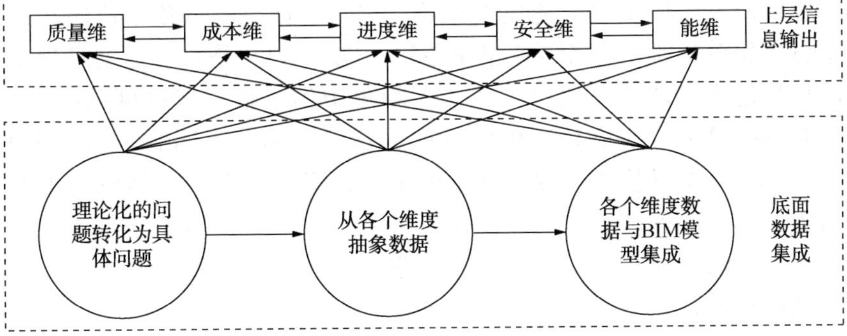

图6-28　N维管理模型构建思路

对于多维集成管理而言，研究的核心内容是基于BIM的ND集成化管理的实现方式，其中包含的关键技术是研究基于工程项目管理特征和BIM的建筑构件数据结构、构件与数据的关系系统模型、工程量自动生成机制，前两个问题前文通过数据结构和数据库方面的研究已进行解决，工程量作为工程项目管理多维度集成的基础和依据，将在本节进行研究。本节对N维集成管理模型具体研究步骤如下：第一，实现工程量清单的自动生成；第二，实现进度维的4D集成；第三，实现成本维的5D集成；第四，实现N维集成。

（1）工程量清单生成机制

工程的实体数量是工程项目管理多维度管理工作的基础，实现多维集成管理需依据工程计量方法，揭示从BIM模型中自动产生工程量清单的方法，从而提供“三维管理+进度管理(4D)+成本管理(5D)+其他维管理=N维集成管理”的解决方案。

如前文所述，BIM构件的显性几何数据和隐性工程数据都按照符合IFC标准的数据结构，通过ORM映射方式保存在关系数据库中。可通过选择BIM构件的属性值作为SQL语言的查询关键字提交给数据访问框架，对关系数据库中相对应的构件数据表记录进行查询，将其结果按照《铁路工程工程量清单计价指南》(铁道部经济规划研究院)的规范进行统计和分析，以生成初步的工程量表。数字化管理平台中的项目分解结构由EPS、PBS和WBS组成，而根据管理内容的不同WBS的结构也不同，成本管理WBS即是依据《铁路工程工程量清单计价指南》和铁路概预算体系而进行分解，故可以通过EPS、PBS和WBS进行分层提取工程量，进而形成整个项目的初步工程量清单。在此基础上，把初步工程量清单进行人工调整，把较难建模或建模不经济的工程量消耗项补充录入到初步的工程量清单中，如现场踏勘工作、施工准备工作、临时辅助设施等。最终的工程量清单关联了多个BIM构件，为实现N维集成管理建立了数据基础和依据。

（2）实现进度维的4D集成

4D集成最早由CIFE(Center for Integrated Facility Engineering，斯坦福大学集成设施中心)提出。CIFE认为4D是基于3D基础附加时间属性，能以动态三维表达方式表现和优化控制模型的形成过程。

在3D基础上集成进度维的本质是给BIM构件的属性中加上时间信息。具体方法是在EPS、PBS和进度分解结构WBS的多层结构基础上，制定从项目整体到工序的多级进度计划，然后在可视化的BIM环境中进行网络计划图、形象进度图的动态展现。

如前文所述，EPS结构主要描述建设单位、项目、标段、承建单位层次结构，PBS描述在该项目下各承建单位所承建各专业单位工程，进度WBS是符合进度管理要求的工程细分结构，铁路项目进度管理中一般以工程调度管理中的实物完成进度结构进行分层划分。因此，数字化管理平台中的进度控制模块可根据管理主体的不同制定多级进度管理计划，如建设单位管理所需的项目整体进度计划、施工单位管理所需的本标段内进度计划、施工单位项目部所需的单位工程进度计划、作业队所需的分部、分项工程进度计划等。进度计划还可按时间维进行切片处理，如划分为年、季、月、周、日等进度计划，以支持不同对象的粗放式或精确化的管理。

在建立EPS、PBS、进度管理WBS和BIM构件模型的基础上，需将进度管理WBS项与BIM构件实体进行链接，实现三维模型与进度管理的统一。其解决方案与工程量清单的生成机制类似：以 EPS、PBS 和进度管理 WBS 为依据对 BIM 构件进行划分，将进度变化数据与相应构件进行结合，使其具有时间属性。随着工程进展，各构件的进度状态属性随之改变，通过数据访问框架在关系数据库中存储进度变化信息，通过数据库管理实现进度与模型的映射关系，最后通过可视化的 BIM 系统形成网络计划图或形象进度图。用户在进行进度计划管理时，可在界面直接进行可视化的修改，由 BIM 构件驱动数据库更新相关数据，同时刷新构件模型，使得用户能直接从模型上了解进度计划改变的影响。

（3）实现成本维的 5D 集成

工程投资是工程建设项目的全部支出费用的总和，而各利益相关者间的信息交流障碍，经常会带来大量的成本增加。实现铁路建设项目全过程有效的投资控制，可在 N 维 BIM 系统中集成成本维，具有一定的实用价值。5D 集成的建模是基于 4D 建模上，将成本数据进行集成，从而进行投资控制的过程。

传统的项目成本管理强调以合同为主线，而铁路建设工程项目计价采用工程量清单计价方式，计算工程费用一般以基于概预算体系的成本管理 WBS 为依据，成本项目（WBS）会存在多个合同，构建 5D 关系非常困难，成本分析难度和效率极为低下。数字化管理平台将合同、费用和消耗等属性与相应构件进行结合，使数据尽可能及时进入实际成本 BIM 构件，然后以前文所述的工程量清单的构建为依据，从数据库中提取成本与价格信息，最后根据工程费用计算规则计算出所发生的成本。

如图 6-29 所示，建筑构件的费用计算规则以成本管理 WBS 为依据，利用成本管理 WBS 将工程项目细分到最小的成本控制单元，将工程量与单价进行计算后得到最小成本控制单元的工程费用，然后将此计算所得费用按照工作量清单逐层向上汇总，得到所汇总单元的工程费用，进而得到工程项目总费用。

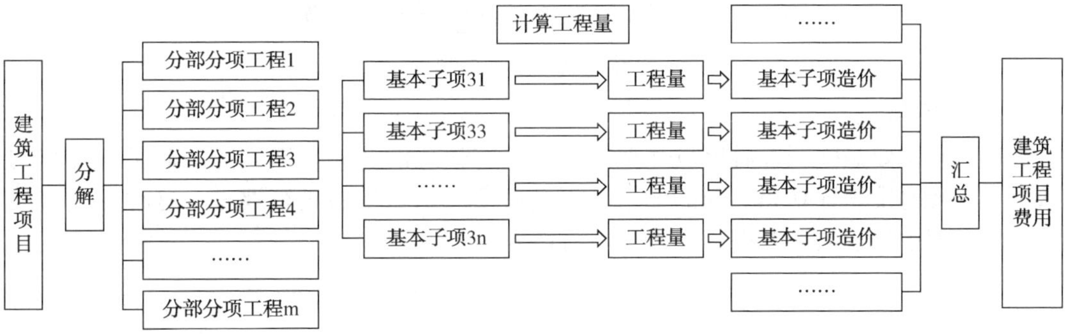

图 6-29　工程项目成本计算规则

（4）实现 N 维集成

N 维管理模型系统的构建目的是为各利益相关者建立统一的数字化协同平台，提供所需的各类信息。本研究基于集成的 N 维模型数据库，实现了进度维、成本维、安全维、环保维、质量维等多维集成化管理，各维度依据 EPS、PBS 和按照管理需要划分的 WBS 进行切片式管理，按照“上统下分、统分结合”的理念，在 EPS、PBS 层级进行统一，在 WBS 层级按照各自的管理需要分别控制，体现了铁路工程建设精细化管理、统一管理的核心目标；在管理对象上，建筑构件模型中含有几何属性和进度属性、成本属性、环保属性、安全属性、质量属性等工程信息，各维度基于统一的信息资源模型进行集成，构成数字化平台的不同应用；在数据管理上，各构件的数据结构遵循 IFC 标准，且按照数据规范原则、信息唯一及信息一致原则、信息完备原则进行统一编码，通过关系数据库进行数据管理，为 N 维集成管理提供了强大的数据保障。

4. 动态过程控制

在项目管理过程中存在各种不确定因素，对项目目标的实现构成风险。在现代铁路建设项目管理中，必须有效进行动态过程控制，确实实现对实施过程的动态控制，做到及时检查、比对，及时分析、预警、调整。

过程控制的实质是将各种活动的进展情况与计划要求进行比较，分析出现的偏差，进行必要的调整。铁路建设项目管理主要从投资、进度、质量、安全、环保这“五控”进行，需要对每一个过程进行监控、比对、调整和优化等活动，又应该运用多目标决策支持方法达到项目整体最优，以确保最终全面实现项目总体目标。

本节着重研究多目标决策支持方法，以达到动态控制的目的。

(1) 过程控制原理

过程控制的方法有很多，但其原理是基本一致的，从自动过程原理角度来看，主要分为以下几种方式：

① 主动控制

主动控制强调事前的控制，也就是结合对项目资料的分析和历史经验，依据规范和标准，使项目的具体实施与项目预期尽量保持一致，最大限度减少甚至避免发生偏离，如下图 6-30 所示。

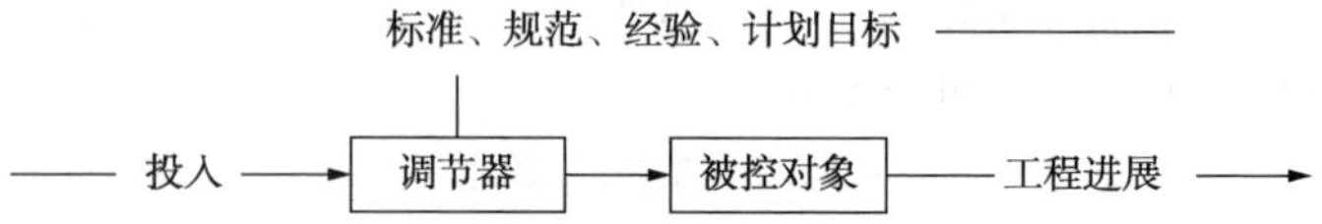

图 6-30　主动控制

② 被动控制

被动控制主要是强调事后比较和调节，由于有信息的及时反馈，能随时了解工程的进展状况，能及时发现计划和实际的偏差，因此可及时采取措施进行调整。这种方法可以对项目实施过程中出现的偏差进行纠偏，如图 6-31 所示。

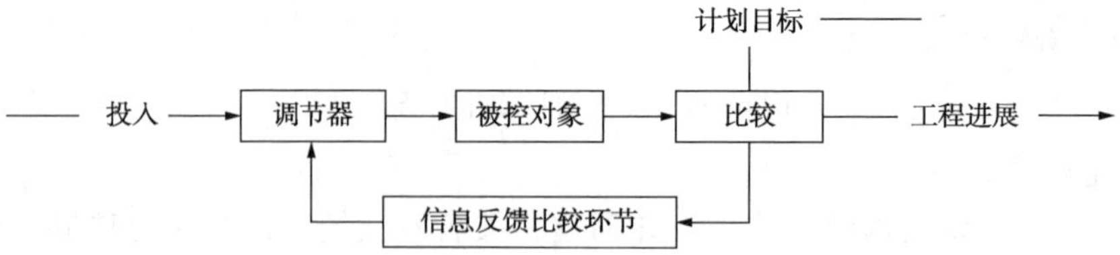

图 6-31　被动控制

③ 主被动复合控制

这种过程控制手段既具有主动控制的事先预测、分析和调节的特性，又结合了被动控制的信息及时反馈、对比和调节的优点，两种方法互相配合，使项目过程控制能够更有效实现。

在项目实施过程中，必须对项目的进展情况进行监控，在准确采集动态信息的基础上，将执行情况与计划要求对比，充分利用现代管理工具、技术和方法，对项目的进度、质量、投资、安全、环保等实现有效的过程控制和风险预警。特别是要抓住管理流程中的关键流线、关键部位，将现代管理技术、方法有机融入工作流程，为提高工作效率、工作质量和实现项目目标发挥作用。

（2）多目标之间内在关系

实行目标管理和加强项目规划是提高铁路建设管理水平和推进标准化管理的重要手段。铁路工程建设的目标主要针对工程的投资（成本）、进度、质量、安全、环境这五个方面的过程进行控制，因此应该运用多目标决策支持方法，通过提高各管理对象与资源要素的融合度和匹配性，改善和优化管理对象的有序性，有效实现综合优化，达到整体最优。

要实现多目标决策支持，必须首先厘清多目标之间的内在关系，使项目资源合理配置，管理要素交融统一，实现综合优化管理的目的。

投资、进度、质量、安全、环保五大目标之间，由于质量、安全和环保的目标属性类似，它们与投资、进度之间存在类似的矛盾统一关系，所以将它们作为同一类目标考虑。图 6-32 体现出多目标之间的矛盾关系。

虽然多目标之间存在一定的矛盾关系，但是进一步分析，多目标之间也同时存在促进一致的关系，如图 6-33 所示。

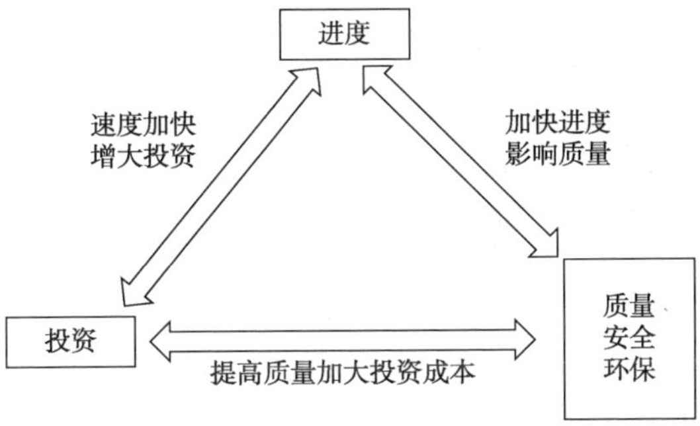

图 6-32　目标控制之间矛盾关系

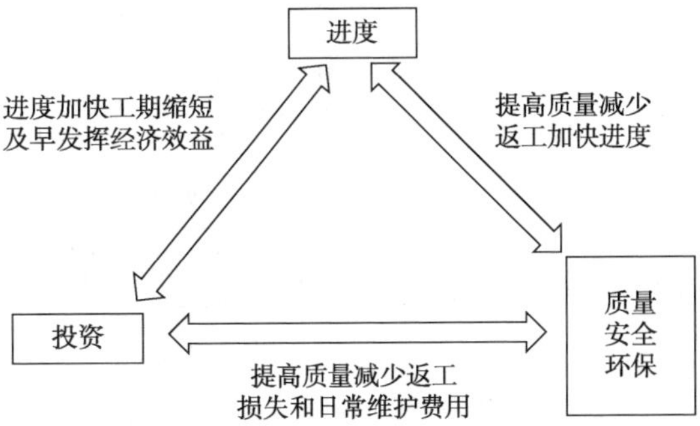

图 6-33　目标控制之间一致关系

由此可见，多目标之间为对立统一的关系，一个目标的变化既受到其他目标的制约，也会影响到其他目标。这种对立统一的关系可得出，不能只强调单目标最优，不考虑其他方面目标，但也无法追求各项目标都达到绝对最优。因此，应该进行科学规划和综合决策，应用多目标决策支持方法，充分发挥目标一致的一面，避免它们矛盾的一面，合理规划，建立和完善目标管理体系，促进各管理对象与资源要素的交融度，使行动结果达到预期值，有效实现综合优化，达到整体最优。

实现多目标决策支持需要加强项目规划，要以工程项目的各种单项计划为基础，对人力和物力、时间和空间、技术和组织等进行综合平衡，形成工程项目综合计划，使各项工作、各个局部能够在项目整体目标的规定下达到协调一致。

实现多目标决策支持也需要对相关要素进行集成管理，并需时刻关注项目内外要素的变化，抓住重点及时做出调整，在动态的综合平衡中，又好、又快、又省地全面实现项目目标。

具体方法是建立目标体系、建设项目管理责任体系、分级控制体系和评价体系，按照计划、组织、指挥、协调、控制等基本环节，将质量、安全、工期、投资效益、环境保护和技术创新分解细化为最佳匹配的实施目标，实现精细化管理要求。

(3) 铁路建设项目目标体系构建

① 建立目标体系结构

项目目标体系是一个系统，其所包含的子系统相互作用、相互制约，形成一个辩证的有机体。各子系统又都有各自的目标，而项目的目标是总体的效益，并不是各部分效益简单的叠加，因此要应用系统论的方法进行项目各子系统目标的细化，使其可操作，并达到总体目标的最优化。建立铁路建设项目的目标体系示例如图 6-34 所示。

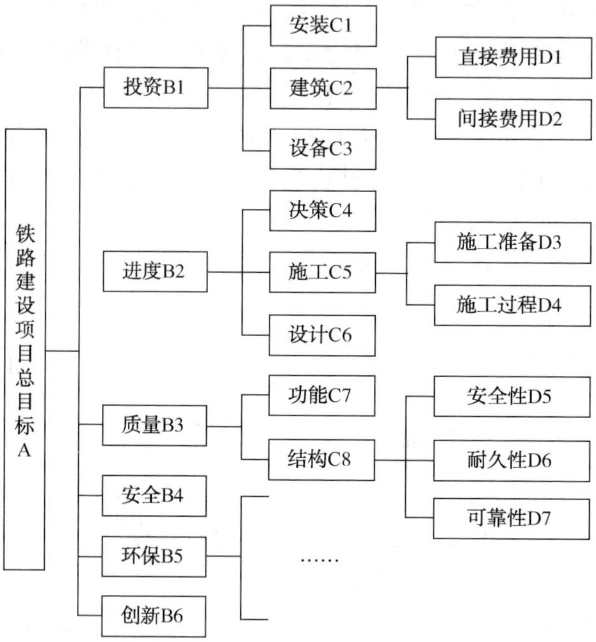

图 6-34　铁路建设项目目标体系结构

构建铁路建设项目的目标体系时要进行通盘考虑，反复优化，把握本质，制定最科学合理的目标体系，需要对项目所涉及的各专业都非常熟悉，处理和加工大量的信息，这就需要借助一些数学方法，运用数字化管理平台收集、加工和处理项目的信息资料，从而可以辅助决策人员快速、有效地制定科学合理的项目整体目标。

在构建铁路建设项目目标体系时，首先根据铁路建设项目的性质和要求提出一个总目标，然后将系统按层次分解出投资、进度、质量等方面多级递进结构模型，然后将各级目标细化分解到项目的各级管理单元，在可控管理单元，将项目的各方面目标进行结合和统一规划和优化，再将各方面目标层层汇总到总体目标，经过反复优化确定项目的目标体系。

② 多目标细化分解

铁路工程项目点多线长，投资巨大，因此要实现目标管理，必须对目标体系进行细化，按照多目标决策支持的要求制定和分解目标，为项目实施明确工作目标，为动态过程控制建立对比分析的参照系。在初步总体目标指引下，将各子目标按照工程结构分解到可控制单元，在可控制单元上再将各子目标协调优化，优化后的各子目标层层反映到上一层次，再分析归纳出项目总体目标，经过这样循环优化规划过程，实现总体目标科学可实现，详细目标具体可控制，如图 6-35 所示。

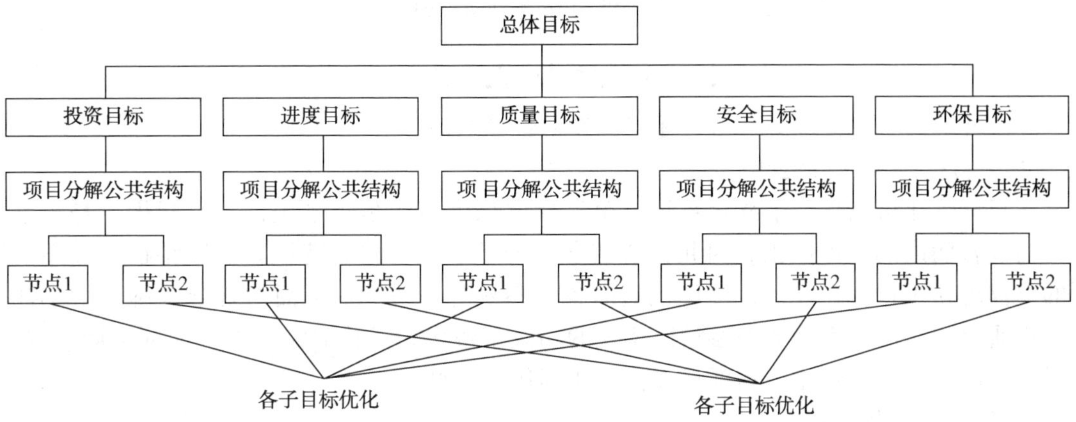

图 6-35 多目标细化分解

各项目标还可以按照各专业结构进一步细化，不过要在项目结构的公共节点上，根据投资、进度、质量、安全、环保管理的需要和权值，对人力和物力、时间和空间、技术和组织等进行综合平衡和优化。

（4）多目标决策支持模型

在多目标细化分解到可控制单元时，该单元上的项目投资、进度、质量等方面的目标比较明确，且互相之间紧密关联，因此可以根据项目资源、各管理要素重要程度等因素在这个层面上进行多目标之间的优化。本节通过建立多目标决策支持数学模型来解决项目多目标协同优化问题，从而达到辅助决策的目的。

① 基于协同理论的系统协调度函数

协同理论认为系统行为是由各子系统的相互作用组织起来的，而并非是其子系统行为的简单叠加。用数学公式表示即为：设系统 $S=S_1\cup S_2\cup S_3\cdots$，或 $F(S)\geqslant F(S_1)+F(S_2)+F(S_3)+\cdots$。其中 S 表示整体系统，S_i 表示各子系统，F 表示功能函数。S 系统的功能可以大于、等于、小于各子系统所发挥功能之和。当各个子系统的互相调节作用良好，则系统整体功能就可能等于或大于其各子系统的功能之和。反之，则可能小于各子系统功能之和。

相变理论中对某系统有序程度的描述参量称为序参量，序参量的变化可用于反映系统从无序向有序的转变。设子系统 S_j，$j\in(1, k)$，k 为正整数，其发展过程中的序参量变量为 $x_j=(x_{j1}, x_{j2}, x_{j3}\cdots, x_{jn})$，其中 n≥1，$\beta_{ji}\leqslant x_{ji}\leqslant\alpha_{ji}$，$i\in(1, n)$，为不失一般性，假设 x_{ji} 取值越小系统有序程度越小，反之则有序程度越大。定义下式为子系统 S_j 序参量分量 x_{ji} 的系统有序度：

$$U_j(x_{ji})=\frac{x_{ji}-\beta_{ji}}{\alpha_{ji}-\beta_{ji}},\ i\in[1, n] \tag{6-1}$$

根据上式可知，$U_j(x_{ji})\in(0, 1)$其值越大，表示序参量分量 x_{ji} 对系统有序度的贡献越大，把 $U_j(x_{ji})$ 定义为功效系数。

系统的总体功效不仅取决于各子系统序参量值的大小，而且取决于其组合形式，组合的形式又决定了集成的规则。整个系统的协调度函数理所应当由序参量来表示，为简化起见，运用线性加权法进行集成，系统协调度 Z 集成后的函数如下：

$$Z=\sum_{i=1}^{n}\omega_i U_j(x_{ji})\left(\sum_{i=1}^{n}\omega_i=1,\ \omega_i>0\right) \tag{6-2}$$

ω 值可根据项目管理要素与目标定位进行合理取值。

② 多目标决策支持模型

多目标优化可当作一个复合系统，单目标优化可当作是子系统，多目标优化是子系统优化后复合而成的整体优化。因此，需结合各个子系统的独立特征和关联特征，按系统协同的整体思路进行优化设计，使优化后的各子系统趋于协同，从而对复合系统进行整体优化。本研究中，以子系统的序参量所反映的功效系数作为优化对象，以下根据工期、费用、质量、资源等子系统建立工程项目多目标协同优化模型。

a. 工期协同功效系数

设工程项目正常工期 T_n 作为系统稳定临界点上限，即 $T_n=\max T_k$。项目极限工期即进度子系统的最小值作为系统稳定临界点下限，opt $T=T_c=\min T_k$，依据系统协调度，进度指标具有负功效，功效系数为：

$$U_T=\frac{\max T_k-T_k}{\max T_k-\min T_k}=\frac{T_n-T_k}{T_n-T_c}=\frac{T_n-T_k}{T_n-\min T_k} \tag{6-3}$$

b. 费用协同功效系数

依据系统协调度，费用指标也具有负功效，即费用与功效成反比。项目费用子系统的优化可获得一系列序参量值，其中最小值即为系统稳定临界点下限，opt $C_k=\min C_k$，最大值为系统稳定临界点上限 $\max C_k$，功效系数为：

$$U_C=\frac{\max C_k-C_k}{\max C_k-\min C_k} \tag{6-4}$$

$$S.T.\ C_k=\sum_{1}^{m}\left[C_{n,ij}+\beta_{ij}(t_{n,ij}-t_{ij})\right]+\alpha_1(T_{pla}-T_k)+\alpha_2 T_k \tag{6-5}$$

$$t_{c,ij}\leqslant t_{ij}\leqslant t_{n,ij} \tag{6-6}$$

式中：C_k 为第 k 步产生的项目费用；$C_{n,ij}$ 为 ij 工序正常时间发生的直接成本；β_{ij} 为 ij 压缩工期导致的费用增加率；$t_{n,ij}$ 为 ij 工序正常的持续时间；t_{ij} 为 ij 当前工序持续时间；α_1 为奖罚系数；α_2 为间接费用系数；$t_{c,ij}$ 为 ij 工序最短的持续时间。

c. 工程质量的量化及其协同功效系数

为简化起见，在研究工程质量的量化时，假设单项工作质量是其持续时间的呈正比关系的线性函数，即持续时间越短，质量越低；并假设正常工作持续时间下，工作的质量得到保证且量化值为 100%，则小于正常工作持续时间的工作质量量化值是大于 0 小于 1 的百分数，基于此可建立质量量化模型进行分析。

依据系统协调度，质量指标具有正功效，单项工作正常工期质量是 Q_n，即为稳定系统临界点上限（$Q_n=\max Q_k$）；单项工作极限工期质量是 Q_c，为稳定系统临界点下限（$Q_c=$

$\max Q_k$)。对系统有序度的功效系数模型为：

$$U_Q=\frac{Q_k-Q_c}{Q_n-Q_c}=\frac{Q_k-\min Q_k}{\max Q_k-\min Q_k} \tag{6-7}$$

$$S.T.\ Q_k=\frac{1}{m}\sum_{1}^{m}q_{ij}=\frac{1}{m}\sum_{1}^{m}\left[1-r_{ij}(t_{n,ij}-t_{ij})\right] \tag{6-8}$$

$$r_{ij}=\frac{1-q_{c,ij}}{t_{n,ij}-t_{ij}} \tag{6-9}$$

式中：m 为单项工作数量；q_{ij}为 ij 单项工作的质量；r_{ij}为 ij 单项工作赶工时的质量减低变化率；$q_{c,ij}$为 ij 单项工作最短持续时间的质量。

d. 资源协同功效系数

为简化起见，本节只研究一种资源的情形，现实中多种资源的研究方法与此类似。

工程资源的均衡约束指标 σ_k^2 具有负功效，工程的系统稳定临界点上限值即为工程正常工期所对应的资源均衡方差 σ_n^2，且 $\sigma_n^2=\max\sigma_k^2$，通过工程资源子系统不断优化而得到一系列序参量值，最小值为系统稳定临界点下限 $\min\sigma_k^2$，则对系统有序度的功效系数模型为：

$$U_{\sigma^2}=\frac{\sigma_n^2-\sigma_k^2}{\sigma_n^2-\min\sigma_k^2}=\frac{\max\sigma_k^2-\sigma_k^2}{\max\sigma_k^2-\min\sigma_k^2} \tag{6-10}$$

$$S.T.\ \sigma_k^2=\frac{1}{T_k}\sum_{1}^{T_k}R_t^2-R_m^2 \tag{6-11}$$

式中，R_t^2 为 t 时刻所需资源总和的平方，R_m^2 为单位时刻所需平均资源的平方。

e. 多目标决策支持模型

如上所述，工程项目各可控制单元上的工期、费用、质量、资源的多目标决策支持即可对项目进行较好的决策支持，根据系统协调度函数与工程建设项目工期、费用、质量、资源均衡功效系数公式(6-2)~(6-11)，建立如下多目标决策支持模型：

$$\max Z=\omega_T U_T+\omega_C U_C+\omega_Q U_Q+\omega_{\sigma^2}U_{\sigma^2} \tag{6-12}$$

$$U_T=\frac{\max T_k-T_k}{\max T_k-\min T_k}=\frac{T_n-T_k}{T_n-\min T_k} \tag{6-13}$$

$$U_C=\frac{\max C_k-C_k}{\max C_k-\min C_k} \tag{6-14}$$

$$U_Q=\frac{Q_k-Q_c}{Q_n-Q_c}=\frac{Q_k-\min Q_k}{\max Q_k-\min Q_k} \tag{6-15}$$

$$U_{\sigma^2}=\frac{\max\sigma_k^2-\sigma_k^2}{\max\sigma_k^2-\min\sigma_k^2} \tag{6-16}$$

③ 应用实例

某工程项目通过初步分析所得网络计划如图 6-36 所示，所得分析数据如表 6-4 所示，所得总工期与间接费用如表 6-5 所示。

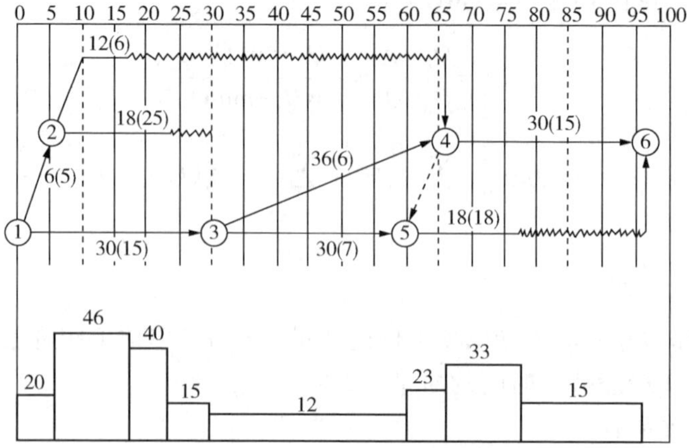

图 6-36 优化前的网络计划

表 6-4 工程项目初步统计分析数据表

工序	正常历时		极限历时		β_{ij}	资源	关键线路
	$T_{n,ij}$	$q_{n,ij}$	$T_{c,ij}$	$q_{c,ij}$			
1-2	6	1	4	0.85	250	5	
1-3	30	1	20	0.9	100	15	*
2-3	18	1	10	0.8	125	25	
2-4	12	1	8	0.7	125	6	
3-4	36	1	22	0.9	143	5	*
3-5	30	1	18	0.83	58	7	
4-6	30	1	16	0.95	57	15	*
5-6	18	1	10	0.9	62.5	18	

表 6-5 总工期与间接费用

工期/天	费用/元	工期/天	费用/元
55	14640	80	18240
60	15240	85	18440
65	15480	90	18840
70	16440	95	19840
75	17040	100	20040

建设单位要求施工单位必须按照各项要素均衡协同优化的原则开展设计施工，并经专家评议给出各要素的偏好权重值，为：

$$\omega=[\omega_T,\ \omega_Q,\ \omega_C,\ \omega_{\sigma^2}]=[0.2,\ 0.3,\ 0.15,\ 0.35] \tag{6-17}$$

由以上条件可求得该工程项目最佳优化协同方案。由初始网络计划图可知工程原工期是 96 天，其总费用是 73560 元，原工期质量系数为 1，平均资源需求量为 $R_m=22.56$，可计算得出初始网络计划的资源均衡方差为：

$$\sigma_k^2=\frac{1}{T_k}\sum_{1}^{T_k}R_t^2-R_m^2=150.98 \tag{6-18}$$

根据上述可知，本工程关键路径为1—3—4—6，工程极限工期58天，极限工期对应的平均质量系数根据计算所得为0.854。根据以上各项参数可建立模型如下：

$$\max Z=\frac{\max T_k-T_k}{\max T_k-\min T_k}=\frac{T_n-T_k}{T_n-\min T_k}=\frac{96-T_k}{96-58} \tag{6-19}$$

$$U_C=\frac{\max C_k-C_k}{\max C_k-\min C_k} \tag{6-20}$$

$$U_Q=\frac{Q_k-Q_c}{Q_n-Q_c}=\frac{Q_k-\min Q_k}{\max Q_k-\min Q_k}=\frac{Q_k-0.854}{1-0.854} \tag{6-21}$$

$$U_{\sigma^2}=\frac{\max\sigma_k^2-\sigma_k^2}{\max\sigma_k^2-\min\sigma_k^2}=\frac{150.98-\sigma_k^2}{150.98-\min\sigma_k^2} \tag{6-22}$$

应用网络计划技术，可以将工期进行六次缩短，六次方案的工期、费用、资源、质量及其计算所得的功效系数、协调度值如表6-6所示。

表6-6　方案协同度比较表

方案	工期/天	费用/元	资源/方差数	质量/%	U_T	U_C	U_Q	$U_{\sigma 2}$	Z
1	96	73560	150.98	100	0.00	0.25	1.00	0.00	0.43
2	84	72820	134.9	99.5	0.32	0.81	0.97	0.42	0.71
3	78	72560	139.8	98.8	0.47	1.00	0.92	0.29	0.76
4	76	72660	139.6	98.5	0.53	0.93	0.90	0.29	0.74
5	62	73840	113.9	95.6	0.89	0.04	0.70	0.96	0.58
6	58	73900	112.3	93.8	1.00	0.00	0.58	1.00	0.55

通过方案对比可知，方案3的协同度值为0.76，为最满意方案，其协同度最高。而单项最优的方案1与方案6都不是最佳方案。

铁路建设项目实施质量安全环保一体化管理。工程质量、环境保护及职业健康安全这三项管理工作，虽然工作内容和标准不同，监督管理部门也不一样，但管理要素可以整合，工作方法可以结合，调用资源具有集聚性和一致性。因此，在项目管理层面上，实现三者资源共享，可以避免人为分割造成的交叉重复作业。质量安全环保一体化管理，大大提高了项目管理效率和效益。

该实例说明工程多目标决策过程中，追求单一目标最优的方案不一定为最佳方案。基于协同理念的多目标决策支持算法容易实现，且不易落入局部最优，将其引入到铁路建设项目管理体系的多目标决策支持问题中，从而比较简单、准确、快速地解决工程项目的工期、费用、质量和资源各项要素的协同优化问题，从而辅助决策。

5. 虚拟现实

虚拟现实(VR，Virtual Reality)是由计算机、传感器、执行器，包括系统仿真学、计算机图形学、多媒体和人工智能等多学科融合而成的综合集成技术，它能仿造出让人们身临其境进入的虚拟环境，是对传统人机交互和共享的深化。

虚拟现实技术具有四个突出特性：沉浸性，是指计算机创造的虚拟环境使用户感觉就像真实的客观世界般如临其境；交互性，指用户可在虚拟环境中与各种虚拟对象进行互相作用，用户的动作可使虚拟现实系统所呈现的界面随之变化；自主性，要求用户感觉其处在一个真实的客观存在的世界中，并以其平时的实际动作对虚拟现实系统进行操作；多感知性，要求虚拟现实系统具有人的一切感知功能，如嗅觉、味觉、听觉等。

虚拟现实的生成需要解决如下问题：(1)对感受者如何可以产生与现实世界相同的嗅觉、触觉、嗅觉等；(2)感受者怎样可以主观能动地对虚拟现实环境进行操作和互动；(3)感受者如何可以直观地、下意识地融入虚拟世界。

为解决以上问题，VR 技术必须实现如图 6-37 所示的各要素间的关系，此处，人、传感器、作用器、虚拟环境、虚拟环境发生器等构成了一个闭环流程。

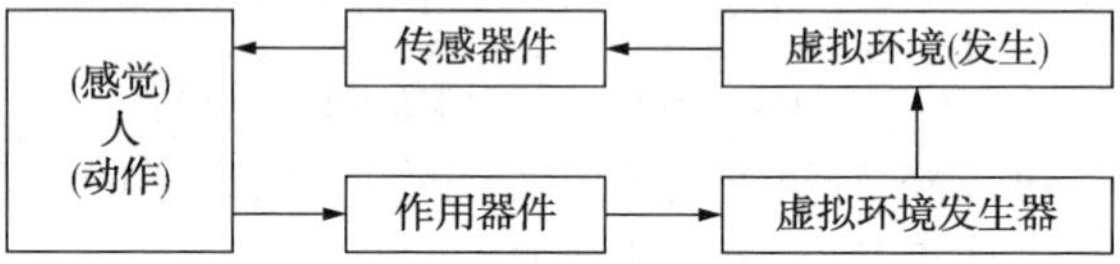

图 6-37　虚拟现实系统模型

虚拟建造是虚拟现实技术应用于工程建设领域的实践探索，其采用先进的计算机仿真技术与虚拟现实技术，对建设工程中的施工过程、人、物体以及各种信息进行虚拟仿真，这种仿真可包括项目整体规划、施工组织设计、性能分析、应急演练、安全质量检查等建筑活动，也可包括工程建设各参与方的各级管理过程，目的是预先发现各种管理活动或过程中存在的问题，防患于未然，从而可以节约投资、提高质量、降低风险、缩短工期，同时增加各参与方的综合决策、控制与优化能力。

将传统的纸质平面图转换为三维可交互的动态立体影像，并通过交互与渲染，让铁路建设项目各利益相关者“身临其境”地全方位、多角度地浏览整个工程，包括在实际工程中难以到达的方位或一些隐蔽工程，完全沉浸在不受时间地点限制的虚拟环境中，虚拟现实技术能为用户提供一个能进行可视化设计并创建三维可交互的虚拟世界的工具。铁路建设项目数字化协同管理体系的虚拟现实功能可根据管理主体的不同，在项目的各个寿命期发挥重要作用。

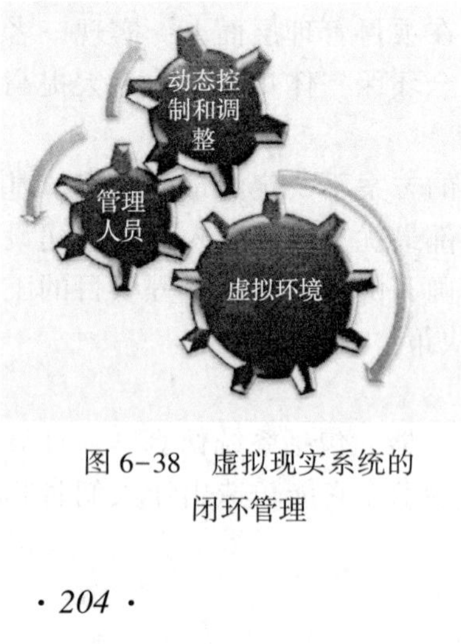

图 6-38　虚拟现实系统的闭环管理

基于 BIM 的数字化管理平台中，通过可视化技术和动态的建模方式形成虚拟现实环境，对管理人员制定方案和优化管理的过程进行智能化引导，把 N 维模型的进度维、质量维、安全维、成本维、环保维等维度数据进行实时推送，管理人员根据数据体系和自身管理经验对过程进行动态控制和调整，虚拟环境做出实时响应以对管理人员进行反馈，如图 6-38 所示，从而形成一个多次循环的闭环管理过程。

在数字化平台对虚拟现实系统的具体实现中，如图 6-39 所示，首先基于已有的含时间属性的建筑构件信息、已有工程矢量图、影像图、扫描图等数据来源，通过三维图形化编辑软件和参数化建模工具建立建筑构件实体的建筑信息模型；然后在给定观察点和观察方向后，对其进行着色、消隐、光照、纹理映射及投影等一系列地物纹理编辑操作，恢复和重现三维景观，三维景观可实现打印、栅格、VRML、CGM、数据库以及其他格式等多种输出方式；最后，管理人员可在基于三维 GIS 空间分析的基础上获取各管理维度的数据，随着分辨率不断提高可以“视察”铁路的任何一个建设工地、一段线路、一个车站、一座桥梁或隧道，可选用不同视角观察各种细节构造及施工过程，并能对其进行信息查询、分析和参与决策。

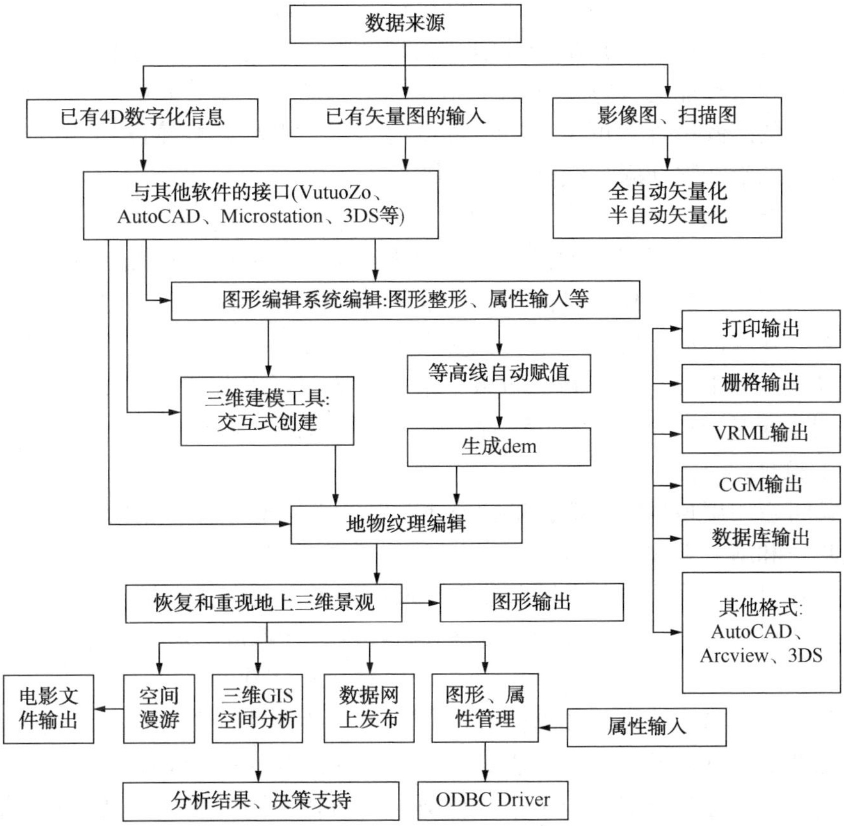

图 6-39 虚拟现实系统工作原理

将传统的纸质平面图转换为三维动态立体影像，并实施渲染和交互，让铁路建设项目各利益相关者“身临其境”地全方位、多角度地浏览整个工程，包括在实际工程中难以到达的方位或一些隐蔽工程，完全沉浸在不受时间地点限制的虚拟环境中。铁路建设项目数字化协同管理体系的虚拟现实功能可根据管理主体的不同，在项目的各个寿命期发挥重要作用。

(1) 立项决策阶段

本阶段虚拟现实功能的用户是政府主管部门和建设单位。铁路建设项目工程浩大，前期的立项决策阶段是最为关键的，项目是否可行、投资结构是否合理、建设地点的取舍等都是最根本的问题，在立项决策阶段一旦出现微小失误，在后期往往会几十倍、几百倍地放大，对项目投资造成难以预计的损失。政府主管部门和建设单位希望在投资之前获得更为直观和具体的数瑪，但建筑产品一次成型的特点使得他们难以进行实际的了解。而通过前期的 BIM 的快速建模实现的虚拟现实功能可生成一套相对简单的概念模型，用户可以通过传感设备、仿真设备等工具在虚拟环境中进行体验，了解该项目是否能实现投资意图和是否具有可行性，在工程前期即预知其重大问题，明确是否应该立项。

（2）勘察设计阶段

本阶段虚拟现实功能的用户主要是设计单位。在基于 BIM 的虚拟现实系统下，各建筑构件被进行可视化渲染，并可形象化地进行结构分解，以观察其内部运作机理和构造，较为直观地反映设计意图。在施工图设计中可尽早发现设计漏洞和隐蔽缺陷，可及时了解设计单位各专业在接口衔接上的缺陷和疏漏，为设计的整体优化提供了便利。此外，建设单位可以利用虚拟现实功能进行宣传辅助工作。铁路建设是公众关心的大型建设项目，由虚拟现实功能输出的多媒体资料可予以一定程度的公示，提高铁路建设的宣传展示效果，也有利于引导铁路的沿线群众服务铁路建设工作。

（3）工程实施阶段

建设单位和施工单位可实现虚拟建造，对建设工程中的施工过程、人、物体以及各种信息进行虚拟仿真，这种仿真可包括项目整体规划、施工组织设计、性能分析、应急演练、安全质量检查等建筑活动，也可包括工程建设各参与方的各级管理过程，目的是预先发现各种管理活动或过程中存在的问题，防患于未然，从而可以节约投资、提高质量、降低风险、缩短工期，同时增加各参与方的综合决策、控制与优化能力。

（4）竣工验收阶段

验收单位可应用虚拟现实功能，把隐蔽工程变为“显现”工程，便于进行模拟仿真竣工验收。建设单位和施工单位可把工程建设过程中的特征数据，自动用各类文档形式输出，作为工程竣工资料。不难看出，在铁路建设领域应用虚拟现实技术是多学科的综合性技术，包括人工智能、传感技术、仿真技术、网络并行技术、计算机图形技术等。

6. 云计算

云计算是一种分布式计算，计算任务分布在大量的计算机资源库中，使各类应用程序都可以根据需要取得计算能力、软件服务和存储空间。与网格计算有所区别的是，网格计算将大型的复杂计算任务分解成很多小型任务，分布在不同的服务器及运算集群上进行统一处理。而云计算的应用更为广泛，能支持非网格的分布式应用，如支持应用服务器、数据服务器、网络服务器的多层部署架构应用模式，以及支持目前 Web 2.0 的新一代网络架构模式。“云应用”通过应用规模较大的数据中心及性能较好的服务器运行网络程序，使得用户通过因特网接入设备及浏览器即可访问“云应用”程序。

云计算技术有如下特点：(1)在较大规模的相对较为经济的服务器集群基础上进行架设；(2)协作开发底层服务与各项应用，尽可能地利用各项资源；(3)通过多个较为经济的服务器间的冗余使系统具备高可用性。

云服务是指通过云计算提供具体应用和相关解决方案的服务。云计算包括三个层次的服务：IaaS（基础设施即服务）、PaaS（平台即服务）和 SaaS（软件即服务），即用户通过因特网可以获得云计算提供的计算机基础设施服务、软件应用平台服务和一般应用软件服务。云可以分为“私有云”（基于内部局域网）和“公共云”（基于外部互联网），如果是只为内部服务的不宜公开提供的云服务就可以采用“私有云”。

BIM 能改变铁路建设行业落后的建设方式，但研究和实践表明 BIM 远远低于 CAD 的推广效率，BIM 的实施严重受到地点的限制，而铁路建设覆盖距离长，影响了各参与方的协同工作。此外，BIM 的实施成本过高也是阻碍 BIM 推广的因素之一。云服务中的 SaaS 是一种软件传输方法，提供了基于网络的软件访问服务。SaaS 的概念可以应用到基于 BIM 的数字化管理平台中，通过采用虚拟方式整合分支机构的计算机基础设施资源，形成基于云计算的 BIM 平台。在这个平台中，铁路建设项目各参与方通过网络可以随时随地对平台进行访问，用户不必学习如何管理云端资源，且云计算技术对接入云的终端配置要求较低，用户可以用笔记本电脑、台式机、手机、平板电脑等访问 BIM 平台、使用云服务，可以整合企业资源、有效降低成本。铁路行业 BIM 的推广还在起步阶段，而云计算与 BIM 的结合尚属空白，可以预见，基于云计算的 BIM 数字化管理平台会有很大的发展空间。

铁路建设数字化管理平台的服务层采用 SaaS 理念，采用面向服务架构(SOA)，在基于分布式的云端部署 BIM 模型，使得用户通过因特网可以获得云计算提供的 BIM 服务，支持项目各参与方分布式的协同工作模式。

SOA 架构包括服务中心、服务提供者和服务用户三个关键要素。服务用户负责发起服务，服务中心进行服务的总控集成，并为服务用户提供所授权的服务获取，服务提供者将服务注册到服务中心并根据请求提供服务。SOA 架构较适合在分布式计算中进行动态描述、发布和调用，可通过集成现有重量级的应用来提供轻量级的服务。

云计算在架构上是面向服务理念的深入扩展，通过 SOA 架构可实现云平台的体系框架设计。如图 6-40 所示，SOA 的服务消费者即为云端用户，云端用户在云服务平台查询云服务并发起请求，通过使用服务来完成相应的业务操作；SOA 的服务中心即为云服务平台中心，其类似于控制中心和服务代理，根据云端用户请求，通过云服务接口层查找服务索引，并可对云端用户或应用系统进行服务授权；SOA 服务提供者由下至上分为物理服务层、计算服务层、调度管理层和服务接口层。其中，物理服务层提供计算机软硬件资源配备和智能分配服务；计算服务层是服务的具体执行者，实现分布式计算、存储管理、虚拟处理、BIM 集成等功能；调度管理层接收服务需求，对服务进行合法性授权检测，并对各种计算服务资源进行智能调度，王飞等对这种智能调度算法进行了实现，不再赘述；服务接口层为用户提供统一规范的接口，是云服务调用的唯一通道，并可向云服务平台中心发布服务。

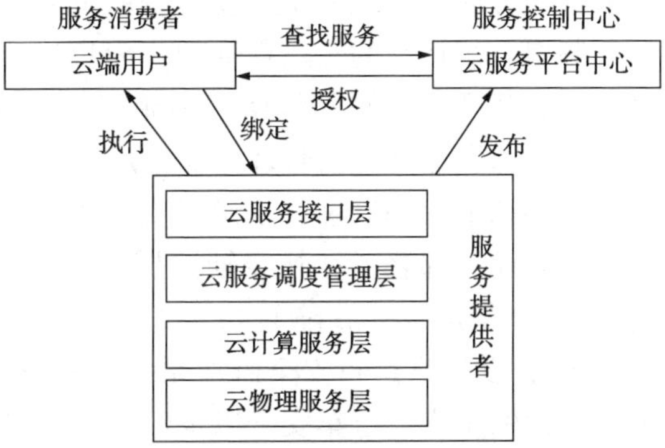

图 6-40　基于 SOA 的云体系框架

基于上述框架体系，铁路建设项目数字化管理平台的建设单位、施工单位、监理单位、设计单位等利益相关者通过终端设备，在各应用子系统中发起服务请求；云服务平台中心可为用户提供服务查询，并将选择的服务接口授权给用户；服务接口将用户的服务请求发送给调度管理层，调度管理层由一组分布式网络服务器组成，可以对用户身份和请求类型等进行验证，验证通过后根据调度算法进行计算分配，计算服务层执行相应的计算，如某实现单位工程实物完成量的计算、某标段工程量清单的计算等。物理服务层由数据中心和分布式高性能计算机组成，通过高性能计算和海量存储为整个云团提供底层服务。

通过采用虚拟方式整合分支机构的计算机基础设施资源，形成基于云计算的 BIM 平台。在这个平台中，铁路建设项目各参与方应可通过网络随时随地对平台进行访问，用户不必学习如何管理云端资源，且云计算技术对接入云的终端配置要求较低，用户用笔记本电脑、台式机、手机、平板电脑等即可访问 BIM 平台、使用云服务，可以整合企业资源、有效降低成本。

第三节　铁路工程信息化管理成果分析

以 QZ 铁路工程为例，在 QZ 铁路信息系统建设过程中，充分考虑高原铁路特点，采用当今世界上先进、成熟的硬件设备，坚持自主创新，在体系构造、平台搭建、软件设计等方面有突破性创新，是一个功能相对完善的、资源充分整合的、信息最大限度共享的、安全可靠的信息系统。

（一）应用系统功能达到国内先进水平

QZ 铁路信息系统全部采用自行研究开发的应用软件，覆盖了 QZ 铁路的各个业务领域。运输组织方面，实现列车调度运行图的自动铺划；在货运组织和服务方面，实现计划、承运、制票、统计等的全过程管理，为货运客户提供了到达货物的查询服务；在客运组织和服务上，实现全国联网售票，为旅客提供了联程票、往返票电话预订及票额查询等功能。在公司运力资源和经营管理方面，运用地理信息系统(GIS)技术实现了对机车、车辆等移动设备的动态追踪和管理，建设了支撑人、劳、计、财及办公自动化的信息系统。在保证运输安全方面，部署了红外线轴温探测(THDS)、货车运行状态地面安全监测系统(TPDS)、货车滚动轴承早期故障轨边声学诊断系统(TADS)、货车运行故障动态图像检测系统(TFDS)，及客车运行安全监控系统(TCDS)。在公司西宁总部部署综合监控中心，及时反馈全线运输生产、行车安全以及经营管理状态信息，为领导决策和指挥提供了现代化手段。所有这些应用功能均达到了国内先进水平。

（二）支撑“集中处理，分散操作”模式的体系构架

为适应 QZ 铁路自然条件恶劣，技术人员、业务人员精简配属的特点，满足“列车通过高原时间最短，全线设备免维修，沿线基本实现“无人化管理”的 QZ 铁路建设要求，QZ 铁路信息系统构建了支撑“集中处理、分散操作”作业模式的体系构架。

该体系构架强调信息处理能力及数据存储能力的全线上移，实现处理平台及存储平台的集中和统一管理。系统在公司西宁总部部署处理中心和数据中心，集中配备高性能、大容量的计算机设备，负责全公司范围内运输生产、客货营销、经营管理数据的存储和处理加工。在基层站段，只配备管理简单，易于维护的终端类设备。这种体系构架既传承了既有铁路信息系统的优势，又很好地适应了 QZ 铁路公司组织机构及运输生产管理模式，在增强系统可靠性、稳定性、安全性、易用性和可管理性的同时，最大限度地节省了基层站段和管理部门的人力、物力。

（三）实施 IT 资源整合策略，充分发挥计算机设备的效能

QZ 铁路信息系统建设充分利用了信息系统全新部署这一有利契机，从网络、安全、处理平台、存储平台以及应用等多个层面对 IT 资源进行了全方位整合，简化了 IT 应用构架，提高了资源利用率，也使得系统更加易于管理和维护。

（1）网络、安全平台整合

QZ 铁路信息系统搭建了一套网络平台和安全平台，统一规划 IP 地址，统一规划广域网带宽及安全机制，应用系统共享同一套物理设备及传输通道。技术上，通过采用 VPN、虚拟网络等措施，建立逻辑分网，保证了各应用系统的特殊安全要求，既实现了资源共享，又有效提供了业务隔离功能。

（2）处理平台与存储平台整合

采用目前世界上最先进的分区技术，将处理中心的 2 台核心小型机，划分成多台逻辑层面的计算平台，同时为 11 个应用提供应用平台。这些应用物理上共享 2 台小型机，而逻辑上又相互隔离，互不干扰，在提高资源有效利用率的同时，保证了安全，也方便了维护。

同样，数据中心的 2 台核心小型机划分为 8 个逻辑分区，为应用子系统提供多达 18 个数据库平台。系统采用存储局域网（SAN）技术，为各应用系统提供统一共享的、安全可靠的、海量存储平台。

（3）应用整合

运用门户（PORTAL）技术，实现用户管理与应用界面整合。通过构建门户平台，统一了系统入口，规范了用户界面，实现了多个应用功能共享一套用户管理体系。提供的单点登录机制既保证了安全、方便了使用，又简化了系统管理工作。

以 MQ 中间件为基础，开发统一信息传输平台，实现应用系统间的互联互通，数据格式自动转换、映射，方便灵活的信息交换、业务流程同步等。

建立数据集成平台，规范数据格式及标准，有效管理各个业务系统的数据，构建公司共享信息平台。

（四）信息充分共享，实现信息系统效益最大化

在加大应用系统整合力度的同时，强化系统间信息交换、数据共享机制的建设，实现综合应用，充分发挥了信息系统综合效益。

基础数据维护平台通过对各应用子系统所共用的基础信息进行归纳整理、统一编码、统一维护、统一发布，保证了基础数据的一致性和应用系统间所交换数据的可用性，在实现基础数据共享的同时，大大提高了数据维护水平，缩短了基础数据更新周期，减轻了基础数据维护工作量。

统一信息传输平台规范了应用子系统间的信息交换接口，为系统间互联互通、信息交换、业务流程同步提供了方便的技术手段。

开发跨系统、跨领域的综合应用。在公司办公信息系统平台上部署公司综合信息查询系统以及客运服务、综合监控大屏显示等系统，打破了应用领域、开发单位的界限，实现了各应用系统间数据的充分共享。

（五）系统具有较高的安全可靠性

为确保 QZ 铁路信息系统安全，引用最先进的信息安全理念，配以完整的安全体系设计，部署了安全可靠的纵深防御体系，实现了局域网上安全生产网、内部服务网和外部服务网的三网分离以及广域网上骨干网与基层网的分离。基于动态隔离技术，采用数字证书认证和代理机制，统一了用户管理机制。自上而下的立体防病毒体系，可有效地抑制计算机病毒的感染和传播。最大限度地减小了信息系统的安全风险，也为公司对内、对外开展各种类型的信息增值服务、拓展客货营销市场创造了条件。

（六）精心管理，践行项目管理方法论

在高原铁路信息系统工程建设中，系统集成单位创造性地运用项目管理方法和质量控制体系，很好地适应了 QZ 铁路建设特点，有效保证了工程建设和顺利实施。

在协调管理组织方面，成立联合体各方参与的工程领导小组，下设项目经理部，统一领导、精心部署，按步骤推进计划，迅捷沟通实施信息，积极协调出现问题，严格控制工程进度和工程质量，做了大量细致的工程组织和工程管理工作。

在文档管理方面，工程初期，就设计了应用软件的概要设计及详细设计模板，组织设计人员完成了施工设计，各工程单位严格按照模板提报设计文件，组织现场施工。工程竣工后，按照“统一标准、统一规范、统一内容”的要求，各参建单位提交了技术说明书、维护说明书、操作使用说明书及竣工文件共计 110 多册。通过这些措施，把多个参建单位标准不同、规范不同的技术文件，全部纳入了统一的管理机制，提交了标准的技术文档，为青藏公司应用、管理和维护信息系统奠定了良好的基础。

（七）强化培训

系统建设过程中，高度重视培训工作，编制印发了大量的培训教材，采用集中培训、岗位培训等不同方式，扎扎实实地推进培训工作，极大地提高了使用和维护人员素质。培训工作注重实效，严格考核，持证上岗。工程建设期间，对青藏公司各级管理及业务人员实施培训 3242 人次，为系统的按期顺利投产及后续的稳定运行奠定了基础。

参 考 文 献

[1] 曹静，徐爱功，杨东凯，等. 基于嵌入式 GIS 的多目标管理系统开发[J]. 计算机测量与控制，2014(2)：554-556.

[2] 陈雪菱，李宏穆. 基于 Inventor 的零部件三维造型设计[J]. 中国测试技术，2005(3)：89-91.

[3] 陈彦，戴红军，刘晶，等. 建筑信息模型(BIM)在工程项目管理信息系统中的框架研究[J]. 施工技术，2008(2)：5-8.

[4] 丁士昭. 建设工程信息化[M]. 北京：中国建筑工业出版社，2005.

[5] 封国强. 项目信息门户(PIP)的功能分析[J]. 建设监理，2003(6)：59-61.

[6] 高镝. BIM 技术在长效住宅设计运维中的应用研究[J]. 山西建筑，2014(7)：3-4.

[7] 高继传，江文化. 三维管线综合设计在南京地铁中的应用探讨[J]. 铁道标准设计，2015(7)：134-137.

[8] 高远，邓雪原. 基于 BIM 的建筑 MEP 设计技术研究[J]. 土木建筑工程信息技术，2010(2)：91-96.

[9] 郭巍. 项目信息门户(PIP)在建设工程项目管理中的应用分析[J]. 重庆工商大学学报(自然科学版)，2009，26(2)：166-170.

[10] 何清华. 建设项目信息化管理[M]. 北京：中国建筑工业出版社，2010.

[11] 何雨雷，王国伟，陈奇，等. 基于 inventor 的模块化逃生窗三维设计及其二维图形的快速实现[J]. 机械，2011(10)：56-59.

[12] 冀程. BIM 技术在轨道交通工程设计中的应用[J]. 地下空间与工程学报，2014，10(S1)：1663-1668.

[13] 姜立，张志远，张雷，等. BIM 技术在 PKPM 建筑工程软件系统中的应用[J]. 土木建筑工程信息技术，2012(2)：78-87.

[14] 开祥宝，李士祥，刘文博. 青藏铁路信号维修管理系统[J]. 中国铁路，2008(12)：43-46.

[15] 李德仁，龚健雅，邵振峰. 从数字地球到智慧地球[J]. 武汉大学学报(信息科学版)，2010，35(2)：127-132+253-254.

[16] 李芙蓉，李佳宁. 基于 GIS 的虚拟现实技术的应用[J]. 北京联合大学学报，2013，93(3)：17-20.

[17] 李坤. BIM 技术在地铁车站结构设计中的应用研究[J]. 铁道工程学报，2015，32(2)：103-108.

[18] 李犁. 基于 BIM 技术建筑协同平台的初步研究[D]. 上海交通大学，2012.

[19] 李甜. BIM 协同设计在某建筑设计项目中的应用研究[D]. 西南交通大学，2013.

[20] 李霞，于德浩，龙凡，等. 基于 GIS 的滑坡预测方法研究[C]//. 国家安全地球物理丛书(九)——防灾减灾与国家安全，2013：100-106.

[21] 梁相鸿. 铁路建设工程安全管理信息系统研究[D]. 北京交通大学，2011.

[22] 马智亮，张东东，马健坤. 基于 BIM 的 IPD 协同工作模型与信息利用框架[J]. 同济大学学报(自然科学版)，2014，42(9)：1325-1332.

[23] 满庆鹏，李晓东. 基于普适计算和 BIM 的协同施工方法研究[J]. 土木工程学报，2012，45(S2)：311-315.

[24] 毛灵. BIM 技术在铁路客运站房的运用实践[J]. 中国新技术新产品，2014(6)：21-22.

[25] 佘小林. 基于 GIS 的企业铁路调车作业系统的开发与应用[D]. 电子科技大学，2011.

[26] 孙悦. 基于 BIM 的建设项目全生命周期信息管理研究[D]. 哈尔滨工业大学，2011.

[27] 汪水清. 高铁建设管理数字化集成信息平台的建设[J]. 低温建筑技术，2013(6)：153-156.

[28] 王陈远. 基于 BIM 的深化设计管理研究[J]. 工程管理学报，2012，26(4)：12-16.

[29] 王慧斌，王建颖. 信息系统集成与融合技术及其应用[M]. 北京：国防工业出版社，2006.

[30] 王咸锋，王朔. BIM 集成无线射频技术在医院建筑及设备管理中的应用[J]. 电脑知识与技术，2014(18)：4143-4146+4157.

[31] 王要武. 工程项目信息化管理：Autodesk Buzzsaw[M]. 北京：中国建筑工业出版社，2005.

[32] 王勇，李久林，张建平. 建筑协同设计中的 BIM 模型管理机制探索[J]. 土木建筑工程信息技术，2014(6)：64-69.

[33] 吴彬，张亚静，高辉，等. BIM 技术在铁路站房综合管线及设备维护中的应用分析[J]. 铁路技术创新，2015(3)：66-68.

[34] 夏春林，王佳奇. 3DGIS 中建筑物三维建模技术综述[J]. 测绘科学，2011(1)：70-72.

[35] 徐立中，李臣明，王建颖. 信息与系统集成技术及应用[M]. 北京：科学出版社，2006.

[36] 徐伟，刘元东，金国辉，等. 基于 BIM 协同设计优化方案的经济性[J]. 土木工程与管理学报，2017，34(4)：96-100.

[37] 杨国伟. 基于建筑信息模型(BIM)的轨道交通投资控制[J]. 城市轨道交通研究，2014(7)：4-7.

[38] 姚远. BIM 协同设计的现状[J]. 四川建材，2011(1)：193-194.

[39] 叶炜，程凯. BIM 技术在乌鲁木齐高铁火车站设计中的应用[J]. 建筑技艺，2014(2)：66-73.

[40] 尹龙，王启光，路耀邦. 基于 BIM 技术的仿真模拟在地铁暗挖隧道施工中的应用[J]. 土木建筑工程信息技术，2015(6)：73-79.

[41] 于晓波. 基于 GIS 的铁路电务综合管理系统研究与实现[D]. 北京交通大学，2009.

[42] 张丽. 数字地面模型的建立及在铁路选线中的应用[D]. 兰州交通大学，2011.

[43] 张洋. 基于 BIM 的建筑工程信息集成与管理研究[D]. 清华大学，2009.

[44] 赵空. 基于 GIS 的智能小区系统的设计与实现[D]. 吉林大学，2004.

[45] 郑团结，李桂明，杜延峰，等. 基于组件 GIS 的铁路轨道数据空间图形可视化[J]. 铁道工程学报，2006(8)：10-13.

[46] 中国建筑科学研究院，中国标准化研究院，清华大学，等. 工业基础类平台规范：GB/T 25507—2010[S]. 北京：中国标准出版社，2011.

[47] 周颖. 基于 BIM 的铁路建设项目数字化协同管理体系研究[D]. 北京交通大学，2017.

[48] 朱广堂. 基于 GIS 的工程施工管理实时可视化技术研究[D]. 华中科技大学，2005.

[49] 朱鹏程，吴媛民. 虚拟施工技术在工程建设项目中的应用——以 Navis works 为例[J]. 中华建设，2012(7)：230-232.